跟着

南方周末

写出好文章

文本拆解

南方周末 编著

江苏凤凰文艺出版社
JIANGSU PHOENIX LITERATURE AND
ART PUBLISHING

图书在版编目（ＣＩＰ）数据

跟着南方周末写出好文章．文本拆解/南方周末编
著．—南京：江苏凤凰文艺出版社，2024.7
ISBN 978-7-5594-7935-8

Ⅰ．①跟… Ⅱ．①南… Ⅲ．①汉语—写作 Ⅳ.
① H15

中国国家版本馆 CIP 数据核字（2023）第 194330 号

跟着南方周末写出好文章．文本拆解
南方周末 编著

责任编辑	周颖若	
特约编辑	刘 倩　张楚伦	
封面设计	沐希设计	
责任印制	杨 丹	
出版发行	江苏凤凰文艺出版社	
	南京市中央路 165 号，邮编：210009	
网　　址	http://www.jswenyi.com	
印　　刷	三河市中晟雅豪印务有限公司	
开　　本	880 毫米 × 1230 毫米 1/32	
印　　张	10	
字　　数	235 千字	
版　　次	2024 年 7 月第 1 版	
印　　次	2024 年 7 月第 1 次印刷	
标准书号	ISBN 978-7-5594-7935-8	
定　　价	69.00 元	

江苏凤凰文艺版图书凡印刷、装订错误，可向出版社调换，联系电话 025-83280257

编辑委员会

包丽敏

作家

《中国青年报·冰点周刊》前副主编

《中国新闻周刊》前执行副主编

现为腾讯"谷雨奖"评委

郭玉洁

"正午故事"联合创始人

《单向街》（后更名为《单读》）、

《生活》前主编

王天挺

《人物》杂志前记者

文化播客"展开讲讲"主播

赵涵漠

谷雨工作室编辑总监

梁鸿

学者、作家

中国人民大学文学院教授

手绘：张思考

上　篇　讲师分享课

第一讲：写出平淡生活里的戏剧性

一部好作品就是一位不出声的老师，它会默默地在那儿传授着它能传授的一切。现实中的好编辑、好老师，并不是每个人都有机会遇到的。但通过阅读好作品，去聆听这些作品默默传授的一切，却是人人都可以抓住的机会。

第二讲：使记忆与现实交融，写出好看的旅行文学

初学写作的人，经常觉得没东西可写。德语大诗人里尔克在给青年诗人的信里就说道，如果你没东西可写，至少你还有童年。

第三讲：用特立斯式观察，写好人物故事

虽然他写了很多猎奇的故事和细节，但读者却并不觉得煽情或狗血，反而会觉得，每个人都在按照自己的方式活着。这些人都存在于某个具体的情境之中，你很难去审视或批判任何一个人。

第四讲：把极度静态的选题，写得惊心动魄

每个写作者都有自己的特点，高度精确、精致的风格未必适合每一个人，但是当我们学会了麦克菲处理文本的种种方法，后续写其他题材

的时候，即便我们只需要使用其中的部分技巧，也会得心应手。

嘉宾课：重返乡村及一种现场

家、故乡的意义并不只是一种安慰，有的时候会带来更为深远的思考或者更为广阔的精神空间。

下 篇　讲师代表作

上
篇

讲师分享课

包丽敏

作家

《中国青年报·冰点周刊》前副主编

《中国新闻周刊》前执行副主编

现为腾讯"谷雨奖"评委

从《中国青年报·冰点周刊》开始特稿记者生涯，这里是国内媒体中较早进行特稿采写实践的"基地"之一。

作品《无声的世界杯》曾获"《南方周末》年度传媒致敬之最佳特稿"。

代表作

《无声的世界杯》《火车惊魂记（乘客版）》《万家灯火为谁熄灭》

《周有光：最美好的东西，最美好的事情》

图书推荐：《普利策新闻奖：特稿卷》《奇石：来自东西方的报道》《寻路中国：从乡村到工厂的自驾之旅》《哈佛非虚构写作课：怎样讲好一个故事》

第一讲：写出平淡生活里的戏剧性

先导课：怎样读懂《江城》

很多喜欢非虚构写作的读者可能都迫切地想知道，到底有什么好办法能帮助自己尽快提高写作水平。从我的经验来看，我觉得至少有这么两个办法：一是能得到好老师的指点，或者在写作的过程当中能得到好编辑的帮助；二是阅读好作品。

其实，一部好作品就是一位不出声的老师，它会默默地在那儿传授着它能传授的一切。现实中的好编辑、好老师，并不是每个人都有机会遇到的。但通过阅读好作品，去聆听这些作品默默传授的一切，却是人人都可以抓住的机会。甚至很多时候，写作中那些"只可意会，不可言传"的东西，你只能通过反复阅读好作品去体会。

我在《中国青年报·冰点周刊》（简称《冰点周刊》）采写和编辑特稿的那几年里，我们有一个训练新记者的"秘诀"，就是找一些经典作品，让他们反复品读。当年有一位新同事，一开始对特稿写作还没有概念，结果很快就写出了漂亮灵动的作品，这当然得益于她的悟性和学习能力，但很大程度上也得益于编辑部当时给她指派的一项任务，就是让她把印在书页上的那些经典作品，录入到电脑里，做成电子版以便跟所有同事分享。在断断续续录入的过程当中，好作品就开始在她身上发挥强大的影响力了。

我自己当然也不例外，从阅读好作品当中获得了数不清的灵感和启发。这也是为什么我很期待跟大家在这里一起共读经典的非虚构作品，相信通过共读和互动，我们都会收获属于自己的新的领悟。

阅读非虚构作品的方法

我先来跟大家说说，我是怎么阅读非虚构作品的。

作为一名非虚构写作者，我阅读非虚构作品的方法，可能跟普通读者有些差别。当然，跟普通读者一样，我也会跟随作者的叙事，进入故事中的世界，跟书中的人物同喜共悲，去获取作者通过故事的讲述想要传递的重要信息。但除此之外，我还会特别注意去看作品是怎么写成的，去细细品味作者的创作思路和创作技巧。

简要地说，我是用"整体把握＋局部品味"的方法。根据这套方法，我通常会做三件事情：

第一件事，我会尝试用一个长句来概述作品讲的是什么。

这有点类似于概括中心思想。

而这个长句也往往是层层递进的，从概述表面上讲述的那个故事开始，一层层地去思考和理解作品的主题与内在的意图是什么。

比如，对 1979 年获得首届普利策新闻奖特稿写作奖的作品《凯利太太的妖怪》，我可能会用这样的长句来概述——"这篇作品写了一位神经外科医生给一位患有脑部肿瘤的病人做一台手术并最终失败的故事，这是一个医生用他的手术刀在神经和血管构建的'丛林'里探险的故事，是人类在神经医学的前沿试图完成的一次征服，既让人惊叹于人类的能力和智慧，也让人看到人在自然面前的局限与困境。"

第二件事，我会试着透视作品的"骨架"。

也就是说，尽力从整体上去把握故事的主要戏剧冲突是什么、故事主体是谁、故事按照什么样的顺序或结构来展开等。

还是以《凯利太太的妖怪》这篇作品为例，故事的主要戏剧冲突就是医生要做手术去除病人的脑部肿瘤，成功或失败，生或死。

故事主体就是这位医生和那个被称为"妖怪"、带有拟人化色彩的肿瘤，讲述的就是这两者之间的对抗。

而故事的展开，就是按照简单的时间顺序，聚焦在早上 6 点 30 分进入手术前的准备，到下午 1 点 43 分病人死亡这样一个时间段里，详细讲述了惊心动魄的手术过程。而在这条时间线上，又把手术的背景、对病人和医生各自的介绍、对神经医学有关知识的讲解等，一一穿插进去。这就是它的主要结构。

做完这两件事，通常就能从整体上对作品的基本架构有一个洞察，就能看懂作品是如何谋篇布局的，而我们也就能从中学到作者的思路和方法。

第三件事，品味美妙的局部。

我会去体会作者是怎么写开头和结尾的，段落之间又是怎么过渡的，有哪些让人惊艳的段落或句子，一些特别打动人的细节，某些精妙的闲笔，甚至一个让人眼前一亮的词语，等等。

就比如，读《凯利太太的妖怪》这篇作品，我会注意到，全文把行走在生死边缘的手术过程写得让人紧张得几乎不敢喘气，但开篇却特意加入一种日常的舒缓。

作者是这么写的：

正是冬天凌晨最冷的时候，大学附属医院的资深脑外科专家托马斯·巴比·达克尔大夫天没亮就起身了。他的太太给他端来了华夫饼，但没有咖啡。咖啡会让他的手发抖。

接着笔锋转出去，简单介绍了病人和她脑部的"妖怪"。再紧接着，笔锋又转回到大夫，写道：

达克尔大夫要离开家去上班了，达克尔太太递过来一个纸袋，里面装了一个奶油花生三明治、一根香蕉和两个牛顿牌无花果。

作者这么不厌其详地写了华夫饼早餐和自带的午餐，营造出一种风雨欲来的奇异的宁静感。

而这袋午餐，在文章末尾再次出现了。那时医生已经结束了跟"妖怪"的那场令人筋疲力尽的"战斗"，病人还生死未卜。作者这么写：

达克尔大夫一个人走到楼下大厅里，手里拿着那个棕色纸袋。靠着一条硬硬的橘色长椅边坐下，打开奶油花生三明治，眼光凝固在对面的墙上。

接着，病人进入弥留状态，大夫心情沉重，甚至有点语无伦次，作者写道：

他面前整齐地放着他的三明治、香蕉和牛顿牌无花果……"真是重重危险。"最后他说，眼光紧紧盯着面前的奶油花生三明治，就像盯着 X 光片一样。"真是重重危险"。

再接着，病人死亡。作者又写：

1 点 43 分，一切都结束了。达克尔大夫狠狠地咬了一口三明治。妖怪胜利了。

文章就此戛然而止。你会感觉到，这几处关于食物尤其是那个三明治的闲笔，不仅如此有力地呼应着开头，调节着全文的节奏，还别有意味地刻画出这位英雄般的医生直面失败时那难以言说的内心，真的非常精妙。

而一部好的作品，往往都会有诸如此类的各种美妙的局部，阅读的时候可以留心去体会。

在我看来，如果真想向一部好作品学习，那么不妨将它至少读上两遍。

第一遍，通读。
可以先放下任何的预设，全然地进入作者描述的世界去感受，放松地跟着作者走。
通读完，可以初步试着做两件事：

第一，用一个长句概述作品到底讲了什么。

第二，看看这部作品的"骨架"是什么样的，包括主要的戏剧冲突、故事主体、主要结构等。

第二遍，精读。

精读的时候可以留心做第三件事，也就是品味那些让你觉得写得很妙的局部。同时，回头思考一下那个概述作品的长句，再透视一下作品的"骨架"，你可能会有新的理解。

随后我们共读《江城》这部作品的过程中，也会用到这套方法。

《江城》的简要介绍

《江城》写了什么呢？写了20世纪90年代后期长江边的一座小城，也就是重庆的涪陵。你这么一听，会不会觉得：这么一座平淡无奇的小城有什么可写的呢？确实。等你打开这本书通读过一遍，就会进一步发现，书里写的的的确确都是些平淡无奇的人和事，比如校园里的老师和学生、经营面馆的小老板、开店的小商人、江边的船夫、村里的村民……都是些掉在人堆里就找不出来的普通人，就像我们身边的张三、李四；而且，在他们身上也没有发生什么了不得的或者特别有戏剧性的事情，基本可以用"波澜不惊、日常琐碎"来形容。

但就是这么一本书，一经出版，就稳居美国的畅销书榜，在中国也卖出了数十万册。可以说，书写当代中国的非虚构作品中，像这本书这么成功且有影响力的并不多。这本书被翻译成多种文字出版，其中一个版本的封面上，写着这么一句："如果只读一本关于中国的书，就选这本吧。"2006 年，美国的查尔斯顿学院（College of Charleston）甚至将这本书列为该校学生的必读书目之一。

本书的作者何伟，也在中国赢得了大量忠实读者。前些年，他的作品刚刚译成中文在国内传播的时候，就在喜爱非虚构写作的人们当中，掀起了"何伟热"。

那这位英文名叫彼得·海斯勒、中文名叫何伟的作者是个什么人呢？在他下决心要写这本书的时候，他还只不过是一名在涪陵师专[1] 支教两年的外国志愿者，不到 30 岁。他热爱文学，在著名的普林斯顿大学拿到了学士学位，又在英国的牛津大学读了硕士。正是在普林斯顿，他遇到了一位影响他终身的老师，那就是美国非虚构写作领域的老将及常青树——约翰·麦克菲。何伟幸运地选修到了麦克菲开设的非虚构写作课。他原本是立志当小说家的，但是在涪陵支教期间，麦克菲在跟他的通信中，建议他将在涪陵的经历写成一本书。他真的就这么干了，从此，势不可当地成了一名非虚构作家。

《江城》作为他的第一部作品，在某种程度上预示了他此后一贯的创作风格。他观察和书写中国的角度与众不同。他很少直接书写经济、政治、社会、外交等领域的重大热点议题，而是喜欢关注、观察和深入普通中国人的生活，甚至会和他书写的人物深度交往，结下深厚的情谊，有时候，一个故事就可能跟踪好几年。而他书写的对象，无论是美国的驻华记者，还是中国的写作者，都少有人想要去关注。比如，他会用长长的篇幅来写北京郊外的一个村庄，主人公只不过是一个农家乐的小老板；他也会详详细细地写浙江一座

1　涪陵师专：涪陵师范（高等）专科学校，后与涪陵教育学院合并为涪陵师范学院，2006 年更名为长江师范学院。

小城市里一个完全不知名的小工厂，以及工厂里的一帮普通工人。这些平淡无奇、司空见惯的人和事，很多人可能瞧不上眼，但到了何伟笔下，却好像被施了魔法，散发出神奇的魅力。

这就是何伟，他能将一个国家基层社会里的日常琐碎写出文学性，将那些不足道的微观写出普遍意义。

但是，书写这种平淡的人和事注定要面对一个难题，那就是它们通常都缺乏强有力的戏剧性。而非虚构写作又不能像写小说那样，可以虚构一些富有冲突感和戏剧化的情节。这就意味着，非虚构作家必须"戴着锁链跳舞"，通过运用创造性的方法和技巧，为平淡的日常素材赋予某种吸引人的戏剧性力量。

关于这一讲的内容

看到这里，我想你们可能会问：那何伟是怎么做的呢？这就是我在接下来的课程中试着去解答的问题。

我会用五节课，分别从五个方面来拆解，在《江城》这本书中何伟究竟用了哪些方法和技巧，将平淡的常人和常态写出了戏剧性。

在正课开始之前，我希望大家能先通读一遍《江城》。之后再跟着我的课程节奏，精读各个章节。

第一节，我会和你们分享，《江城》是怎样从宏观、中观、微观这三个层次铺设戏剧性的；

第二节，我会跟你们探讨怎样用"细节流"的手法呈现故事的细腻纹理；

第三节，我们一起来探讨让叙事富有节奏的三个技巧；

第四节，我会讲解《江城》怎样运用背景为平凡人事赋予不同寻常的意味；

第五节，我们一起看看作者怎样巧妙利用第一人称叙事。

此外，我还想强调两点：一是《江城》这本书在写作上的所有美妙之处，一定不是这五节课所能囊括和讲透的；二是从阅读中领悟写作之妙，更多的是调动感觉，而不是头脑。我这个讲师扮演的角色充其量是一个"导游"，或者说是"桥梁"——我把体会到的尽力提炼、表述出来，传递给你，以便让你借助这些去感受作品本身。是的，感受作品本身。这就像学游泳一样，你会听到一些动作要领，但你需要做的，并不是死死记住这些要领，而是借助这些要领，去体验和找到自身的肌肉感觉。

01 故事骨架：从三个层次铺设戏剧性

之前的先导课里我们讲到，何伟喜欢书写小地方、小人物和他们身上的小事件。其实，小人物、小地方未必就缺乏强有力的戏剧性，有时候他们也会因为做出了或者发生了某些新奇的、惊人的、特别的、同时具有某种普适意义的事情，从而让事情有了强烈的戏剧性。

但更多时候，何伟书写的小地方、小人物，并不属于这种。大家已经通读了《江城》，有没有发现，书中写的就是那个时期在涪陵的生活日常，都是些不起眼的人和事。这就意味着这些素材相对而言，不具备那种强有力的、一下就能吸引眼球的戏剧性。

可是，非虚构写作不能没有戏剧性，它是叙事必不可少的引擎，是吸引读者跟着一路往下走的牵引力。

所以，写日常生活中的平常人、平常事，很考验作家的笔力，他需要创造性地运用一些方法和技巧，变着法地将故事讲述得引人入胜。就好像一个裁缝，给他一些不那么抢眼的布料，他得想尽办法裁剪、取舍、拼接，最后缝制成一件光彩夺目的衣服。

而何伟恰恰很擅长这些，他的很多作品的冲击力并不依靠选题本身，而靠他过硬的叙事力。除了《江城》，何伟的另一部作品《寻路中国》里写的三个故事，也都是如此。

何伟几年前接受腾讯谷雨实验室采访的时候，说他会"关注平淡生活中的戏剧性"，并且"在日常生活的细节中寻找合适的叙述手法"。

接下来的几节课，我就试着从不同的方面来分析何伟的叙述手法，看看他这个"裁缝"，如何将那些日常布料缝制成动人的衣裳。

这节课，我想先跟大家探讨《江城》这本书的故事骨架，看它是怎样铺设和呈现戏剧性的。我认为，可以从宏观、中观和微观三个层次来看。

在宏观层次上铺设主要戏剧冲突

什么是"主要戏剧冲突"？

它指的是从头贯穿到尾的戏剧冲突，整个作品叙事推进的主动力，也是作品需要用主要篇幅来呈现的一个冲突，我也把它叫作"主线"。

那么，《江城》的叙事主线是什么呢？

在回答这个问题之前，想先请你思考另一个问题：《江城》的故事主体或主要人物是谁？也许有人会说，就是涪陵的人呗。但我不这么认为。涪陵和涪陵人的确是这本书的书写对象，但不是故事主体。故事主体是第一人称的"我"，也就是作者本人，"我"的行踪、遭遇、所见所闻所思，从头贯穿到尾。

所以，《江城》的主要戏剧冲突是："我"这个外来者进入一个既偏远，文化背景又全然不同的异国环境，会遭遇什么，以及如何融入？

全书在第一章的第一页就把这个主线设定好了。作者用四个自然段非常简洁地交代了"我"的到来，以及涪陵是何等偏远闭塞，然后，作者写道："在随后的两年，这座城市就是我的家。"这一句有双重意味的话，就凝聚了全书的主要戏剧冲突：一是让读者知道，"我"要在这个陌生的地方住下来，读者立刻就会明白，这将意味着挑战和碰撞；二是这座偏远的异国小城竟给了"我"家的感觉，读者会好奇——哦？这是怎么发生的？

随后，作者与这座城市的关系变化——展开，从初来乍到的新奇、拎不清状况，到带给他沮丧、恐惧、羞耻、孤独，再到让他感觉舒适自如，甚至产生亲近感。这个主要戏剧冲突从紧张一步步趋向缓解，直到最后读者跟随作者爱上了这座城市，却又面临离别。

何伟为什么要选用这么一条主线呢？我想，这大概是因为在关于涪陵的素材中，这个情节相对而言比较有戏剧性，同时足以引领、统筹全篇。此外，也最能让读者产生代入感——毕竟，一座偏僻的小城对读者来说过于遥远，而一个人如何融入陌生环境，却是每个人都会有的体验。也可以说，何伟是用"美国青年来中国支教"这样一个相对抓人的设置，激活了这座小城的常人、常事、常态。

在主线之下，作者又铺设了一些"辅线"，也就是在大悬念里套了一些小悬念。比如：学中文怎么从最初的犯难到后来越学越好；跟中文辅导员廖老师如何从彼此冲突走向互相理解；跟学生从最初的难以讨论敏感话题，到后来可以坦诚交流；进城这件事怎样从让人惊恐变得让人愉悦；等等。这些辅线的戏剧冲突，也都和主线一样，具有从紧张到缓解的基本走向。

其中，他跟廖老师的关系，是特别值得注意的一条辅线。这条辅线从第三章开始出现，时断时续地贯穿到最后。一开始，因为廖老师总是指出和批评他中文学习中的错误，而让他无比沮丧和挫败；随后，到了第五章又因为双方的政见之别而爆发火药味浓烈的争执；再后来，他在书中写道："我喜欢廖老师。"到了最后一章，写到廖老师在孕期反应中仍然坚持上好最后一课，那段书写读来至今令人感动。

书中说，廖老师是"我在涪陵认识的最有代表性的中国人"，由此看来，他与廖老师的关系演变其实带有某种隐喻色彩，极其精当有力地刻画出作者与这差异巨大的制度、文化和人们之间发生的碰撞、摩擦、冲突，而随着彼此付出的耐心和尊重，最终达至更深层的理解。

这就是我从《江城》这本书中看到的叙事主线和辅线，也是这本书非常重要的"主心骨"和"黏合剂"。

为什么说是"主心骨"和"黏合剂"呢？不知道你是否注意到，作者在沿着主线和辅线推进叙事的过程中，时不时地就游离出去，大量书写涪陵的风土人情、历史过往、人们的生活和精神状态、他本人对周边一切的观察和思考等。

就比如，第三章《跑步》当中，作者写到自己是何等渴望掌握中文，好去探索这座小城，然后就游离出去了，写城区如何脏乱吵闹，还用了些篇幅细细地写了涪陵的噪声，然后才又回到语言学习这条叙事线索上来。又如，整个第四章《大坝》和第九章《钱》，几乎都跟主要戏剧冲突关系不大，在我看来都可以算是游离的。

这种叙事的技巧，我们可以把它叫作"离题"。关于"离题"，我在稍后的第四节课中会详细讲解，这里先不展开。

那何伟为什么要在主线之下游离出去呢？其实，叙事主线和辅线并不是故事的全部，甚至作者根本志不在此，他不是要写"我"的个人故事，而是要写一座小城、一种文化、一类人群，他只不过是借助了"我"的故事，来谋篇布局，有力地串起和编织无数丰富的素材。

初读《江城》，你可能会觉得这本书几乎是流水账式的结构，非常简单、朴实地按照时间顺序往下写——第一个学期发生了什么，寒假又是怎么过的，接着是第二个学期，然后是暑假……你还可能觉得，作者的笔触跳跃得厉害，说完这事，怎么就扯到了那事，似乎显得散漫而随意。但是如果你看清了它的主线，看到这条主线如何推动着全篇的叙事往下走，又如何将各种支离破碎的素材巧妙地黏合到一起，而且竟有这么丰富的容量，你就能明白其中所暗藏的章法，并由衷地佩服何伟对素材的驾驭能力。

在中观层次上将每个内容单元写出各自相对独立的戏剧意味

光有主要戏剧冲突显然还不够。由于《江城》相对松散的叙事特点，如果用主线和辅线串起的种种事情、人物、场景等不够精彩，读者还是会失去读下去的兴趣。

那么，什么是"内容单元"呢？

简单来说，就是作者在叙事中串起来的那些大大小小的、一块一块的、相对独立而完整的素材和内容模块。

这些内容单元既可能是讲述某个事件、展现某个场景、叙述某个人物故事，也可以是交代一些背景、描述一段旅行等，不一而足。

从中观上看，在某种意义上可以说，《江城》是由无数个大大小小的内容单元编织、串联而成的，而每个内容单元又有它相对独立的戏剧意味。

比如，第一章的第 2 页，在"这座城市就是我的家"这句话之后，紧接着就进入了一个内容单元，详细描述了一个庆祝长征小分队返回的纪念活动。这个内容单元一下就将读者带进了涪陵乃至中国的某种日常氛围中。

在这个内容单元之后，紧接着的是另一个内容单元，写校方如何慷慨照顾两名外教的生活所需，添置电话、洗衣机，甚至表示要为他们建网球场。这一番好意的戏剧性在于，它们竟不容推辞和拒绝。

再接着又是一个新的单元，围绕"声音"这个关键词来描写"我"所身处的涪陵的日常。日常看上去稳定有序、从容不迫，但是传到"我"公寓里来的军训的枪声，却别有意味，一下子与舒缓的日常构成了张力，也让读者对涪陵生出更多的好奇，有了读下去的期待。

然后，又是一个新单元……

读者就这样一个单元接一个单元饶有趣味地跟着作者走下去。

每个内容单元的戏剧意味的强弱有所不同。那些戏剧意味相对弱的单元，可以适当地跟戏剧意味强的单元搭配。就比如，第四章写到寒假里作者坐船沿江旅行，沿途见闻读起来难免会沉闷些，可是这里插入了一个小单元：一对年轻男女在夜里拥挤的船舱中暗地亲热。这个插曲不仅有力地刻画出中国社会的变化，也一下打破了叙事的沉闷，让读者收获强烈的惊喜和阅读快感。

此外，在我看来，《江城》这些内容单元的戏剧意味还有一个特定的原因——作者以一个外来者的视角在书写这一切。两种文化的差异、两国人行为和思维的不同，会给很多日常素材涂上一层戏剧意味，无论是对美国读者还是对中国读者来说，都显得别有一番趣味。

就比如，纪念长征的歌咏比赛和重走长征路的活动，对美国读者来说或许是新奇的，而对中国读者来说，这是习以为常的，但当看到作者用不同的视角写出的那些特质和意味时，也会会心一笑或者心中一动——哦，原来我们是这样的。

甚至连作者在旅行中跟普通陌生人之间出于好奇或是出于客套的某些简单的、模式化的陈词滥调，又或是学生们的大段作文，都因为这种外来视角的审视，而显得别有意味。

在微观层次上用一个句子写出某种强烈的戏剧性

这种句子有时是点出一个富有戏剧性的洞见。

先举个例子来体会一下。在第二章《有中国特色的莎士比亚》当中，作者教学生们读莎士比亚的十四行诗，跟他们讨论这首英文诗歌是如何跨越了几百年的时空，在长江边与一帮中国农家子弟产生共鸣的，一时间，这份奇妙让教室里一片静默。作者这样写：

在这一刻的静默里，既有崇敬，也有惊叹，我与他们感同身受。之前，我已经把这首诗朗读了无数次。但直到我站在涪陵的这些学生面前，聆听着他们思考这十四行诗的奇妙时的静默，才真正地听到了它。

在无声的静默之中听到它！——我第一次读《江城》，读的是英文原版，读到这一句时，心头一震，立刻涌出一股说不出来的感动，我也静默了好一会儿，才又接着往下读。

这就是一个具有强烈戏剧性的句子所拥有的力量。

同样在这个内容单元里，作者写到他惊喜地发现这些中国学生竟然能分辨英语诗歌的音律，这种技能在受过教育的美国人中都失传许久了，但"我涪陵的学生仍旧保留着它"。写到这里，作者来了一句："不管是电视剧的出现，还是有针对性的破坏，没有什么东西撼动得了这样的技能。"这一句，真是神来之笔。这样一个句子，往往会在你心头猛地敲击一下，让你默默发出一声喟叹。

有时，这种句子是提炼一个富有戏剧性的事实。就比如，第三章的那篇小品文《白鹤梁》，开篇就写岁月见证了这片土地在一千多年里漫长的历史更迭和动荡，可这又怎样呢，白鹤梁会告诉你，长江今天的水位，"在一千二百三十四年间只高出了两英寸"。读这一句，又是心头被击中的感觉。

又如，第十一章里写到学生们给自己取英文姓氏，班长莫"很快就在自己的作业本上签下了莫·钱这个名字"。他给自己取的英文名叫"More Money"。

类似这样的句子在《江城》里数不胜数，就好像一路上你跟着作者往前走，一会儿就能捡到一个金币，一会儿又捡到一个。而只需这么一个句子，就能瞬间引爆你的阅读快感，并且持续着，直到遇见下一个这种句子。

我想，如果没有这种句子，《江城》读起来一定会逊色很多。

要点回顾

我们讲了《江城》如何在宏观上铺设了一个贯穿始终的主要戏剧冲突，由此串起和编织方方面面的素材，激活了涪陵城里的常人、常事、常态；同时，在中观层次，又将每一个内容单元写出它们各自相对独立的戏剧意味，从而让读者能乐此不疲地读下去；而在微观层次，则写出众多富含强烈戏剧性的"金句"，将它们错落有致地散布在全文。

课后思考题

你们在阅读的过程中，有没有发现那种富含戏剧性并让你们心头一动的"金句"？

02 故事血肉：用"细节流"呈现故事的细腻纹理

什么是细节流呢？

何伟的老师、资深的非虚构作家约翰·麦克菲，在《写作这门手艺》这本书里提到，他本人喜欢在黑板上写这么一句话："一千个细节叠加，形成一个印象。"它的隐含意义是说，单个细节不足为要，集中展示的细节绝对重要。

我把这种集中展示细节的手法叫作"细节流"。

当然在我看来，单个的好细节也挺重要，因为有些时候，一个特别精彩有力的细节往往一下就能将某个人物、某个场景、某种氛围写活。但这是关于细节运用的一个方面，另一个方面是：对于非虚构叙事来说，我们还需要写出一连串的有效细节。

其实，好的非虚构叙事文本，就是一条潺潺而下的细节之河。比如，从你打开《江城》读第一句开始，你就已经踏入了这条流淌着细节的河流：到达涪陵是在一个温热而清朗的夜晚，星斗满天，江面漆黑，坐着学校的小车，在窄小的街道上蜿蜒行进，夜色笼罩下的城市那么陌生又迷离……你接着往下读。无论你读到哪儿，当你合上书页，回想所读的内容时，你的眼前可能就会浮现出书中的人物，你好像看到他们在活动，听到他们说的话；你可能跟某个人物产生了共鸣；或者某个场景出现在你眼前；又或者你感到自己还置身在某个情境中，沉浸在某种情绪和氛围里。

这就是"细节流"带给你的体验。

如果说戏剧性的铺设是因为给故事设置了牵引力而吸引人，那么"细节流"就是让故事因为细腻而动人。

那么这节课，我就来和大家探讨《江城》中"细节流"的用法，我会分三个部分：

第一部分，"细节流"需要写什么；

第二部分，"细节流"的三种重要用法；

第三部分，获取"细节流"的两个诀窍。

"细节流"需要写什么

简而言之，"细节流"需要的是那些能打开读者"六感"的细节，也就是帮助读者看到、听到、闻到、尝到、触到——这"五感"外再加一感——触发读者的某种情绪的细节。

这就意味着，我们需要以下六类细节：

第一类是视觉细节，包括看到的景色，人物的衣着、相貌、神情、动作，环境和事物的样子、颜色、纹路、形状、大小粗细等。视觉细节可以算是叙事中用得最多的细节类型之一。

第二类是听觉细节，也是用得最多的细节类型之一。这一类细节包括环境里的各种声响，人物说话时的语调、语气、音量，以及人物说出的语言本身，也就是引语和对白。

第三类是嗅觉细节，也就是闻到的气味。

第四类是味觉细节，包括品尝到的口感、味道等。

第五类是触觉细节，比如光滑或粗糙、冷或热、痛或痒之类。

后三类细节虽然用得不如前两类多，但也都是需要留心去捕捉的。

最后，还有一类细节：人物的心理细节。可能是梦境或回忆，可能是某种反应和内心活动，又或者是某种情绪。

"细节流"往往是由这六类细节中的某几类混合、叠加而成的。而写得精彩、抓人的"细节流"，通常能进一步在读者内心引起情绪的波澜，比如让读者不自觉地感到紧张、惊讶、难过、压抑、高兴、轻松、感动等。

为什么需要铺陈这么多能打开读者"六感"的细节呢？因为只有这样，才能把读者真正地领进故事里，让他熟悉那里的环境和人物，产生深切的理解和共鸣，他才愿意关注人物的命运和故事的走向。

回想一下，整部《江城》是不是都充满这样的细节呢？以至于这座小城好像就在你眼前，或者你好像就身处这座小城中。

比如，第五章的那篇小品文《白山坪》，将近8页，几乎都是"细节流"。读完你就好像跟着何仲贵一家人在这块土地上完成了一次清明祭扫。

那天泡桐树开的花是紫色和白色的，山上台地里种着绿油油的小麦，而油菜地一片金黄。当这家人开始爬坡的时候，你能听到他们在喘气。队伍里有个女孩是话包子，你听着她叽叽喳喳说个不停，还老喜欢用"封建"这个词，她会说："太、太、太封建了！"

祭扫的时候，红烛肥大，烧的纸钱面额有八亿元。"火苗跳跃之间，这些纸钱蜷曲、收拢，变成了黑色的灰烬。"伴随火苗而来的是一阵阵热浪，而长江河谷却吹拂来阵阵微风。

几个年轻人很不屑于参与这种活动，你看到他们强忍着，冷漠，兴味索然，直到用手里的香烟点燃鞭炮，作者写道：

鞭炮炸得震耳欲聋，可几个年轻人把它提在手里，直到火花快要烧到手指，才满不在乎地扔在地上……他们没有捂耳。他们没有笑，也没有做鬼脸。他们没有任何表情……但他们的眼里有某种东西，不为他们所控。当节日里所有的声音和景象——乱响的鞭炮声、浓重的火药味、飘舞的烟尘、山谷里如巨龙被惊醒的长江水——全都汇聚于此时，他们站在坟头，兴奋难抑。

作者就这样不厌其详地交杂着铺陈各类细节，在某种意义上像是在为读者建造一座 4D 影院，只不过用的是文字，让读者身临其境地去领略涪陵的风土人情。

如果不是用"细节流"的手法，读者又怎么感受得到呢？

我在读何伟的作品时，会感叹他的叙事怎么能那么从容不迫，那么有耐心地、细致地铺陈着细节。相比较而言，包括我在内的不少写作者往往就显得心急了，太急于想把事情的来龙去脉、前因后果讲清楚，想讲明白背后的问题在哪里。不是说这些不重要，而是说光有这些还不够。

人们可能觉得篇幅有限会限制"细节流"的运用，但我觉得也未必。就比如，何伟的《奇石》这本书中有一篇叫《野味》的文章，篇幅就不长，但通篇几乎都是用"细节流"写成的，别有一番叙事风味。大家有兴趣可以去读一读。

"细节流"不仅是一种叙事手法，也完全可以是一种写作的思维方式和意识。就像我这次重读《江城》的收获之一是：提醒自己，每一个故事本身其实都是无比丰富细腻的，而我需要一再地、有意识地去捕捉那些能打开读者"六感"的细节、细节、细节。

"细节流"的三个重要用法

"细节流"可以怎么用，《江城》中至少有这么三个重要的用法：

第一个用法是，用"细节流"去展示，而不是概述。

何伟的好友，同样是非虚构作家的梅英东就说："Show, not tell."

那展示什么呢？展示一个场景、一个人物、一件事物、一段交谈等，展示你想传达给读者的某种观察、看法，又或是你所体会到的某种意味。所有这些，你要用"细节流"让读者从中"感知"到，而不是由你简要地"告知"他们。

举个简单的例子，来体会一下展示与概述、感知与告知的区别。

在《白山坪》那篇小品文当中，作者就用"细节流"展示了何仲贵这位建筑公司老板作为当地新富阶层的形象。

如果用概述的方式来写他们的出场，可能会是这样的："这家人穿着打扮很不一般，在同船的一群农民当中，显得特别突出，看上去是当地的有钱人。"

这么写，读者只是获得了一个重要信息，但感知不到这家人是有钱人。

而何伟是这么写的：

他们一家人穿戴得非常整洁：孩子们穿着新衣；妇女们穿上了

高跟鞋；何仲贵穿了件方格运动衣，打了一条红色的斜纹领带。站在乘客中间，他们显得特别突出，因为船上的乘客大多是从市场上返回的农民，挑着一副空箩筐，蓝色的衣袋里装满了钞票。

这些细节一铺陈，你立刻就能感知到何仲贵有钱。

在写完清明祭扫之后，作者再次回到何仲贵的新富阶层形象上来，用"细节流"的手法描绘了他在城中心的三层楼房，如何住着自己的家人和兄弟的家人，以及那些展示着他们审美趣味的家装细节。作者还写到何仲贵那辆全新的红旗牌轿车，写他慢速而又舒畅地开着车，经过他刚修建的一座楼房，他会"带着无言的自豪指给大家看……车子会慢下来，何仲贵会打开汽车的空调，问一句：'后面够凉快不？'"。

从这些细节里，读者暂时进入了何仲贵的世界，感知到他对家族和众人有一种大家长式的责任感和保护感，以及一个男人发家致富后那种良好的自我感觉。

这就是用"细节流"去展示，而不是概述你的观察和看法，让读者去感知，而不是由你去告知。

第二个用法是，用"细节流"去呈现戏剧性。

同样，戏剧性往往也需要借助细节的铺陈展示出来，让读者感知到。

在我看来，用"细节流"呈现戏剧性大体有两种方式：

第一种方式，是用"细节流"铺垫，引出戏剧性。

比如，在第二章《有中国特色的莎士比亚》当中，写他与学生们读莎翁的十四行诗，讨论到诗歌的不朽性。

铺垫从这里开始：

我问他们：莎士比亚成功了吗？那位女子会永远活着吗？几个学生摇了摇头……但其他学生显得有些犹豫不决。我问他们，那名女子生活在什么地方。

"英国。"阿姆斯特朗回答道，他回答我问题的次数最多。

"那又是什么时候的事情呢？"

"大约在公元1600年。"

"想想吧，"我说道，"四个世纪前，莎士比亚爱上了一位女子，并为她写了一首诗……现在是1996年，我们在中国，四川，就在长江边上……可就在这一刻，你们每一个人都在想着她。"

教室里一片静默。通常，涪陵充斥着车船的喇叭声和建筑工地的喧闹声，可在那一刻，教室里鸦雀无声。在这一刻的静默里，既有崇敬，也有惊叹，我与他们感同身受。

在这一路铺垫之下，富有戏剧性的一句话得以出场，作者写道："之前，我已经把这首诗朗读了无数次。但直到我站在涪陵的这些学生面前，聆听着他们思考这十四行诗的奇妙时的静默，才真正地听到了它。"

之前那段语言细节的铺排，其实波澜不惊，比较平淡。可是，如果你试试将这一段去掉，或者用概述来重写一下，你就会发现，必须得这么一问一答地铺垫着，才能把"在静默中听到它"的这种戏剧性，强有力地凸显出来。

第二种方式，"细节流"里本身就蕴含了戏剧性。

就比如，在第三章《跑步》当中，写到中文系王老师来约稿的那场中国式酒局。关于那场酒局的书写大部分是用"细节流"完成的，极其精彩。我们来看最后人们非让赛老师喝酒的那段对白。作者是这么写的：

"喝。"张书记指着赛老师的酒杯说道。
"喝不下去了。"
"喝。"
"喝不下去了。"
"喝得下去。"
"喝不下去。"
"喝！"
"抱歉得很！"
"赛小姐！"
"赛小姐！"

这一段主要是语言细节，在将这些简单、重复的话语一一罗列出来的过程中，微妙的戏剧性就显现在其中了，你能感受到双方这种无意义的你攻我守的胶着和角力。再跟之前这些文化精英与作者展开的关于美国文学的那场对谈一对照，就更能感受到其中的荒诞意味了。

"细节流"的手法多少有点类似于微距镜头，而何伟有点像是微观摄像师，他将"镜头"耐心地、牢牢地对准那些平常人事，拉近、放大、显微，然后，在你本以为是平常无奇的图景中，就显现出了意想不到的戏剧意味。

如果作者只是用一句"看起来酒席要结束了，大家又轮番上阵去逼赛老师喝酒"这么一带而过的话，这段"细节流"里的戏剧性也就不存在了。如果不能用这种显微的方式去捕捉和呈现种种戏剧性的话，那么，平常生活中原本存在的无数丰富而微妙的瞬间，也就都被我们忽视了。

从这个意义上说，"细节流"不仅是一种写作手法，也可以是对生活的一种观察方法。

第三个用法是，用"细节流"去呈现作品的主题和意义。

正如前面举到的例子，作者没有明说何仲贵有钱，但读者感受到了他的有钱；作者没说他在诗歌课上与中国学生感同身受，但读者深深懂得了那种奇妙的相通；作者也没说中国式酒局上这种逼酒方式有点搞笑荒诞，但读者同样领悟到了。

这就是非虚构叙事作品展现主题和意义的方式，它不是通过逻辑的推理或论证，不是通过论断性的语言和结论，也不是通过清晰的说明性文字，来传达给读者，而是通过无数细节的铺排，这些细节营造出场景，塑造出人物，描绘出环境和氛围，凸显出戏剧性……然后，在潺潺而下的细节之河中，让主题和意义自行浮现。

在某种意义上，这也是非虚构叙事作品与论说性作品本质上的不同。

比如，《江城》从开篇到结尾并没有给这座小城下过任何整体的、明确的结论，却通过无数的细节，呈现出种种令人目眩神迷，又难以言喻的复杂与微妙，而这恰恰才是作者想要传递的意义。

获取"细节流"的两个诀窍

既然"细节流"如此重要，那我们怎样才能写出潺潺而下的"细节流"呢？

接下来，我简要分享两个获取"细节流"的诀窍。

第一个诀窍是：在搜集素材的时候，把自己想象成一台全息摄像机。

前面我们讲到"细节流"需要的是能打开读者"六感"的细节，这就意味着，在搜集素材的时候，我们也需要充分打开自己的"六感"，去捕捉各种相关的感官信息，比如声音、色彩、气味、动作、体感、语言，以及在那些情境中人的感受、心理与情绪等。

把自己想象成一台全息摄像机，是一个提醒自己有意识地去捕捉和收集这些细节的办法。

如果素材是来自我们的亲身经历，那就想象自己这台摄像机打开了镜头，到处行走，摄录一切有用的全息画面。

如果素材是来自采访他人，那就得细细地问对方各种问题，直到他的回答能让你脑海中形成全息画面，让你能或多或少地感知到那个情境。

如果素材是来自阅读资料，那就从中提取出能帮助我们在脑海中拼凑全息画面的信息。

第二个诀窍是：用有效的手段，将画面感保存下来。

我们搜集素材时好不容易形成的全息画面，最终不可避免地都会淡忘。这就需要我们用各种手段想办法记录下这些全息的画面。

比如，何伟有一个特别值得借鉴的好办法，就是随时随地记笔记。他在支教期间，一开始还没有打算写书，就已然做了大量丰富翔实的笔记，常常晚上写日记一写好几个小时。日记里他会把城里发生的种种事件原原本本地记录下来，还会从学生的作业里摘抄一个个片段。最后他总共做了好几百页笔记。

我不知道他的笔记里都记了些什么，但可以猜想一定非常详尽，包含大量的细节。

可以设想，要是没有这好几百页的笔记，即便我们还能读到《江城》，那也一定是另一副模样。

有时候，我们在采访或与人交谈的过程中，只来得及速记一下关键的信息和对方说的精彩话语，那么就需要事后尽快并尽可能详尽地补记。

记录的内容，除了关键而重要的事实和信息，很重要的一部分就是尽可能多的六类细节：视觉、听觉、嗅觉、味觉、触觉和情绪细节。

除了文字记录，多媒体手段也是非常重要的。比如，用录音机录下声音，用相机拍下画面，用摄像机同时收录声音与画面，甚至从现场带回某个物件，等等。这样的原始素材在后期往往能一下激活我们脑海里的画面，调动我们曾经有过的感受和情绪，最终帮助我们写出细腻动人的"细节流"。

记录的一个原则是：宁多勿少。宁可像守财奴那样守着无数的细节和资料，尽管最后绝大部分派不上用场，也不要只有少数可调用的细节，以致后面写作的时候像穷光蛋那样捉襟见肘。

这个诀窍听上去很简单，但以我个人的经验看，做起来可并不简单。因为我们往往容易犯懒，而且会怀疑是否真的有必要记这么详细。然而，这个诀窍的要点就在于：你只有记录得这么不厌其详、这么事无巨细，最后才能保证你需要用到的，都能从你的笔记里找得到。

要点回顾

　　"一千个细节叠加，形成一个印象。"这种集中展示细节的手法，我把它叫"细节流"。"细节流"需要集中展示那些能打开读者"六感"的细节。它至少有三个重要的用法：一是用来展示而不是概述；二是用来呈现戏剧性；三是用来呈现作品的主题和意义。

　　而要想获取"细节流"，有两个诀窍：一是在搜集素材时，想象自己是一台全息摄像机，提醒自己收录全息画面；二是用有效的手段，不厌其详地做好记录，把画面保存下来。

课后思考题

　　《江城》中哪一段"细节流"让你们印象深刻？简要说说为什么。

03 叙事节奏：让叙事富有节奏的三个技巧

　　这节课，我们来探讨《江城》这部作品用了哪些技巧，让叙事从头到尾富有音乐般的、吸引人的节奏。

　　叙事必须有节奏感，否则会平铺直叙、单调沉闷。

　　那么，叙事的节奏感是一种什么感觉呢？不妨这样来类比一下：当我们听到一首美妙的乐曲时，是不是很容易就能感受到它的节奏？时而高昂，时而低沉；时而急，时而慢；时而热烈，时而安详；等等。好的非虚构叙事，跟这个类似，只不过它是用文字而非声音，来达到这种节奏感。

　　这就意味着，写作的时候你需要好好审视你手头的素材，带着这种明确的节奏意识去安排这些素材，通过合理、巧妙的组合，让它们呈现出动人的节奏来。

好的叙事节奏，能让素材与素材之间产生恰当的张力，这也是行文能吸引读者一路读下去的一种重要力量。

像《江城》这样书写平凡人事、主要戏剧冲突偏弱的作品，如果只是平铺直叙，缺少美妙的叙事节奏，很可能就会因为单调沉闷而让人读不下去。

怎么能让叙事变得有节奏呢？《江城》至少有三个营造叙事节奏的技巧是值得大家借鉴的。

技巧一：陈述段落、描写段落与对白三者交织

所谓陈述段落，通常是指那些介绍事实、交代情况、叙述观点的段落，起到类似于讲述、说明的作用。相对来说，它给人的节奏感是快的、紧的。

至于描写段落，就是描写人物的样貌、神情、动作等，或者描写一个场景，又或者描写环境和景物，等等。

对白，就是指人物的言语和对话过程。跟陈述段落比起来，描写段落和对白的节奏感往往是慢的、松的。

我举个例子，让大家感受一下陈述段落、描写段落和对白的不同节奏。

先来看这样一个陈述段落：

索迪站在全班学生的面前表演哈姆雷特这个角色，虽然口语糟糕透顶，但仍然才华尽显，深深地吸引了我们的注意。他恰如其分地表现了哈姆雷特那怒海狂涛般起伏不定的内心世界。学生们全神

贯注地观看着，末了，他们拼命地鼓掌。

这个段落是我改写的陈述段落，为了跟书中原文更好地进行对比。同样的内容，书中在第二章用了一段描写，作者是这样写的：

索迪站在全班学生的面前表演哈姆雷特这个角色……他的口语依然糟糕透顶……但没有关系，因为突然之间，他的才华尽显……深深地吸引着我们的注意。他的语速很慢，有些装腔作势……他的臂弯里搭着一件斗篷，他绕着横放在地上的一条凳子来回踱步，直至这件简单的道具变成了他的王宫。不过，他的嗓音几近完美——他控制着自己的步子和腔调，恰如其分地表现了哈姆雷特那怒海狂涛般起伏不定的内心世界……他让自己的话语在这间他每周都要清扫的教室里久久回荡。他不安地踱着步子，他蹲在凳子上，他用双手抱着脑袋，他咆哮着，他踢着那张凳子，突然之间一言不发——接着，他打破沉默，静静地念道：
"这样子，良心让我们变成了懦夫……"
……学生们全神贯注地观看着，末了，他们拼命地鼓掌。

为了简洁，我只引用了其中的一部分原文，但保留了相对完整的描写。大家是不是也能感觉到，细致的描写段落一下就让叙事的节奏放慢了呢？

一般来说，陈述段落多用于讲述事情的来龙去脉、前因后果，是将叙事往前推进。而描写段落和对白，则更多的是在呈现人和事的某种具体情态，就像是作者在那一刻特意放慢脚步，带着读者在这里稍做停留，去细细地看一看这种情态。

所以，在非虚构叙事中，如果灵活地、有意识地将陈述段落、描写段落和对白夹杂、交替着运用，就能营造出一种时快时慢、时松时紧的节奏变化，不会显得单调沉闷。比如，在大段紧密的陈述之后，不妨适时地来一段描写，或者放一段对白，让读者缓一缓；而在大段舒缓的描写或对白之后，也需要适时地来一段紧密的陈述。

　　一般新手作者最擅长的是写陈述段落。过去我在《冰点周刊》工作的时候，编辑们特别怕新记者写的稿子"一陈到底"，就是从头到尾都是陈述。可见，陈述在某种程度上像是人的写作本能，而描写和对白则容易被忽略。其中最容易被忽略的是对白。新手作者可能会引用一些精彩的话语，但往往不会写那种你一言我一语、你来我往式的对白。

　　有的时候，对白的话语本身没那么精彩，信息量不大，完全可以用陈述一带而过，但如果考虑到叙事节奏的变化，那么简短地写上个两三句，也是个不错的选择。

　　有读者也许会问：一路陈述下来，写到什么时候切换到描写或者对白呢？这个很难下定论，我的经验是靠感觉。你可以在读好作品的时候，多去留心和体会作者是怎么写这些段落的，又是怎么切换的，慢慢地，你就能找到自己写作的感觉了。

　　读《江城》的时候，你也不妨留心去体会一下。

　　除此之外，《江城》还有一点特别之处：作者时常会在行文中使用富有意味的大段引文，如学生们的作文、第八章摘抄的外公的日记等。我认为这些引文也类似于对白，同样具有调节叙事节奏的功能。

技巧二：紧张单元与舒缓单元搭配

紧张单元是指那些戏剧冲突相对强烈的内容单元，它往往让读者一时感到紧张；而舒缓单元的冲突则相对平淡、缓和，能让读者缓一口气。

《江城》中不少地方运用了这一技巧。我们来看一下。

比如，在第一章和第二章，"我"这个人物与陌生环境之间的冲突相对而言还不是那么剧烈，而到第三章，就像乐曲越来越激扬一样，冲突加剧，出现了相对强烈的内容单元，写到中文学习带给他巨大的困难和绝望，写到语言不通进城被围观的那种窘迫和恐惧。接着，廖老师这个人物出场，总是对他说"不对"，毫不手软地指出他犯的各种错误，作者的沮丧和挫败由此达到顶点。读到这里，你真为他捏一把汗。冲突到达这个强度之后，行文立刻转入一个相对和缓的内容单元——跑步，写他如何借由擅长的跑步来获得一些成就感、掌控感和平静感。

又如，叙事行进到第五章，作者已经觉得进城这事没那么吓人了，并且找到了与人聊天的节奏和方法，感到整座城市都在教他说汉语。读到这里，你不由得为他高兴。接着，就写到他与孔老师因为讨论两国政治差异而引发某种不自在，张力有所增强。再接着，就是他跟廖老师围绕政治话题彼此对抗的内容单元，双方针锋相对，充满了火药味，让读者的心又一次提了起来。这个紧张单元最后是这样结尾的："她尖锐地向我发问，美国政府为什么要帮着运动员服用兴奋剂。于是，我们又干上了，只不过这一次是我处于守势。就这样，每隔一个星期，我们之间都会弥漫着鸦片战争的战火，而香港回归的倒计时也越来越近了。"

紧接着，仿佛一支乐曲从激烈紧张的鼓点，一下转入低缓沉郁的曲调，以这样一段开启了一个舒缓单元："3 月末的一天，我正坐在书桌旁学习汉语，突然发现天花板上跑过一只壁虎。这只壁虎深绿色，眼睛凸鼓，时走时停，仿佛是电影胶片缺失了几帧画面。"接着写时光变换、季节更替，然后就是沿着乌江的一场春天的徒步，悠扬、安宁。

体会一下，这样将紧张单元与舒缓单元搭配，是不是一下就让叙事节奏显得跌宕起伏了呢？

这样搭配还有一个作用，就是让这两种内容单元彼此成就。

为什么这么说呢？两个紧张单元里的冲突，都没得到解决，你不知道他的语言学习后来究竟会怎么样，也不知道他跟廖老师的这种"鸦片战争"会走向哪里，他转而去讲别的事了。这样一来，那个紧张感就恰到好处地悬在那儿，吊着读者的胃口，让读者有想读下去的欲望。

另外，像写跑步、徒步这样冲突较弱的舒缓单元，本来容易显得平淡，如果它是跟其他也相对平淡的单元搭配，读者就容易提不起兴趣。但是，在紧张的鼓点之后，紧接着来这么一段，读者就比较能读进去，就好像有了紧张内容的对照和衬托，舒缓内容也平添了一份动人之处。

此外，紧张单元和舒缓单元搭配，也能很好地辅助故事的主要戏剧冲突向前推进。

《江城》的主要戏剧冲突就是"我"和陌生环境之间的冲突与融入，这是贯穿整部作品的牵引线。因为有了这两种单元的搭配，这条牵引线就显得时而紧张，时而舒缓。隔三岔五出现紧张感，就能不停地引诱读者往下读。

比如到第八章，他在中国的生活已经有些如鱼得水，可接着就遇到了让人棘手的李佳丽。第十章，农历新年，他去友人家欢度春节，感到"终于完全地融入了中国人的生活"，甚至觉得"涪陵就是我的家"，可接着竟与一名擦鞋匠发生了无谓的激烈争吵。哪怕到了最后一章，他对涪陵已经如此熟悉亲近，却仍然出现了一个因为上街拍摄纪念录像而引发人群愤怒甚至攻击的紧张单元。

通过这种紧张与舒缓的交织，主要戏剧冲突的推进始终保持着一定的张力和吸引力，因为你始终没法为他真正松一口气。

所以，《江城》看上去似乎只是按照简单的时间顺序，近乎流水账式地、随意而散漫地书写两年的经历和见闻，但其实，作者是何等精心地将手头的素材进行了巧妙的取舍和布局。

写小说可以编造和设计出各种跌宕起伏的故事情节，而非虚构叙事写作不能编造情节，但可以用手头的素材尽力营造出跌宕起伏的叙事感。

技巧三："远景"与"近景"切换

这里的"远景"和"近景"都是带双引号的，什么意思呢？

我把书写某一刻、此地正在进行的故事或场景叫作"近景"，就像是用镜头一下子把那个故事或场景拉到你眼前，定格、聚焦，给你一种正在进行的现场感。

比如，《江城》第一章，关于庆祝长征小分队返回仪式的那一长段现场描述，就是一个近景，好像在看到文字的那一刻这个仪式正在进行一样。

又如，小品文《白山坪》几乎通篇都是近景，给人的感觉就是：那一刻、在此地，一家人的清明祭扫正在进行。作者甚至用了这样的表述："今天是 4 月 5 日，清明节。何仲贵和他的家人乘坐过河船来到了长江对岸的白山坪。"其实，《江城》是作者结束支教后在美国的家中写的，里面的所有故事都是回溯，但这并不妨碍作者在行文中突然切换到这种此时此地的"今天模式"。

那什么是"远景"呢？为了便于区分、容易理解，我把"近景"以外的书写方式，都叫"远景"。远景有可能是泛泛地介绍情况，或者描述事物平常的样子，或者追溯过去的历史，又或者概述某个事件，等等。也就是说，凡是不能给人那种正在进行的现场感的叙述方式，都可以暂且把它们叫作"远景"。

一般来说，在叙事当中，"远景"会用得更多。如果在"远景"中可以适时地切换进一个"近景"，往往就能营造出某种时空变换的感觉，给人一种奇妙的叙事节奏感。

我们来看一个切换的例子。

《城市》这篇小品文，先是用远景模式描绘着涪陵这座陈旧、杂乱又富有活力的小城的整体风貌。作者是这么写的：

> 涪陵没有自行车。在其他方面，则跟中国的小城镇十分相似——吵闹、繁忙、肮脏、拥挤；车辆蜿蜒而行，行人摩肩接踵；店铺内人头攒动、货物琳琅满目……
>
> ……
>
> 没有自行车，是因为涪陵满布石阶；满布石阶，是因为涪陵是长江、乌江交汇处的山坡上密密麻麻依势而建的一座城市……

类似这样的描绘长达近4页，之后，切入近景模式。作者这样写道：

> 清晨。一个凉爽的早晨，城市笼罩着一层薄雾。退休的人们在

城市中心南门山附近的一个小园子里练太极。此时的涪陵相对显得安静……

……

阳光穿透了天空的薄雾，城市的喧闹声也随之增加……在南门山的东头，突然出现了一阵戛然而止的宁静，仿若另一种形式的紧张。原来，一个盲人在用二胡不紧不慢地拉着沁人心脾的曲子。……今天，这个盲人拉得不错。他40多岁……穿着一身脏兮兮的蓝色衣衫，脚上套着一双解放鞋……

就像这样，一系列仿佛就在此时此地进行着的现场描写，把读者瞬间带入此情此景此境。

这篇小品文如果只有前面的远景部分，已经非常精彩而且完整了；但作者还写了一个此情此景般的近景片段，一下创造出一种意想不到的节奏变化带来的美感，不由得让人默默感叹：这就是高手。

不仅是《城市》这篇小品文，全书中还有其他小品文也具有这种从远景切换到近景的手法，你可以试着自己找一找。

除了小品文，作者在主线的叙事中也运用了这一切换技巧。

比如，第二章《有中国特色的莎士比亚》当中，先是对文学课做了总体的观察和讲述，这可以视作远景；接着，适时地切换到了近景，也就是学生们表演《哈姆雷特》的现场和经过，让读者仿佛一下穿越到了10月那天的课堂，目睹了整场演出。

要点回顾

美妙的叙事节奏可以如乐曲一般张弛有度、跌宕起伏，从而避免叙事的单调、沉闷、乏味，为此，你至少可以利用这三个技巧去有意识地编织和布局你所拥有的素材：

第一，在行文中，将节奏相对紧和快的陈述，与节奏相对松和慢的描写与对白交织；

第二，将冲突相对强烈的紧张单元与冲突相对弱的舒缓单元搭配运用；

第三，适时地将远景与近景切换一下，玩出一些花样。

这三个技巧可以让素材与素材之间产生美妙的张力，从而让读者可以更轻松、更愉快地跟着你走下去。

课后思考题

在小品文《老板》中，你们能找到其中的"近景"段落吗？具体是在哪里？

04 叙事背景：如何为平凡人事赋予不同寻常的意味

这节课，我们来探讨怎样巧妙地运用背景。

为什么要书写背景呢？因为有了恰当的背景，平淡的生活、琐碎的人事才能凸显出它们的意义来。背景的衬托和映照，可以赋予平凡人事不同寻常的意味。否则，它们很可能只是平淡的、琐碎的、不值一提的。

比如，在第四章《大坝》当中，作者观察到，涪陵当地人对于三峡大坝工程给他们带来的影响表现得漠不关心，这种不在意的态度看上去平淡得没有戏剧性，似乎不值得一写。但是作者在这一章特意花费大量篇幅，写出了大坝的工程量之浩大，以及它可能给环境生态和民众生活带来的巨大影响。有了这样的背景做衬托，涪陵人的漠不关心一下就显出深刻的戏剧性来了。读者会觉得：啊？这么大的事他们竟然不关心？就能从这样一个看似平淡的日常现象中，捕捉到中国民众的某种特质。试想一下，如果没有把大坝工程的背景写充分，涪陵人的平淡态度又怎么能凸显出它的意味来呢？

这就是背景书写带来的力量。

一般来说，在非虚构写作中，我们可以运用两类背景。

一类是纵向背景，也就是人、事、物、地的相关历史，用历史来映衬现实，用昨天来帮助理解今天。《江城》中就有大量历史背景的运用。

另一类是横向背景，也就是在你书写的对象和故事之外，彼时更大范围内正在发生的情况。比如在《江城》中，三峡大坝当时正在进行的建设和引发的讨论，中国所处的改革开放和市场经济时代，香港回归这个正在发生的重大事件，等等。

这两类背景都可以帮助定位、阐释、凸显所讲述的故事，赋予它更宽广、深邃、厚重的意蕴。

背景的确是好东西，但背景书写却往往对写作者构成挑战，因为背景写不好就会显得生硬、枯燥、沉闷，读起来让人不愉悦。那么，有什么办法可以更巧妙地书写背景，让它们读起来更动人呢？接下来，我结合《江城》一书，分三个部分来探讨：

第一部分，分享书写背景的一条黄金法则；

第二部分，详细讲讲穿插背景的两个方法；

第三部分，再讲讲怎样找到有用的背景。

书写背景的一条黄金法则

那就是先把读者引进故事里，再寻找合适的时机交代相应的背景。

这个法则意味着故事优先。先讲故事，用故事的情节、人物、场景去吸引读者，让读者愿意跟你走下去，而必要的背景是在故事的行进中顺势交代的。

这个法则还意味着，背景需要找准时机，分散地、一点一点地交代，不要企图一次性把背景讲清楚，这样很可能会极大地破坏叙事的节奏，挑战读者的耐心。

比如，《江城》开篇就写两个年轻人来到了小城涪陵。作者并没有急于交代背景，关于他们为什么来到这儿，只简洁地说了这么一句："我们有两个人，被派到这里教书。"然后，就写了学校里正在进行的纪念长征的活动和现场，以及他和亚当初来乍到搞不清状况，被卷入这场政治仪式的戏剧性经历。作者先让读者进入涪陵当时的氛围，对两个年轻人即将面临的遭遇产生了好奇和关心，然后在第5页才顺势介绍了这所学校的情况，在第9页交代了他是作为和平队志愿者来到涪陵的，以及这个组织的名称在中国的演变。至于涪陵这座城市的简要历史沿革，则要等到读者对小城有了更进一步的感知和亲近之后，才在第一章末尾，用"事实上，这个地方的城市已经有三千多年的历史了"这么一句话，开启了一小段简短的介绍。而关于涪陵、关于这个国家更多的过往，则分布在随后的若干章节中。

又如，三峡大坝始终是悬在这座江城之外的一个不容回避的现实背景，但作者在第四章才正式书写它。为什么呢？我想，一是因为，此时经由一系列故事的讲述，读者已经对这座小城有了更深切的理解和亲近，这样，大坝这一巨大的存在才能跟小城的命运构成更强烈的冲突感；二是因为，按着时间顺序，该写寒假期间的顺江旅行了，而大坝此时出场，与旅行的舒缓愉悦、江河的自由激荡构成一种戏剧张力，真是再恰当不过了。

而且，大坝的出场也是由故事的讲述引出来的。作者从课堂上教一篇议论文引发的困扰开始讲起，由此转入对大坝的书写。

在故事中巧妙穿插背景

怎样把背景穿插在故事的行进之中，有没有具体的方法呢？《江城》中至少有两个值得学习的好办法，接下来，我就来具体讲一讲。

第一个方法，利用故事中自带背景的人物、事物、景致和地点。

比如，《江城》中有些人物，他们的个人故事就浓缩着丰富的历史背景。像第十章里出场的孔老师的岳父徐先生，从他的个人故事中，就能读到内战、两岸分隔、饥荒、改革开放等一系列历史变迁。

在写到这样的人物时，通过写他们的经历、引用他们的讲述，自然而然就能带出很多历史背景。比如，学生们写他们父辈、祖辈的作文等。

跟人物类似，某些事物、景致、地点，也有这样的功用。就像《江城》中，作者利用一座插旗山、一道白鹤梁，就交代了中国在封建时代和清末以来的很多重要历史。

第二个方法，利用"离题"的技巧。

什么是"离题"呢？

有人曾问何伟，他在普林斯顿大学上约翰·麦克菲老师的非虚构写作课，最大的收获是什么。

何伟回答，或许最重要的一件事是懂得了如何去写"A set piece"。什么是"A set piece"呢？麦克菲举了他写的书中的一个例子。书中写到他沿着阿拉斯加的一条河流长途旅行时，看见了一头熊。然后，他专门用一个短章节写起了熊，描述它们的样貌、生活方式、在大自然中的角色。这部分只有几页篇幅，然后他回过头来继续写他的沿河旅行。这种结构与写作方式，并没有影响到文章的主线，读者也不会感到困惑，相反，它颇具趣味性地有效传递了信息。这就是"A set piece"。

我们不妨把这种技巧叫作"离题"，也就是暂时偏离原本的叙事线索，转而交代背景或写一些其他相关内容，再回到原本的叙事线索上来。

打个比方，你去徒步，向着目的地进发，走着走着，看到一条岔路，于是走上岔路去观光一番，接着又回到之前走的这条路上来。

再举个例子，在第九章《钱》当中，作者写到12月的一天下午，他在面馆里跟一家人谈论钱的一幕。他先是写自己看着那家的小孩子在玩，跟孩子的妈妈谈论起衣服的价钱，接着就离题出去，讲到了仿制"牢而紧"水瓶在中国的流行以及中国善于仿制的历史，讲完又回到了面馆现场，接着写自己的那个"牢而紧"水瓶如何引发了小孩子对股票的联想。这是一个相对简单的离题。

而第一章开篇描写那场纪念长征徒步的仪式时，则利用了稍微复杂一些的离题，也就是在现场描写过程中频繁地离题。先是离题出去介绍了历史上的长征，又离题描述了之后长征歌咏比赛的场景。回到仪式现场不久，又离题去交代了小分队的破产经历。接着回到现场，刚写了这么一句"现在所有的学生都会集到校门口的广场上"，就又离题出去交代学校的情况。然后再次回到现场，将"镜头"聚焦到八位迎宾女生身上，可随后又离题出去，写了关于环境如何影响女性相貌的讨论。

有时，作者还会运用更复杂的离题，也就是离题之中再离题。比如，在第四章《大坝》当中，先是从"我"跟环境的冲突与融入这条主线上离题出去，进入一条"支路"，也就是书写大坝这个背景，以及当地人对此的漠不关心。接着，在写当地人的消极态度这条"支路"上，又离题出去，写道："涪陵和其他沿江小城还有一层额外的经历，它们是毛泽东'三线'战略的焦点之一。"由此讲述了三线建设的历史和近况，然后再回到之前的路上，继续讲述人们漠不关心的消极态度。

这就是离题的具体写法。

其实，离题这种技巧不仅可以用于背景的穿插和书写，还完全可以用来串联很多相关的人事。在我看来，正是因为这种技巧的大量运用，《江城》才可以借由讲述两个年轻人的支教经历，而容纳进如此丰富多样、体量庞大的内容，将一座小城刻画得如此深邃。

那么，离题出去后该怎么回到之前走的那条路上来呢？很多时候，作者会使用"钩子"，也就是写一个跟离题之前的那条叙事线索内容相关的句子。比如刚才举的例子，作者怎么从对"三线建设"工程的介绍回到之前讲述的当地人对大坝漠不关心的态度上来呢？"尽管对这一段历史（三线建设）略知一二，我还是觉得人们对三峡大坝工程缺乏兴趣和漠不关心达到了不一般的程度。"这一句就是个"钩子",将游离出去的叙事"钩"了回来。

但有时候,也不必拘泥于要有"钩子"。比如,前面讲到的描写小分队返回仪式,作者从仪式现场离题出去,讨论了中国人如何相信环境会影响女性的相貌,而叙事重回现场的时候,就没有使用"钩子",只用了一句"首先到达的是涪陵市的市长"就兜了回来。

说到这里,有必要提一下,《江城》中还有一种特有的穿插背景的方式,就是利用小品文。比如,《插旗山》和《白鹤梁》这两篇,因为它们在全书结构中相对独立、游离,也就不存在怎么兜回来的问题。而且每一则小品文都能独立成篇,它们跟全书结构相辅相成,真是别具一格、摇曳生姿。

怎么找到有用的背景

一个不言自明的答案是:好好做案头工作和实地调研,广泛阅读和搜集相关资料。我想,何伟写《江城》,一定是在这方面做足了功课的,因为他不仅需要了解一座小城,还需要了解一种文化、一个国家。

这里我想强调两个要点:

第一个要点是,阅读和搜集相关资料时,一定要充分咀嚼、消化、吸收。

背景的书写不是为了写而写——觉得需要来点背景,所以就去找点背景,而是对背景资料的理解和整合,这往往可以左右我们对故事本身的解读。假设《江城》的作者另有其人,他对这个文化和这个国家有另一番理解,那么同样两年的支教经历,写出来就是另外一番样子。当我们用整合过的背景解读去观照故事的时候,自然就会知道哪些背景是能衬托、凸显故事的。

此外，之所以要将搜集到的相关资料充分消化、吸收，还因为只有这样，我们才能用自己的语言把背景用一种轻松好读的方式复述出来，并且让背景的叙述融入作品的整体叙事中。如果只是简单生硬地照搬、罗列一些资料，它们就会成为突兀的存在。

比如，何伟如果不是对中国历史进行了充分的整合和吸收，他就不可能在《白鹤梁》那篇小品文中写出这样的段落：

今天，长江的水位比一千二百三十四年前仲冬时节高出了两英寸。这期间的岁月还见证了其他变化——五个朝代的更迭……然而，尽管发生了这一系列的变化，长江今天的水位只比公元763年时高出了两英寸。

第二个要点是，在你掌握的所有背景资料中，锁定那些能与故事元素相勾连的内容。

之所以强调这个要点，是因为正如前面所讲，背景的运用是要穿插在故事的行进之中的，是在故事的讲述中顺势交代的，这就决定了有用、有效的背景是需要跟故事元素紧密勾连的。

中国近现代史浩繁复杂，可是在《插旗山》这篇小品文中，只讲了两段历史。第一段是太平天国运动，因为插旗山得名于石达开的队伍在山顶插上旗帜。第二段则是红军飞夺泸定桥。因为石达开最后兵败大渡河边，而他的兵败之处，却是红军的胜利之地。这两段历史的对照真是意味深长。

作者还让这两段历史以这样的方式跟江城涪陵勾连上了，他写道："大渡河往南流到了乐山……它又在这里注入了岷江。岷江往西南方向流到宜宾，又注入了长江。从这里开始，这条河流往西往北蜿蜒流淌近三百英里之后，再从插旗山碧绿的山坡跟前流淌而过。"这又是高手所为。

要点回顾

好的背景书写可以为平凡人事赋予更宽广、深邃、厚重的意味。而书写背景可以遵循一条黄金法则：先把读者引诱进故事里，再寻找合适时机插入背景。穿插背景至少可以利用两个方法：一是利用自带背景的人物、事物、景致、地点；二是利用"离题"的技巧。我们可以通过大量的案头工作和实地调研去寻找有用的背景，注意两个要点：一是将资料充分消化、吸收；二是在所有资料中，找出那些与故事元素相勾连的内容。

课后思考题

在盖伊·特立斯的特稿《弗兰克·辛纳屈感冒了》中，你们能找到离题之处吗？再看看离题之后作者又是怎样"钩"回去的？

05 叙事视角：巧妙利用第一人称叙事

这节课，我们要探讨在非虚构叙事写作中，可以怎样巧妙利用第一人称叙事。简单来讲就是，要不要让第一人称"我"出现在故事中，以及怎么出现。

之所以特意跟大家探讨这个话题，是因为2021年我在参与"南周"写作训练营第二季讲课的时候，有好几位学员问，非虚构写作中可不可以用第一人称"我"来叙事。还有学员问，非虚构写作中可不可以夹杂议论。这两个都是非虚构写作中很重要的问题。

对第一个问题，我在当时的答疑音频里做了简要的回答，第二个问题我没有回答，因为实在难以简单地说清楚。

我理解很多人可能都有类似的疑问，因为我们希望非虚构写作是客观公正、逼近真实的，用第一人称"我"来叙事，会不会变得主观呢？是不是只有采用第三人称叙事才显得客观呢？如果再让"我"发表议论，是不是就更偏离客观了呢？

其实，非虚构的要义是，用准确的事实来讲述真实发生的故事。写作中没有绝对客观这回事，客观与否也跟用什么人称来叙事没有关系。即便是用纯粹的第三人称叙事，也可以通过对事实的筛选取舍来呈现偏见；而全部用第一人称叙事，也照样可以尽可能地向客观靠近。

《江城》不仅从头到尾都用第一人称"我"，而且这个"我"还总是跳出来大发议论。但奇妙的是，读起来却并不违和。

所以，用"我"来叙事、在叙事中发表议论，不是"能"或"不能"的是非问题，而是"怎么做"的方法问题。

曾经有媒体问何伟，怎么看待非虚构创作中的第一人称。何伟回答说："第一人称是最重要的工具之一。"

接下来，我们就借助《江城》来体会一下这个重要的工具。我会分三个部分来探讨：

第一部分，怎么定位第一人称"我"在叙事中的强弱；

第二部分，讲讲第一人称"我"在叙事中的四种运用；

第三部分，探讨怎么让议论不具有侵略性。

第一人称"我"在叙事中的强弱

说得直白一些就是,"我"在叙事过程中究竟该偶尔出现,还是频繁出现,抑或是全程都出现呢?

我们不妨先在脑海中想象一条坐标轴。轴的最左端,暂且叫无"我",也就是纯第三人称叙事。一般我们读到的新闻报道,大多数都可以定位在这个端点上。轴的最右端,暂且叫纯"我",第一人称"我"就是故事主体,就是书写对象,比如自传,就可以定位在这个端点上。

从左端到右端,就如同光谱一样,第一人称"我"的出现权重由弱到强。在我看来,非虚构叙事中的第一人称"我",可以定位在这条轴的任意一个点上。这就意味着,第一人称"我"的出现和运用是非常灵活而自由的。

那怎么决定第一人称"我"的存在是该弱一点还是强一点呢?

我认为至少可以借助三个因素来定位:

第一个因素是,要看作品的故事主体是谁。

如果故事主体就是作者本人,要通过写"我"的亲身经历、内心历程、精神蜕变等,来表达一个普适的主题,那么,作品几乎就不得不采用很强的第一人称叙事了。

如果故事主体是作者之外的人或事物,那么,第一人称"我"就可以是个弱存在,甚至不存在。

比如《江城》,虽然它的书写对象是小城涪陵,但故事主体是那个支教的外国年轻人,故事主线就是第一人称"我"与环境的冲突和融入。所以,在《江城》中第一人称的存在必须是非常强的。

现在假想一下,如果《江城》不是通过"我"的支教经历来写涪陵，写中国，那么第一人称的存在完全不必这么强。

第二个因素是，要看第一人称"我"跟故事的牵涉程度。

也就是说，如果故事主体是"我"之外的人和事，那"我"要不要出现、出现多少，就要看"我"在故事中的涉入程度，看"我"在跟进这个故事的过程中，有没有对故事里人的反应和事的走向产生影响。一般来说，影响大，"我"的出现要相对强，反之，就可以相对弱。

比如，何伟另一本著作《寻路中国》中的第二部《村庄》，故事主体是魏子淇一家，写的是北京远郊一个叫三岔的村庄和村里魏子淇一家在几年中的变化与遭遇。

在这个故事里，第一人称"我"既是一个外来的观察者，为故事提供观察者视角，又是故事的参与者。魏子淇的孩子送到医院急救的过程，"我"全程参与。此外，魏子淇一家还跟"我"建立了十分亲密的友谊。这些都决定了第一人称"我"在这个故事中，会是一个相对强的存在。

何伟当时作为一名在华的外国作家，还有一个特别之处——因为他的外国身份往往会影响到人们对待他的方式，所以很多时候他的作品中"我"的出现就变得非常必要。

第三个因素是，要看第一人称"我"是不是要服务于叙事的需要。

有时候，我们会读到这样的作品，故事主体是作者以外的其他人和事，作者完全是个旁观者，他本人的存在也没影响故事中人的反应和事情的走向，完全可以用纯粹的第三人称叙事。但在行文当中，他发现需要引用一段对白，这段对白有可能非常有助于调节叙事节奏，也有可能非常精彩，有助于刻画人物形象，但这段对白只发生在他本人与故事人物之间，那么这时候，他就不妨以"我"的方式出现一下。哪怕通篇只出现这么一下，是个极弱的存在，也是可以的。

怎么定位第一人称"我"在叙事中的强弱，也就是回答"我"要不要出现，以及如何决定出现的强弱程度。

总的来说，我的看法是，非虚构写作中完全可以相对自由地去运用第一人称"我"，不必拘泥。

第一人称"我"在叙事中的运用

那么，第一人称"我"，在非虚构叙事中具体可以怎么运用呢？在我看来，至少可以向何伟学习四个用法：

第一个用法，用第一人称"我"引出故事的戏剧冲突。

以"我"为故事主体，或者，"我"虽然不是故事主体，但与故事关涉程度比较高，都适用于这个方法。

比如《江城》，它的主要戏剧冲突就在"我"这个人物身上，用"我"与环境之间的冲突和张力，带动了对小城的书写。

在《寻路中国》的第二部《村庄》当中，虽然主要戏剧冲突不在"我"这个人物身上，但是写到主人公魏子淇的孩子入院，急需输血时，因为第一人称"我"对国内血源是否安全持谨慎怀疑态度，所以"我"与医生的交涉、"我"向海外寻求清洁血源的努力等，就为故事的局部引入了新的戏剧冲突。

第二个用法，用第一人称"我"引出故事本身。

比如，《江城》为什么要写小城涪陵呢，不是因为它有多么显著的特别之处，仅仅因为"我"被派到那里支教了，于是故事由此展开。

又如，《寻路中国》的第二部《村庄》，为什么要聚焦三岔村呢，也不是因为这个村庄有多么特别，相反，它只是北京众多远郊村落中不起眼的一个。只是因为"我"这个人物有着去远郊隐居的渴望，想找一个保留着更多农耕节奏的村落，所以当拿到驾照、能租上车后，"我"就在机缘巧合下在三岔村租了个房子，故事由此展开，主人公随后登场。

再如，《寻路中国》的第三部《工厂》，为什么要写小城市丽水的一个极其普通的小工厂呢？也是因为第一人称"我"想到发达的东南部去探察中国经济发展的内在奥秘，于是打算沿着新修的高速公路找一个适合观察的样本，然后就遇到了这家工厂的老板正在空荡荡的土地上设计厂房。主体故事便由此引了出来。

我觉得这个用法很有意思。因为我们写故事的常用思路往往是将故事里富有戏剧性的某些元素、场景或情节提炼出来，放在开篇，由此切入，先抓住读者，然后让故事次第展开。或许，这种做法适合那些戏剧性强烈、比较显著和特别的故事。而何伟喜欢并且擅长处理的平凡故事，缺乏显著性和抓人的戏剧冲突，那么用他的这种方法引出故事，反倒显得有效了。

第三个用法，用第一人称"我"的行动来编织素材，就好像把"我"当成穿针引线的那根"针"。

在《江城》中，有很多素材其实不是靠彼此之间紧密的内在逻辑关系来组织的，而是靠"我"的行动来串联的。

比如，第三章《跑步》写了公判大会的一幕。这一幕跟主体故事毫不相干，但对于刻画涪陵这个书写对象却富有意味。作者是怎么把这么一个看似没来由的、跟其他素材之间也缺乏逻辑勾连的片段纳入进来的呢？就是靠第一人称"我"，"我"在跟孔老师上中文课之时，看见了这一幕。

又如，怎么去展现乌江岸边那些相对偏远处的农家生活呢？"我"的一场徒步显然就是把这些素材缝合起来的那根"针"。

第一人称"我"的存在，很多时候的确是一个好用的工具，类似"我三个月以后又去了""我决定去另一处看看"这样的简单交代，往往就能把两个逻辑关联不那么强的素材缝合到一起。

第四个用法，用第一人称"我"提供观察者视角。

《江城》中的第一人称"我"，既是故事的亲历者，也被设置成涪陵生活的观察者。这个观察者经常跳出来发表他的个人见解，而这些见解往往能跟叙事相得益彰。

比如，在第二章《有中国特色的莎士比亚》当中，第一人称"我"发现中国的学生如此善于诵读诗歌、分辨音律，这时候，观察者就出来提供一番中美两国在这方面存在差异的见解。如果没有这番见解，而只是纯粹客观描述的话，恐怕并不容易让读者领略到这一寻常现象背后的特别之处。

同样，观察者将普林斯顿大学、牛津大学文学课堂上的政治化倾向与涪陵文学课堂上的做了一番比照和评论，也能更好地帮助读者定位和理解在中国发生的这一现象。

让议论不具有侵略性

这里所谓的侵略性，更多的是指一种并不良好的阅读感觉，就是读完作品后，会感到作者有明显的评断，甚至观点凌驾于全篇之上，让故事服务于观点。

从《江城》来看，非虚构叙事未必就不能发表议论。但总体来说，我认为发表议论需要谨慎，需要保持微妙的平衡，让议论不对读者构成某种侵犯。

这里我想分享三个要点，在写作中可以帮助保持平衡。

第一个要点，利用观察者视角去发表议论。

如果将第一人称"我"设置成故事里的一个观察者，在某种意义上，"我"也可以算作故事里一个不重要但经常在场的人物。这个人物就可以在适当的时候跳出来，对故事里的某个场景、情节、人物等发表一番评论，帮助读者拓展对它们的理解。在这种情况下，读者往往不会感觉唐突和被冒犯。

我们可以体会一下这两种表述：一种是作者借由"我"这个人物之口来表达，"我想 / 在我看来 / 我认为，这就是他的错"；另一种是作者用第三人称断言的方式来写，"这就是他的错"。你觉得哪一种更具侵略性？

第二个要点，不要用某些观点或结论去框定整体的叙事。

我们写论说性文章的时候，往往是先明确观点和看法，然后在掌握的资料和素材中去寻找能证明这个观点的内容。如果说这是一种"自上而下"的写作思维方式，那么，非虚构叙事的写作则是"自下而上"的。故事本身是变化的、丰富多元的、复杂的、微妙的、多义的，叙事恰恰贵在展现其中的复杂多义，让故事自己呈现意义，而不必特地指向某个结论或观点。

第三个要点，牢记作者的首要任务是展现，把评断的权利留给读者。

正如何伟自己所说："我尽量抑制自己不去妄下定论。我不认为自己作为作者的首要任务是去表达观点，去评断某物。我应该观察、描述，给我的受访者发言的机会。"

大家可以从第四章《大坝》来体会这三个要点：看作者如何通过观察者视角发表了大量的评论，来探讨怎么理解当地人对大坝工程的漠不关心、对公共事务的疏远；看作者怎样既书写了大坝可能带来的种种影响，又展现了当地人的利害得失和现实心态；作者只是呈现了这一现象的复杂微妙，而没有下一个结论性的评断。

就《江城》全书而言，同样如此。作者始终用细腻的故事，也借由必要的议论，呈现着一个复杂的涪陵。对那里的种种人事，你很难简单地贴上一个好或坏的标签，正如书中所说："这座城市无法简单定论。"种种意味，就由读者去体会了。

要点回顾

非虚构叙事中，完全可以自由地使用第一人称"我"，我们可以根据故事的主体是谁、"我"跟故事的牵涉程度以及是否有叙事需要这三个因素，来决定"我"在叙事中出现的强弱。

对于非虚构叙事来说，第一人称是很有用的一个工具。它可以引出戏剧冲突，可以引出故事本身，也可以让"我"的行动像"针"一样缝合素材，还可以用"我"来提供必要的观察者视角。

借助观察者视角在叙事中发表议论，是相对不具有侵略性的。除此之外，要想让观点的表达能保持微妙的平衡，还可以谨记两个要点：不要用观点或结论去框定整体叙事，以及始终明确作者的首要任务是展现，而把评断的权利留给读者。

课后思考题

关于第一人称叙事，你们感觉我讲到的要点中哪一个让你们最有收获感？

郭玉洁

"正午故事"联合创始人
《单向街》（后更名为《单读》）、《生活》前主编

毕业于北京大学中文系，20年媒体生涯，做过诸多类别的报道，最终选择更宽广、自由的非虚构写作。

个人文集《众声》曾获2017年单向街·书店文学奖，并入选2017年豆瓣中国（非小说类）年度榜单。

代表作
《时间的工匠》《在花莲听杨牧讲诗》

图书推荐：《印度：受伤的文明》《印度：百万叛变的今天》《冷血》《在中国大地上：搭火车旅行记》《寻路中国：从乡村到工厂的自驾之旅》《重走：在公路、河流和驿道上寻找西南联大》《印度之行》《小说面面观》

第二讲：使记忆与现实交融，写出好看的旅行文学

先导课：怎样读懂《幽暗国度》

大家可以想一想，你是从什么时候开始想要写作的呢？是不是因为看到好的作品，触动了心里的某一个地方，所以也想要表达，希望写得像他们那样好？没错，写作就是从阅读开始的。我很小就喜欢读书，后来考入北京大学中文系，学习阅读经典作品。在媒体工作了一段时间以后，又在台湾东华大学攻读创意写作专业。

很多人好奇，写作要怎么教？甚至很多人觉得，写作是没法教的，只能靠自己的天赋。但是也有很多作家是在写作课程里成长起来的。我只能说，写作的确很难教。现在也有很多学校开了写作专业，方法各有不同。那么当时我在学校时，更多的是回到文学的世界，在阅读中开阔眼界。你会知道，噢，原来世界上有很多作品，很多写法，创造的空间非常大。另外，老师会带我们仔细地阅读、分析作者是怎么写的、为什么要这样写，在这个过程中，也会学习到很多具体的写作手法。

阅读除了能帮助我们学习写作，本身也是一件很重要、很幸福的事情。很多人都在说，现在有电脑、手机，一天工作下来，非常辛苦，玩玩游戏、看看短视频就行了，很放松、很娱乐，为什么还要阅读？

第一，阅读可以学知识。虽然我们现在有很多渠道可以获得信息，但是这些信息常常是碎片化的，读书仍然是最好的获取信息的方式。通过阅读，你可以较为系统地去了解一个领域、一件事。比如，如果你对印度有兴趣，这次课程会提到的"印度三部曲"之一的《幽暗国度》，就是不容错过的。

第二，阅读之所以重要，是因为和我们当下的生活状态有关。越南的一行禅师是一位非常著名的僧侣、诗人，也是著名的反战活动家、和平主义者。他说，现代人的生活状态，那种深层的疲倦，其实常常来自无法专注。这话还是在几十年前说的，现在更是如此。我们同时做很多事情，写东西的时候也在发微信，看两页书就刷一下微博、朋友圈，所谓多线程操作，其实效率很低，也很累。一行禅师说，当我们专注地做一件事的时候，会觉得平静、愉悦，哪怕是专注地走路，专注地吃饭，专注地跟朋友聊天，都会对现在这种碎片式的生活状态很有疗愈效果。阅读更是如此，如果你拿到一本好书，专心地、不被打扰地看，哪怕只看一章、一小节，只看十五分钟，但是很专心地沉浸在里面，也会获得一种完整、自足的感觉。这是我的经验之谈，如果你能每天保持一点阅读时间，一段时间下来，人的状态一定会有所改变。

当然，我也能够理解，在繁忙的生活中，保持阅读习惯不是件容易的事。所以这个课程，除了分享一些阅读和写作的技巧，也是在帮助大家阅读，陪伴大家阅读，使得阅读不那么困难。

《幽暗国度》的阅读理由

这次我要和大家一起读的，是诺贝尔文学奖得主 V. S. 奈保尔的作品《幽暗国度》。首先我来讲一下，我们为什么要读这本书，这本书好在哪里。

这本书是奈保尔的系列作品"印度三部曲"的第一本。"印度三部曲"第一次引进是在 2003 年。我当时就买了，所以我手头的是最早的版本，书名是《幽黯国度：记忆与现实交错的印度之旅》，之后再出版时书名改为《幽暗国度》。当时"非虚构写作"这个概念还没有在中国兴起，对于纪实写作，人们还有着一种传统的看法，希望作者抱有客观、中立的态度，不掺杂个人意见。因此在看"印度三部曲"的时候，开头就震撼了我。书的开头是奈保尔从英国出发，途经希腊、埃及，从西方逐渐进入东方，最后到达孟买港口。他非常细致地写了这一路的见闻，毫不掩饰自己的疲倦和厌烦，因为这一路上不像欧洲世界那样干净、整齐，公共卫生条件不好，天气也非常炎热。他写埃及的亚历山大港口，马车夫是怎么一拥而上，把乘客当成待宰的肥羊的；为了抢生意，一言不合就争吵起来。这些细节，我一下子就感觉很熟悉，因为这就是大部分旅游地点都会发生的场景。

更让我惊讶的是一个细节。他写道，在开往埃及首都开罗的火车上，坐在过道对面的那位先生忽然清起嗓子来。然后奈保尔细致地描写这位先生如何吐出一团浓痰，然后用拇指和食指搓出来，仔细观赏，然后再缓缓揉搓，直到它消失。

我不知道大家读到这段有什么感觉，我当时读到这里，真的觉得很恶心，生理不适，但毫无疑问，又觉得很生动。你说我们生活里没有见过这样的场面吗？见过。但是这样的场景可以写吗？而且是这样细致地写，直到它看起来很夸张、很荒谬？这是我当时的疑问。刚才我讲过了，当时我们所认为的纪实写作，是冷静、客观的，不掺杂个人意见的，要克制自己非常主观的想法和态度。可是你看这段的时候，能明显地感觉到作者的恶心、鄙视，而且他成功地把这种感受传达给了读者。你甚至可以说，这种描写背后，有他对于东方世界的偏见，而这种偏见，是应该出现的吗？关于这个问题，我思考了很长时间，我也把它留给大家，下节课我们来探讨。

当时我就带着这种震撼的感觉和许多疑问往下看，逐渐发现这本书非常丰富。大家想想，要描写一个国家谈何容易？印度的历史和现实都非常复杂，很难讲述。奈保尔在这本书里调用了非常多的写作手段：有自己的亲身经历，还有童年的回忆；有对当地人的访问和描写，也有采访报道；有分析，有历史叙述，也有抒情。它和我以前看到的文体都不大一样。比如，你会在散文里看见抒情，也会看到旅途的见闻，但是不太可能出现深度采访和社会分析；而在所谓纪实报道中，又是不能抒情，也不能加入个人意见的。所以，"印度三部曲"就能体现出，非虚构写作这种文体的容量可以有多大，可以调用的写作手段有多少。只要作者为事实层面的真实性负责，就是说，不编造事实，那么这些写作手段都是可以用的。

因此，"印度三部曲"在当时大大地拓宽了我的眼界，也奠定了我对非虚构写作这种文体的理解，这种理解一直到今天都没有变，我仍然觉得这是一种容量很大、可能性很多的文体。

除了"非虚构写作"，这本书在体裁上还关涉到另一个概念："旅行文学"。旅行文学最早成为一种现象，是因为欧洲国家在扩张的过程中，抵达此前没去过的地方，如美洲、非洲、亚洲等，把这些地方的风土人情写下来，带回给本国的读者。所以，最早的旅行写作很多都是探险家、科学家完成的，包括曾经来到中国，发现了楼兰古国的斯文·赫定。后来，这种文体越来越成熟，有一些作家、记者开始专门从事旅行写作。

今天在中国，随着我们经济的崛起，去国外旅行变得越来越容易，也有很多作者投身旅行写作，并形成了自己的风格。这种文体是很有前景的。

那么，好的旅行文学怎么定义呢？它应该区别于《孤独星球》那样的旅游攻略，或是你住哪儿、去哪里吃饭那样的流水账，而要有文学性的描写，还要有对社会的深入分析。在这方面，"印度三部曲"是很好的典范。在书里，你可以看到很多感性认知、环境、习俗、好看的人物和故事，也能看到作者对印度的剖析，如《幽暗国度》第二章《阶级》，从印度令人震惊的贫困入手，写了印度的阶层问题。

奈保尔对印度的描写，是很个人化的，个人的记忆、个人的感受，可是他不会止步于个人，而是用独特的视角，带我们深入了印度社会的方方面面。这就是奈保尔眼中的印度。

作家奈保尔的特点

我们来看看奈保尔是一个什么样的作家。

比较简单的介绍是，2001年诺贝尔文学奖的获得者。这是他的文学成就。那么他这个人是什么样的呢？

奈保尔出生于特立尼达的一个印度裔家庭。这就有点复杂了，特立尼达是什么地方呢？它是中美洲的一个岛屿，那片地方也被称为加勒比地区，最有名的国家是古巴。特立尼达曾经是西班牙的殖民地，后来又成为英国的殖民地，直到 1962 年，和另一个岛屿多巴哥共同组成了一个国家，宣布独立。在英国殖民时期，有很多印度人被招募到特立尼达做甘蔗种植园的劳工，也就是廉价劳动力。当时印度也是英国殖民地。所以奈保尔的外祖父，就是这样从印度到的特立尼达。岔开一句，根据记载，当时也有华人劳工到达特立尼达以及加勒比地区其他岛屿。

奈保尔就是在这样的环境里长大的。他的身份非常复杂，他是印度裔，在印度家庭里长大。特立尼达的印度人很多，在奈保尔出生的时候，岛上有三分之一居民是印度人。可是特立尼达毕竟不是印度，这个岛上有白人殖民者，有原住民，也有其他族裔。与此同时，他接受的教育是英国文化，也就是宗主国的文化。

我们可以想象，身处殖民地，当时特立尼达的年轻人最好的出路就是拿到奖学金，去英国读书。奈保尔就是这样，1950 年，他获得了牛津大学的奖学金，在那里学习。从那以后，他就一直生活在英国。

大家说，他是特立尼达人，还是印度人，还是英国人？我觉得，在文化上，他毫无疑问是英国人，欧洲文化是他更加熟悉和认同的。当他写印度的时候，我们也可以看到某种欧洲的眼光，比如书写它的贫穷、不卫生的时候。但他毕竟不是白人，在英国生活的时候，他无法剥除自己印度裔的外表、特立尼达的出身，所以遭到了很多歧视。文学界最早辨认和接受他的作品，也跟他的身份有关，因为他写出了前殖民地特立尼达的生活。

身份的杂糅是奈保尔非常重要的特点。在《幽暗国度》里，这一点是非常清楚的，他来自欧洲，可是有印度的血统、印度的记忆。所以对于印度，他有一种既是外部，又可以是内部的视角，相当于他不止有一双眼睛。尽管当时英国已经有很多印度游记，不少还是大作家写的，可是奈保尔的"印度三部曲"还是脱颖而出，这种独特性就是很重要的原因。

他的第二个特点，是在虚构与非虚构之间跨界写作。很多人都会问，写非虚构的能写小说吗？或者说，写小说的能写非虚构吗？奈保尔就是很好的例子。他在文坛上是以小说出名的，但同时，他的非虚构作品也写得很好。1962 年，他去印度写出了《幽暗国度》，那以后，他又去了很多地方，都有相应的非虚构著作。他一边写小说一边写非虚构，双线并进，成就都很高。

那么这两种写作的关系是什么呢？大家阅读《幽暗国度》的时候可能会发现，这本书里的人物描写、故事情节、场景以及对话都写得很好。在这些方面，小说家是很擅长的，很容易写得引人入胜，这是小说家在写非虚构作品时的优势。而非虚构写作者比较擅长的，是亲临现场，去贴近现实、看到他人。因为小说家有可能脱离现实，只看到自己身边的事，写着写着就陷入重复了，那么非虚构写作的特点在这方面，会帮到小说家。

除了刚才讲到的两点——身份的杂糅、虚构与非虚构写作的并行，奈保尔这个人还有一个特点，他非常犀利，说得不好听一点就是刻薄。

从上文举的例子，火车上那个搓痰的男人，大家就可以看出奈保尔的性格，而在公共媒体上、文坛上，奈保尔就是这样一个形象。他虽然来自特立尼达，但是对自己的家乡非常不客气。他在一次文学聚会上，这样说起家乡的读者：

我看不见有哪只猴子在读我的作品——你可以把这里的猴子理

解成大写的猴子，因为用它来形容大众更加委婉。这群人只有肉体生命（没有精神生命），这在我看来是可鄙的。只有大学里那帮研究禽兽的小伙子才会觉得这些人有趣。

所以他家乡的很多人都不喜欢他。

不只对家乡如此，他对英国也很刻薄。在1980年的一次访谈里，他说："在英国，人们对自己的愚蠢非常自豪。愚蠢和游手好闲是生活在这里的代价……真的，住在这里像被阉了一样。"

奈保尔的刻薄是出了名的，很多人都因此讨厌他。但是大家想想，如果他纯粹是一个刻薄的人也就罢了，没有什么谈论的价值，但我觉得这恰恰是他的特点，以刻薄的姿态来表达自己的诚实，诚实地面对自己的经验和想法，再经过勤奋的阅读、技巧训练以及深刻的自省来进行严肃的又是独特的创造。

就像诺贝尔文学奖的颁奖词说的："奈保尔的著作将极具洞察力的叙述与不为世俗左右的探索融为一体，是驱策人们从被压抑的历史中探寻真实的动力。"

所以不管你喜不喜欢他，都无法忽视他的作品。我就不是很喜欢作者这个人，但是我很感谢他的作品，感谢他曾经给我的启发，那么我也会带着大家用你们自己的眼光去分析他。

《幽暗国度》的阅读方法

阅读的方法有很多，我常用的是一种很实际、很基本的方法，就是三次阅读法。意思是，如果你想掌握一本书，是需要多读几遍的，但并非每一遍都仔细读，而是各有侧重。

第一遍，沉浸式阅读。

拿到一本书之后，假设你已经看了腰封、推荐语、内容概要，决定阅读这本书，那么我建议你不要做太多预设，不要带着挑剔的眼光。尤其是经典文本，它能够经过多年的筛选流传下来，是有原因的。所以我们初次阅读的时候，要相信作者、相信文本，沉浸在叙事里，尽力和它达成情感的共振。

这种方法是最单纯的。以前有句话说，有的人看书就是看个热闹。其实"热闹"很重要，我们应该珍视阅读带来的趣味。趣味可以是一种娱乐的感觉，也可以是情感被打动，你笑，你哭，你被这本书深深吸引。这就是读书最纯粹的乐趣。

就好比吃饭，你可以去吃川菜、粤菜、淮扬菜，这个品尝的过程是最有乐趣的。人不可能老吃压缩饼干、能量棒，那太无趣了。所以沉浸式阅读，被打动、被吸引，得到这种感性的体验，是阅读的第一步，也是最重要的一步。

除此之外，沉浸式阅读还有另一层意思：假如你带了太多预设，阅读的时候不停地想——这个作者的三观是怎么回事啊？这个情节是真的还是假的啊？我要发条微博吐槽一下……那这本书就没法看下去了，你无法获得最好的体验，也无法接收到书里最宝贵的智慧，这个损失可是读者的。

那么，那些疑问和不同意见怎么办？这些也很宝贵，你可以记下来，记在心里，记在书上、电脑上、笔记本上，都可以。有可能随着阅读，你的经验大大增加，那些疑问就消失了，也有可能在阅读结束后，你得出了自己的答案。

第二遍，分析阅读。

这时候，你已经明白了人物和情节，再次阅读时就可以比较抽离。你可以快速地回翻，搞清楚它的字数、章节，结构怎么分布，讲述的顺序是什么，有哪些精彩的段落。

在第一遍阅读的时候，如果遇到不理解的地方或精彩的段落，我会画线，也会折页，这样在第二遍阅读的时候，我就能重点翻看这些段落，再次阅读，加深理解，甚至记下来。我还有一个小技巧，就是试着跟别人复述这些段落，学习作者的讲述方式，让这些精彩的段落变成你的记忆。

接下来，我会分五节课来分析《幽暗国度》。

第一节，如何在旅行写作中使用个人视角？

第二节，如何在旅途中找到好故事？

第三节，如何写出一个生动的过客？

第四节，如何在旅行文学中利用空间叙事？

第五节，如何利用资料丰富自己的游记？

每节课会就不同的章节进行分析，大家可以对照着阅读计划里的章节，进行第二遍阅读。

第三遍，背景阅读。

中国有一句话叫作知人论世，意思是你要了解作者及其所处的时代，这能帮你更深切地理解作品。由此，你就借助一本书，进入了历史和社会的纵深。在本章的个人简介页，我分享了一份推荐书单，可以作为延伸阅读书单。学有余力的读者，可以借助这份书单对《幽暗国度》进行背景阅读，更深切地理解作者和他所处的时代。

当然，三遍阅读法不是固定、僵化的。有的书你会反复读很多遍，有的书读一遍就够了。只是说，当你想要更好地掌握一本书，尤其是经典作品时，可以参考这个方法。

01 叙事视角：如何在旅行写作中使用个人视角

在前面的先导课，我介绍了《幽暗国度》是一本什么样的书，作者奈保尔有些什么特点，也讲了这本书是旅行文学的典范。那么接下来的五节课，我将继续从旅行文学这个体裁来展开，讲讲奈保尔是如何写出好看的旅行文学的。这一节课，先来讲一讲视角问题。

为什么要先从"视角"开始呢？

先导课我讲到，我第一次看到《幽暗国度》的时候，最为震撼的是奈保尔毫不掩饰的个人观察，比如他细致地描写那个在火车上搓痰的男人，以及遇到一拥而上的马车夫时，作为游客感觉到的不适。

实际上，这样的细节非常多。我再举一个小小的例子，在埃及的时候，奈保尔感觉鞋有点松，这时候他在市场里看到一个补鞋匠，他描写了一番鞋匠的相貌：头戴白色瓜皮小帽，鼻梁上架着钢框眼镜，花白胡须，脸庞上布满皱纹，很像《国家地理》杂志上的人物。奈保尔想让鞋匠修一下他的鞋，简单的砍价之后，鞋匠二话不说，开始把一根一寸长的铁钉敲进皮鞋。奈保尔吓坏了，赶紧把鞋抢了回来。

这是一个很小的细节，可是你既看到了鞋匠的形象，更看到了游客的形象，那就是作者自己在一个陌生的地方处处感到新奇，又张皇失措。整篇《印度之旅序曲：申请一些证件》（简称《序曲》）下来，奈保尔这个旅行者的形象非常鲜明：他在陌生的地方感到种种烦躁、不适应，迎面撞见路上的各种未知，有惊喜，也有挫折。

这就是旅行文学的特点，作家借由自己的眼睛、身体、心灵，进入一个未知的世界。所以作家是怎么看的，看到了什么，经历了什么，他怎么想的，这些都是至关重要的。

我们经常问，同样一个地方，为什么这个人好像啥都没看到，写得这么无聊，那个人就看到了那么多，写得那么有意思。原因就在于是不是能巧妙地使用这种个人视角，这也是旅行文学的关键点。

比如，写印度的人很多，为什么《幽暗国度》可以成为经典？因为这本书充满了真切的个人经验、犀利的观察、深沉的情感。奈保尔有独特的个人视角，同时还有高超的技巧，可以淋漓尽致地表达这种个人视角。

这种个人视角，有一个最简单的体现，就是使用第一人称。旅行文学，必定会使用第一人称，因为旅行是个人的历险，它不是讲别人的故事，而是讲自己的故事。同时，在旅行文学中，第一人称还有一个作用，当旅行者到达陌生的地方后，总要经历一个从未知到已知的过程，这是一个探索的过程，也是解谜的过程。就像《幽暗国度》中，一开始，奈保尔很好奇，印度这个神秘的国家是什么样的？他一步步走进印度，离开的时候，获得了自己的答案。

这是第一人称视角对于旅行文学的意义。它是个人的经验，非常真切，同时还带着读者从未知走向已知。

在阅读《江城》的时候，包丽敏老师也带着大家分析了作者是如何运用第一人称叙事的，那接下来我来具体分析，奈保尔是怎么用他的个人视角来讲故事的。大家可以直观地看到两位作家在视角运用上的异同，他们的手法也能互为补充，被运用到你的写作中。

方法一：找到一个历险故事

我们先来看看奈保尔运用个人视角的第一种方法：找到一个历险故事。

读者总是爱看历险故事的，最极端的历险故事，就是玄奘到印度取经，他把沿途的见闻写成了《大唐西域记》，后来演变成《西游记》，全程九九八十一难，这是大家最爱看的。

早期的旅行家有很多历险故事，因为他们到达的是没人去过或是鲜有人至的地方，但是到了今天，一般人很难碰到那样的历险故事，不过小的历险记还是层出不穷的。比如，《幽暗国度》一开头，奈保尔就找到了一个很小的历险记，一下子吸引了读者的注意：两瓶酒的故事。

这个故事是，在孟买港口下船之前，奈保尔就知道孟买禁酒，他听说，把整瓶酒原封不动地带上岸肯定会被没收，于是他把两瓶酒都打开喝了一口，以为这样就没问题了，结果过海关的时候，还是被没收了。而向导这时候也消失了。这时候就留下了一个悬念，大家就会想：这两瓶酒怎么样了？还能找到吗？故事的悬念是很重要的，会吸引大家想知道答案。

我第一次看的时候，觉得这两瓶酒肯定找不到了，肯定被贪污了。而且很多人碰到这种情况，大概也不会去找了，吃这个哑巴亏。但是奈保尔没有，他去找了这两瓶酒，而且把这个找的过程写了下来。他去了观光局，拿到了"持有洋酒许可证"，第二天到码头，海关人员说不行，他得去新海关大楼。到了新海关大楼，人家又说，不行，他还得办一张运输准证，运输准证在哪里办呢？不知道。他就到处找，最后终于找到了一个办公室。办事的老先生想了半天，终于想起来这个运输准证是怎么回事，他说填个表格吧。奈保尔说，那给他一张表格。老先生说哎呀，这种表格现在还没印好呢，怎么办呢，那写个函吧。

这个小小的历险记很幽默、很荒诞，让大家看到了印度官僚体系的运作很复杂，但最后居然是有效的。奈保尔拿回了那两瓶酒。

刚才我说了，虽然现在真正的历险很少，但是在旅行中，我们到达的是陌生的地方，就很可能会出现意料之外的状况。房卡找不到了、迷路了、遇到了一个奇怪的人等，这些意外的状况，都有可能成为小的历险记。如果解决困难的过程，能让我们感受到当地的人情特点、社会特点，那就更好了。大家在写游记的时候，不妨想想，你的旅行经验里，有没有这样的经历。

方法二：写陌生地点的所见所闻

在这个小故事里，奈保尔先把悬念挂出来，也就是酒被海关没收了。接着怎么办呢？他没有继续讲，而是开始写自己的所见所闻。

他为什么这样处理？找酒这个故事有悬念，很适合放在开头吸引读者，那为什么不接着讲，而是岔开了呢？因为他要吊着读者的胃口，不让读者立刻知道答案，必须先看点别的，看看环境、见闻。同时，环境、见闻会让故事更丰富，也更有说服力。

比如，一些刑侦类电影会找一个常年下雨的地方，每天都下雨，天气很阴沉，你就会觉得怎么氛围这么压抑，喘不上气来。这种环境，可以烘托气氛，让案件的冲击力更强。

那么，奈保尔在《序曲》里对见闻的描写，同样会营造这样一种氛围。比如，印度人很多、很吵，天气很热，公共卫生不好等，从而给读者留下了一种总体印象。

对陌生地方的环境描写，在游记里是比较常见的。但是，所见所闻如果处理不好，就很容易事无巨细，变得琐碎。那么见闻要怎么描写才比较好呢，我们看一下在《幽暗国度》当中，奈保尔是怎么处理的。

首先，奈保尔把所有的感官都打开了，用身体感受自己看到了什么，听到了什么，闻到了什么。奈保尔说，身体的经验"凶暴、残忍"，没有工夫反省。意思是说，他没心思认真想什么，因为身体的感受太直接了。这是环境描写的基本方法，用所有感官去感受这个地方，传递出来，让读者也能感受到。

比如在第3页的环境描写，他说，希腊的食物甜腻腻的，街上到处贴着印度电影海报，埃及码头上响起一阵喧闹声，东方世界正式展现在他眼前：脏乱、盲动、喧嚣、突如其来的不安全感。这里就包含了味觉、视觉、听觉。

其次，基于这些身体感受，对于所见所闻，奈保尔并不是漫无边际地堆砌，而是找到线索，把这些串联起来。

在《幽暗国度》的《序曲》里，大家有没有注意到它的线索是什么？是进入东方。作者说，到了希腊，感觉看见了东方世界，食物甜腻腻的，脏乱、喧嚣、不安全感……但是到了下一站，埃及，发现这儿更东方；到了孟买以后，之前这些印象又都不算什么了……景象一幅接着一幅，持续加强。他说："从雅典到孟买，一路上你会察觉到，对人的定义正在逐渐转变，你会发现一种对你来说崭新而陌生的权威和服从关系……一路上你看到的人，仿佛缩小了，变形了……"

他用"发现东方世界"这条线索，串起了这一路上琐碎的景物和人物描写。大家可以设想一下，如果没有这条线索，光是这些城市名称就够混乱了，还要分别描写，读者一定很难分清楚这说的是哪个城市。但是有了这条线索，有了这种渐近关系，就不会产生这种混乱了。

最后，当细节很多的时候，不要事无巨细地写出来，而要懂得聚焦。

一个很好的例子是，船在埃及的亚历山大港有短暂的停靠，在这里奈保尔写了一大段对马车夫的观察。从一群马车夫扑上来，对旅客像宰肥羊一样，到放过奈保尔，去纠缠别的旅客，他写这些马车夫早上如何、中午如何、下午如何……一直到晚上，他看到一辆街灯下的马车，这辆车一整天都没载上一个客人，现在在夜里的寒风中，马车夫一整晚钻进钻出，一直在擦马车。

这就是聚焦。

有时候，我们会东写一段，西写一段，把很多细节并在一起，读者看得目不暇接，但是这一大段描写，让读者的目光停住了，就看这里，就看这些马车夫。很有节奏感，也很优美。

还有一个例子，是我在先导课里讲到的，对在火车上那个搓痰的男人的描写。这个有点恶心的细节，也是一个很生动的细节，很多人可能都会写，可是会一带而过，让读者感觉到这个人不讲卫生就行了。但奈保尔不仅写了，而且很仔细地写。就像电影，一开始是远景，在交代环境，很多东西一扫而过；到了这个人身上，停下了，一个特写镜头，他把这个人的动作分解开来，让我们仔细地看每一处细节。这就形成了一种夸张的效果，让你忘不了。

所以说，我们观察细节要仔细，但是写起来不要面面俱到，要是抓到一个特别好的，就去突出它、强调它，其他无关紧要的细节可以不要，这样效果更好。

方法三：巧用个人回忆

用个人回忆，建立自己与旅行目的地的深层联系。

回忆的作用是什么呢？初学写作的人，经常觉得没东西可写。德语大诗人里尔克在给青年诗人的信里就说道，如果你没东西可写，至少你还有童年。你可以去写童年，也就是说，你可以写你的回忆。一个人活到现在，生活里发生了很多事情，回忆就是调动过去。那么在旅行写作里面，为什么要回忆？写哪段回忆？你也不能八竿子打不着地随便去写。在这里写回忆，是要建立起自身和旅行目的地之间的深层联系。

比如，如果我去巴黎旅行，那么我可能会想起小时候看过一幅巴黎的图片，它给我留下了很深的印象；或者呢，谈恋爱的时候，两个人曾经约定一起去巴黎，但是现在两个人已经分开了。这就是个人和目的地之间建立起的一种私密的、情感的联系，会让作品更动人。

我刚说了，不是所有回忆都值得写，或者说不是所有回忆都值得大写特写。判断标准在哪里呢？就看这段回忆和写作主题的关系有多深。刚刚我说的，想到小时候看到一幅巴黎的图片，这个回忆还可以，但是没有那么重要，因为它不牵涉很深的感情，也没有故事，只是一点浅层记忆，所以在文章里提一两句就行了。如果是恋爱的时候有去巴黎的约定，就会比较重要。因为它牵动了情感，也有故事。如果是恋爱的时候去过，就更重要、更有故事，也更值得写了。

所以，在《幽暗国度》这本书里，作者回忆自己的童年，就是在寻找特立尼达的印度元素。他用了一章来写，而且是第一章《想象力停驻的地方》。大家可以想见，这段回忆有多重要。

在先导课里我讲过，奈保尔出生在特立尼达，而不是印度。如果他出生在印度，思路就很清楚、很纯粹了，直接写童年记忆就好。可是他出生在特立尼达，所以他要拨开这个国家的各种现实，去寻找印度元素，进一步去探寻，印度对他来说，意味着什么，对他有什么影响。

因此，他的回忆，就围绕这个问题，由远及近，从表象直到核心。那么他是怎么做到的？我们来看一下。

说到回忆，无非这么几种——你想到了某个人、某件事、某个东西、某个氛围，也就是人物、事件、物件、环境（氛围）这几种。

那么奈保尔第一个想到的是一个老太太"金牙婆婆"，这是他母亲娘家的朋友。为什么要写她？因为她代表了很鲜明的印度元素，她只会讲印地语，根本不学英文，活在一个印度的世界里面。对于奈保尔来说，她是一个清晰纯粹的印度象征，也是一个正在逝去的世界的象征。

另一个人物巴布，也有同样的作用。

但是这两个人都是很遥远、很模糊的人物，对奈保尔没有深刻的影响，只有印度元素的象征性，因此点到即止。

接下来，作者写的是器物。当那些最了解印度，也最能象征传统的第一代移民老去，离开这个世界后，他们留下了什么呢？是一些器物。这个我们也不陌生，比如现在很多人家里可能会有旧时的八仙桌之类的。奈保尔写到了绳床，也就是吊床、草席等。从这里，他进入了自己的印度家庭：

小时候，对我来说，哺育过我周遭许多人、制造出我家中许多器物的印度，是一个面貌十分模糊的国家。那时，在我幼小的心灵里，我把我们家迁徙的那段日子看成一个黑暗时期——从大海伸展到陆地的那种黑暗，就像傍晚时分，黑夜包围一间小茅屋，但屋子四周还有一点光亮。这一圈光芒就是我在时空中的经验领域。

这段比喻写得很好。这就是奈保尔的印度记忆，没有那么深刻，也没有那么明确，因为他是移民家庭，不是实实在在地生活在印度这个国家的人，他的印度记忆，就是他的家庭。

如果停在这里，又有些局限，太个人了，因此他接着往下写，写到了在特立尼达这个多种族、多种文化的岛屿上，印度人这个身份意味着什么。

提出这样一个问题后，奈保尔又停住了，他转而去描写了一个人——拉蒙。奈保尔叙事的节奏非常好，他很会变换节奏。每当写一个人物，或是一个故事，让读者进入状态后，他就会写一段社会性叙事或者分析，继而又进入人物和故事。拉蒙是特立尼达的一个印度裔年轻人，他到伦敦游荡、犯罪，最后死于车祸。奈保尔在他身上看到了自己，他们都是世界的游荡者，因为这种多重的身份，使得他们没有归属感，母国印度其实很遥远，他们只是远方的子孙。他说，在这种迁徙和游荡中，"我变成了我的公寓、我的书桌，我的姓名"。这里就深入到了作者自我的、内心的世界。

但是，从回忆进入现实之后，他第一次发现，街上有很多跟自己长得很像的人。就这样，他进入了当下的印度。

在这里，奈保尔示范了一种非常好的描写记忆的方式。首先，他心里有问题，有一个主要的线索，那就是寻找童年的印度以及它对自己的影响；其次，他找到了记忆的载体，有物件，有人物，有较为遥远的人物，也有较为深刻的人物；最后，他有节奏地去安排这些人物和物件，由远及近，逐步深入内心，再回到现实。这是他的记忆书写。

以上，我讲了旅行写作中的个人视角书写的三个层面：第一是个人的历险；第二是个人的所见所闻；第三是个人的记忆。从这三个视角出发，我们可以说，这个印度就是奈保尔的印度了。

个人视角存在的问题

最后我要讲的是，个人视角可能存在的问题。在先导课里我曾经提到，奈保尔是一个犀利、刻薄的作家，大家看《幽暗国度》就应该能看得出来，他经常表达自己的偏见，那么，我们怎么看待这一点？

在这里有两个问题：首先是个人偏见是否应该表达；其次是如何表达比较好。

第一个问题对每个写作者来说，都是一个选择。很多人选择不表达，或尽量避免，也有人意识不到自己的偏见。这些情况都很复杂，我不展开了，但奈保尔毫无疑问是明白自己持有偏见的，他表达了，而且成为大作家，他是怎么做到的？我们来看一个例子。

奈保尔在《序曲》里描写了很多自己的厌恶和烦躁情绪，他也经常乱发脾气，他说，身体的经验"凶暴、残忍"，没有工夫反省。这意味着什么？意味着他知道自己是应该反省的。在埃及的亚历山大港，在对马车夫那段描写的最后，反省出现了。他说，那群衣衫褴褛、身材瘦弱的人，跟周遭的石砌建筑物和金属打造的起重机形成了强烈对比，这些异国人物一点都不像通俗小说里写的那么浪漫。他说："我忽然领悟到，在孟买，就像在亚历山大港，权力并不值得骄傲。

动辄发脾气，摆架子，到头来只会让你瞧不起自己。"

这个例子，可以回答上面那个问题。这样的例子在书里还有很多。个人的视角、个人的诚实意见是很可贵的，这些视角和意见可以表达，可是接着我们需要强大的理性和感受力去反省，去平衡自己的偏见，也把思考与感受推到更深的层次。所以在这个层面上说，《幽暗国度》的个人视角是非常丰富，也非常深入的。

要点回顾

这一节，我们先解释了为什么理解旅行文学要从视角开始，接着分享了运用个人视角的三种方法：

一、用个人的历险记，吊住读者胃口，吸引他们读下去；

二、用在陌生地点的所见所闻，来增强故事的说服力；

三、用个人回忆，建立自己与旅行目的地的深层联系。

最后，我简要说了个人视角书写可能存在的问题。

课后思考题

通过阅读《幽暗国度》的《序曲》和第一章，你认为奈保尔是哪里人？他和印度的关系是什么？

02 情节构建：如何在旅途中找到好故事

这节课，我们将讨论一个非常重要，也很常见的问题，那就是如何在旅途中找到并记录好的故事。

我们看书，无论虚构的也好，非虚构的也好，最想看到的是什么？我想大多数人最想看到的都是故事。讲故事、听故事、看故事，是人类源远流长、到现在也不曾磨灭的兴趣。就旅行文学来说也是如此。举个例子，上节课我讲到，《幽暗国度》的《序曲》，一开始就是关于"两瓶酒"的小小历险记，这就是一个很好的故事。如果没有这个故事，作者一直在讲路上见到了什么样的景色，港口什么样子，是不是就挺无聊的？但这个故事一出现，立刻让你想看下去，想知道后面发生了什么。这就是故事的魅力。

好故事的三个标准

事实上，旅途中经常会发生很多故事，只不过很多人都不懂得如何捕捉，甚至不知道什么是好故事。那么如何去捕捉好故事，把它写下来呢？在奈保尔笔下，有这几个方法，是值得大家借鉴的。

首先，我们选择的故事，是指按照时间顺序安排的一系列事件。

这是英国小说家 E. M. 福斯特给出的经典定义。他举的例子是"国王死了，后来王后也死了"。这是有时间先后顺序的，也是连续发生的两个事件，因此形成故事。

听起来好像很简单，但真正在写作时，很多同学经常分不清故事和事件。我们再举《幽暗国度》里两瓶酒的例子来说。在这个故事里，第一个事件是什么？是两瓶酒被海关没收了。如果写到这里，没有下文，就不能构成故事，只能是一个事件。可是奈保尔没有停在这里，接下来的事件就是他去找酒。这就构成了故事。

以前我在做编辑的时候，发现很多作者都会犯这个错误，只写了第一个事件，明明是有下文、有第二个事件的，但是放弃了，跑去写别的事情。这很遗憾，无法构成故事，文章就不大好看了。

所以，这是故事的第一个特点，要有一系列连续的事件，让读者好奇，接下来还会发生什么。

其次，我们选择的故事，得有一定的戏剧冲突。太平淡、没冲突，读者也不会想看。

为什么这些年的影视剧，多是刑侦故事，往往会出现一具尸体？因为暴力、犯罪，天然具备强戏剧性。除此之外，爱情、战争，都有强戏剧性，也是文学作品里长盛不衰的主题。20世纪以来，很多先锋小说家致力于推翻这一点，写了很多故事性很弱，甚至没有故事的小说。最有名的例子是《尤利西斯》，很长的篇幅，中译本1000多页，就是一个年轻人一天一夜的漫游，以及他的内心活动。

虽然上面说的是小说，但是非虚构写作受小说的影响很大，目前我们看到的很多经典非虚构作品，如《冷血》等，都学习了小说，甚至这些非虚构作家原本就是小说家。然而，那种反故事的写作观念也影响了很多非虚构作者，使得他们去写一些故事性不强的所谓"生活流"，记述琐碎的日常生活。在过去的编辑生涯中，我经常看到这样的稿子和选题，通常我会建议初学者不要去写这样的作品，因为反故事对作者的手法要求很高，要是把握不好，作品真的会很无聊。我们最好还是从基本的做起，先学习找到一个好故事。

我刚才讲了，故事是按照时间顺序发生的一系列事件，现在加上一点：这一系列事件要包含戏剧冲突。冲突发生，然后激化、转折，最后解决，形成起承转合。

当然，我们在生活中、在旅行中，很难碰到这么强的戏剧性、暴力，或是爱情，那么，我们就要善于捕捉小的戏剧性。举个例子，《幽暗国度》的第二章《阶级》讲了一个很有意思的故事，也就是蓝纳士和马贺楚的故事。蓝纳士是印度政府机关里的一名文员，负责速记；马贺楚是从海外回来的印度精英，空降成蓝纳士的上级。这两个人对工作的理解不一样：在蓝纳士看来，他是速记员，只管速记；在马贺楚看来，蓝纳士应该速记完了再打出来。读者一看，就感觉到他们要起冲突，也会期待他们产生冲突，结果冲突真的发生了，他们有了一场对峙。最后也有了戏剧化的解决。

这个故事是很生活化的，是我们经常会碰见的吵架。吵架如何酝酿、如何发生、如何解决，这就构成了小的戏剧冲突。尽管是小戏剧、小故事，但是放进作品里也会很好看。大家不妨在生活中观察、练习，久而久之，当你懂得如何把握小戏剧冲突时，自然也会懂得如何把握强戏剧冲突了。

最后，我们选择的故事，得植根于一定的现实土壤，有它的社会性。

在旅行写作当中，故事要能够映射当地的社会状况。比如，你去印度旅行，要讲一个在印度发生的故事，而如果它和中国的故事一模一样，隐去地名就看不出跟印度有什么关系，那读者就会怀疑，你到底去了印度没有。这并不是合格的旅行文学。在旅行写作中，你要讲的故事应该和当地社会现实紧密相连。

我们再从蓝纳士和马贺楚的故事来分析。

这个故事依托的现实是什么？印度的阶级。这章开头花了 6 页来说明这一点，先是讲印度的贫穷。作者说，贫穷不是最重要的，最重要的是印度社会中因为种姓制度和其他因素形成的阶级，或者用书里的另一个词——"层级"。

之前我讲过，奈保尔很擅长把握讲述的节奏，他做了基本的铺陈，让大家了解印度的阶级问题，当你觉得太枯燥了，快看不下去时，他又开始讲故事。用故事来吸引你，让你精神一振，同时，在故事中使分析更进一步。

马贺楚和蓝纳士的故事就是这样，它建立在奈保尔对印度阶级的分析之上。他们有上下级关系，另一层关系呢，则是什么种族阶层做什么工作，打字就打字，速记就速记。随着故事的展开，我们对印度阶级就有了更生动、更丰富的理解。

写故事的四种手法

以上我讲了什么样的故事值得讲述，那么，当我们发现了这些有戏剧冲突又有社会现实性的故事时，怎么才能呈现出这个故事的冲突和现实意义呢？

在《阶级》这一章中，我给大家提炼了四种具体的手法：

第一种手法，要在故事中，建立起符合社会现实又有戏剧张力的人物关系。

我们常说，故事中必须有人物，那么戏剧性就意味着要有两个以上的有张力的人物关系。如果这两个人一上来，你就知道他们有仇，那就有戏了。如果两个人关系一直很好，开开心心的，那就没有戏剧性了；或者两个人一直是路人，总是搭不起关系，很平淡，那也没有戏剧性。

可是，两个人之间的张力从哪里来？设想一下，有可能他们就是有世仇、有恩怨，也有可能是社会地位、做事方法等都不一样。

还是回到蓝纳士和马贺楚的故事，他们两个人的关系是什么呢？

他们是上下级，地位有差，蓝纳士每个月赚 110 卢布，马贺楚一个月赚 600 卢布，级别不一样，收入差很多，这是一层权力关系；但他们还有另一层关系，一个是海外归来的精英阶层，一个是本土的文吏——速记员。蓝纳士看不起马贺楚这个长官，因为作为一个海归，马贺楚对本土的情况不了解。俗话说，强龙不压地头蛇。这两重权力关系叠加的结果，就是谁都不服谁，随时会发生冲突。这就是有张力的人物关系。

而马贺楚和蓝纳士之间的冲突，也有一点像文化冲突。什么是文化冲突？马贺楚代表了一种来自西方的职业观念，公司里我们是上下级，我让你干吗你就干吗，且效率优先，打字和速记一个人干就行了。而蓝纳士代表了印度传统的观念，每个阶层有符合它身份的工作——我一个速记员，要是去打字就掉价了。效率不是最重要的，要让位于阶层身份。所以他们的冲突，本质上是两种文化观念的冲突。

在旅行文学中，文化冲突是经常出现的。简单的例子，我们都知道一个很经典的食物分歧：咸豆花和甜豆花。吃惯咸豆花的人，到了一个地方，发现豆花是甜的，这就有可能发生戏剧性。另外一种常见的文化冲突是在有的地方，女性不能裸露身体的任何部位，必须穿戴严实，而很多女游客不知道，这就很容易发生冲突。

旅行中的文化冲突，也是最有意思的地方。大家写旅行文学的时候，可以多多关注类似的文化冲突。

第二种手法，在描写情节的时候，要包含冲突的爆发、升级、转折和解决。

比如，在马贺楚和蓝纳士的故事里，冲突的爆发，是马贺楚向蓝纳士口述一封信，希望蓝纳士打出来，但是蓝纳士拒绝了。马贺楚心里觉得下级没有遵守自己的命令，也觉得蓝纳士做事很没有效率。可是从蓝纳士的立场，就像我刚才讲到的那样——我是负责速记的，你让我打字，这不是侮辱我吗？

两个人，一个非要你打，另一个非不打。冲突爆发了。

然后呢，大家可以想想，如果冲突很容易解决，就会失去阅读快感，也说明这个矛盾并不深刻。所以冲突要激化、要升级。怎么升级呢，马贺楚没看到文件，把蓝纳士叫来训斥一顿，他还举起拳头，猛地一敲桌子，表达了自己的愤怒和权威，蓝纳士还是拒绝了，这是一次升级。接下来，马贺楚去找自己的上级，但他的上级也没有帮他解决的意愿，这是矛盾的升级，也就是第一次解决无效。走到死胡同了，常规的办法都用了，必须有一个新的、令人意外的解决办法来绝处逢生，这也是故事最好看的地方。在这里是什么呢？马贺楚把蓝纳士叫来，口述了一封信，信的内容是解雇他。这是一种非常残忍的恐吓，最终起效了。

大家看看，这个故事是不是表现了我之前讲的好故事的要素？有张力的人物关系，包含冲突的爆发、升级、转折和解决。所以它是一个很好看的故事。

第三种手法，呈现人物内在的变化。

奈保尔没有停留在简单的情节冲突层面，他进一步挖掘了情节冲突背后的现实冲突，以及人物心灵的冲突。这也就是写故事的第三种手法：呈现人物内在的变化。这样写故事不仅好看，还深刻、动人。

在蓝纳士和马贺楚的故事里，变化的是谁？蓝纳士。他本来很得意，觉得这海归领导啥都不懂，作为地头蛇自己要压他一下，好好捉弄他一番。但是最后马贺楚来了一招，他原本可能只是想威胁蓝纳士：你不打字就要丢工作了。但是对蓝纳士来说，更深的打击在于，打字员会看到这封信，那是阶层比他低的人啊，这样蓝纳士就受到了羞辱。这一点摧毁了他。为了免除这个羞辱，蓝纳士接受了另一种羞辱，那就是接下打字这份低贱的工作。作者花了很多篇幅写他眼泪汪汪，跪在马贺楚前面，在他鞋子上磕头的场景。这个男人最敏感、最脆弱的部位——他的自尊——被人侵犯了。

看到这里，我相信很多读者都会被触动，一个原本挺正常的，还挺得意的人，被残酷地撕开了。透过被撕开的胸膛，你能看见他心灵的痛苦。你原本或许不喜欢蓝纳士，但是因为这个转变，会非常同情他。这就是故事的内核。作者说，这是人生中小小的一出悲剧，他已经学会服从，他应该能够存活下去。类似的悲剧在孟买不断上演着。

那么马贺楚呢，他胜利了，读者可能觉得他挺有手腕的，像个领导的样子，也可能会觉得这个人挺残忍的。但是故事结束后，作者又继续讲了一段马贺楚和类似处境的海归的生活，像他们这样的海归，实际上是悬浮的，仍然无法进入印度社会。由此你可能也会对他产生一点同情。

所以说，书写心灵，在故事的进展中让人物展露出自己的内心，是一个作家高超的才能。它让故事更好看、更深刻，也更高级。

第四种手法，用对话来推动情节，并且表现人物的身份和性格。

在前面这个小故事里，奈保尔还展现了一种手法，就是对话。

对话，既要推动情节，也要表现人物的身份和性格。我们看，马贺楚是上级，他的对话基本就是询问和命令。比如："你昨天记下的那封信，到底怎么了？"

而蓝纳士的对话很简单，话很少，因为他是下级，只能回应自己的上级，而不能反问，也不能长篇大论，但他又想反对。所以当马贺楚命令说"我向你口授的信函，你都得自己动手打出来，明白吗"时，作者写道"蓝纳士的脸色嗖地一白"。他没有说话，可是没有说话也代表了一种很重要的反应。当下级面对上级不说话时，就已经是抗拒了。

于是马贺楚说："听到没？"蓝纳士回答说："那不是我的工作。"马贺楚发脾气，蓝纳士也会稍微强硬一点，说："我是速记员，不是打字员。"

大家注意，这是螺旋上升似的，是重复，又是加强。重复是很有必要的，会加强感觉。对话最忌太碎，眼花缭乱，所以蓝纳士的重复，会让对话的节奏非常清晰。但是这又不是简单的重复——"那不是我的工作。""我是速记员，不是打字员。""我是速记员。"这三个短短的句子，渐次展开、确认，越来越坚持。

大家再注意最后那段对话，马贺楚的恐吓成功了，两个人的权力关系这时候已经完全确定，蓝纳士毫无还手之力。所以在这番对话中，马贺楚一直在凌辱蓝纳士，而蓝纳士没有怎么说话。除了一句，马贺楚调侃他说："这是打字员打的吧？"蓝纳士只好表态，他说："我打的！我打的！"除此之外，任马贺楚怎么说，他都一声不吭，直到啜泣。蓝纳士的无声胜有声。

从这个故事里，我们可以总结一下对话的几个要领：

第一，话题要很清晰，第一段对话围绕"为什么没打字"，最后一段对话围绕的是"你服了没有"，任务清晰，信息明确；

第二，每个人说的话要符合自己的地位和特点，比如蓝纳士作为下级，只能沉默，或做简单的回答；

第三，适当地重复，使得情绪和信息有加强的效果。

最重要的是，大家要在生活中去观察，把那些有意思的对话记录下来，学习如何写好对话。

要点回顾

在旅行过程中，一个好的故事，是按照时间顺序发生的一系列事件，而这一系列事件，得有戏剧冲突，并且与社会现实紧密相连，这样故事才会更生动、有更丰富的内涵。

要呈现故事的戏剧冲突和社会现实性，奈保尔有几种手法或许值得我们借鉴：

第一，在故事中，建立起符合社会现实又有戏剧张力的人物关系；

第二，在描写情节时，要包含冲突的爆发、升级、转折和解决；

第三，书写心灵，在故事的进展中让人物展露出自己的内心；

第四，用对话推动情节，并且表现人物的身份和性格。

课后思考题

在《幽暗国度》的《序曲》和第一章、第二章中，挑选一个你喜欢的小故事，用上面讲到的方法去分析它。

03 人物描写：如何写出一个生动的过客

上节课我讲了，故事就是按照时间顺序发生的一系列事件，这些事件也可以称为情节。情节和人物，是故事的两大要素，无论如何都绕不过的。在讲了如何写出有戏剧冲突的情节后，现在我来讲人物——如何写出一个生动的过客？

我在先导课里曾经讲到奈保尔的双重身份，他写小说，也写非虚构，两者都写得好。一般来说，小说家都很擅长写人物，判定一个人是不是好的小说家，只需要看他能不能用几句话把人物描写得活灵活现。这一点，很多非虚构作者都做得不够好，因为记者、非虚构作者最重要的是搞清楚事实，他们要花大量的时间去做采访、核实、还原，不一定还有力气琢磨文字怎么写才好看。

所以，奈保尔的双重写作经验帮助了他，在《幽暗国度》里，我们可以看到很多鲜活的人物，比如上一节讲到的蓝纳士。

扁平人物与圆形人物

在分析奈保尔的写作技巧之前，我先来讲一个基本问题，那就是人物类型。

上节课我们讲到英国小说家 E. M. 福斯特对故事的定义，这出自他的经典著作《小说面面观》。在这本书里，他还提出了一对著名的概念，就是"圆形人物"和"扁平人物"，这个概念后来长期被沿用。

扁平人物，又被称为"类型人物"或"漫画人物"，意思是，人物是由某种单一的观念或品质塑造而成的。比如，要写这个人很善良，那么就写这一个特质。扁平人物的最大优势是容易辨识，很容易被大家记住。

如果人物的特质不止一种，就可能形成圆形人物。

比如，大家都熟悉的《红楼梦》的主人公林黛玉。大家一想到林黛玉，就是她身体不好、小心眼、爱吃醋，看见有人送宫花来，就问单是自己有呢，还是大家都有。女管家说，大家都有。林黛玉就冷笑一声说，哦，原来是大家都送完了，挑剩下的给她。这是一个很好的细节，表现了林黛玉小心眼的一面。如果林黛玉只有这一面的话，那么她就是扁平人物。

可是林黛玉是个主角，主角是扁平人物的话，分量就不够了。她这么小心眼，尖酸刻薄，为什么在大观园的这么多女孩子当中，贾宝玉就喜欢她呢？这是因为林黛玉还有另一面，她对外面那个争名夺利的现实世界不感兴趣，只想留在精神世界里，所以她和贾宝玉谈得来，有共同的价值观。你可以说他们是不食人间烟火的公子小姐，你也可以说，他们比较纯粹。

除此之外，林黛玉是很有才气的女孩子，诗写得好，也很有见地。丫鬟香菱想学诗，林黛玉就主动教她，说这没什么难的，你就去读谁谁谁，然后你就开始写，写着写着就会了。这时候就表现出了她作为诗人慷慨、自信的一面，和那个由于病弱、家庭破碎而自我设防的小女孩形象很不一样。在其他的细节中，她也有成长，表现出她的温暖和通情达理。有了这么多面，她才能成为一个丰富的文学人物。

《红楼梦》里也有大量的扁平人物，袭人、紫娟这些丫鬟，性格都很鲜明，也就是说，她们基本上都只有一个单一的特质。

大家要注意的是，尽管主角常常是圆形人物，配角常常是扁平人物，但是在写作上，扁平人物和圆形人物并没有高下之分。扁平人物写得好，艺术效果很强，也能长久地被人记住。

人物描写的方法

从方法上来说，上面讲的这两种类型也是有关的。比如：当你描写人物时，可以先从扁平人物开始，找到人物的某个特点，写出来；有条件的话，找到他的第二个特点，这就过渡到圆形人物了。当然很多时候，我们没有条件观察到人物的这么多特质，那么就停留在扁平人物，这样也很好了。

尤其是在旅行当中，我们碰到的经常是过客，很少有机会长时间相处，去深入地了解一个人，更不可能进入他的内心，所以我们往往只能捕捉人物的某一个特点。旅行文学中往往充满了扁平人物，偶尔出现一两个圆形人物。

我们从《幽暗国度》第四章《追求浪漫传奇的人》入手，来进一步分析，奈保尔是如何写好扁平人物和圆形人物的。

这一章里有一个很有意思的人物——女房东。其实，房东、出租车司机、导游都是旅行中最常遇到的过客，也经常进入旅行文学，那么我们看看奈保尔是怎么写女房东的。

首先，他写了她的外貌：

这个印度女人身材丰腴，看起来相当年轻，两只眼睛睁得又大又圆。她懂得的英文不多。每次找不到恰当的字眼，她就会咯咯一笑，然后把视线从你身上转移到别处去。她会说一声"嗯"，伸出右手托住下巴，眼神一下子变得空茫起来。

这段外貌描写里，包含了三个元素：长相，身材丰腴，眼睛睁得又大又圆；声音，说的是英文，但懂得不多，还有笑声是"咯咯一笑"；另外还有举止，当她找不到合适的字眼时，她会转移视线，眼神空茫。这是外貌描写通常包含的三个元素。大家可以试验一下，当你见到一个人时，就从这三个角度去观察他、描写他。他是高是矮，是胖是瘦，圆脸长脸；声音如何，笑起来什么样子；有什么标志性的动作；等等。

但是注意，你把握到的应该是特点，要有辨识度。比如，我经常看到一种人物描写——不高的个子、中等个子。这种描写意义就不是很大，没必要写下来。但要是你说这个人特别瘦，瘦得像一张卡片，这就有辨识度了。所以说外貌描写，和所有其他细节描写一样，不要面面俱到，要把握最重要的特质。

那么这个技巧如何磨炼呢？在以前的课程里，我也分享过这个经验。就是采访完一个人，晚上躺在床上，我会闭上眼睛回忆，当我想到这个人的时候，最先想到的是什么，是他的眼睛，还是他的声音，抑或是他的某一个动作。第一个想到的，就是他给我印象最深刻的地方，那么我写下来，也会令读者印象深刻。经常做这个练习，慢慢地，你就会越来越能抓得住人物的特点。

外貌描写是静态的，就好像你看见一个人站在那儿了，虽然也挺生动的，但是还不能成为一个人物。要成为人物，性格要凸显。因此奈保尔继续写，马辛德拉太太，也就是女房东，她介绍浴室里的设备，都是从德国进口的，非常罕见、非常昂贵，她说："我喜欢外国货，简直爱死了。"

在这里，奈保尔抓住了女房东的一个性格特点，也可以说是价值观，就是崇洋媚外。这一点在印度也很典型，而关于这个特点人物有一个标志性表达，那就是"我喜欢外国货，简直爱死了"。我们可以设想，也许女房东的确经常说这句话，可是一个人的行动和言语可能是很多的，那几天，她说了很多话，有很多行动，但是奈保尔省略了其他的，就抓住这个特点，去强化它、重复它，直到被读者记住。

所以奈保尔接下来说，女房东伸手摩挲着我们的皮箱，脸上流露出无比虔敬和喜悦的深情。"哎，我爱死了外国货。"这是第一次重复。

然后，叙述稍微岔开，她讲了自己的家庭，又兜回来说，家里每一样东西都是进口的。这是第二次重复。第三次，儿子来了，马辛德拉太太说："我希望他讨个外国老婆。"

到这里，读者肯定已经记住了这个女房东，对不对？可以说，女房东的形象成立了。毫无疑问，这是个扁平人物。

这个故事里，女房东的公公这一人物也塑造得很好。一开始，说他是一个"身穿印度服装的白发老者"，这是最简单的外貌描写，可是这很有必要，让读者有一个视觉想象。然后是他的举止，说他很健谈。接下来是一个关键特点：他每天凌晨 4 点起床散步，然后回家阅读《薄伽梵歌》。他说，这个生活习惯他已经遵守了 40 年，不仅如此，他还向年轻人推荐这个习惯。

然后，奈保尔同样展现了他捕捉特质并进行强化的技巧。他写，那天晚上老人在门外打地铺，第二天凌晨 4 点，老人起床了。等他们起来的时候，看见他正在阅读《薄伽梵歌》。

通过对关键内容的重复，老人的形象也很鲜明。同时，这个特质又说明了，这是一个非常传统的老人，他和一个喜欢外国事物的儿媳之间，肯定会有矛盾的。后面也的确如此。

我之前讲过，扁平人物和圆形人物不是对立的，从创作方法上来说，是可以转化、可以过渡的，那具体要怎么转化和过渡呢？

奈保尔用了两种手法：

第一种手法是利用人物形象的变化，也就是先确立扁平人物，然后往上增加其他特质，以此过渡到圆形人物。

这些特质有可能是第一个特质的转折、反面，也可能是另一个层次的特质。这句话怎么理解呢？比如，马辛德拉太太喜欢外国东西，也希望儿子娶外国老婆，可是，假设有一天儿子真的娶了一个外国老婆，她突然发现，这个儿媳妇不是她想象的那样，不好相处，还不如娶个印度儿媳。这就和她原来的崇洋媚外的特质相矛盾了，可能会透露她传统的一面。这是一种内在的矛盾，人物因此更丰富了。但这只是我的想象，非虚构毕竟还是非虚构，不能这么编，我们来看看奈保尔是如何发现马辛德拉太太的另一面的。

马辛德拉太太在表现出"崇洋媚外"这个特质的时候，也表现出了一种女主人的形象，她很开放、自信，似乎是家里的主人。慢慢地，作者发现她举止很奇怪。来了想要租房的男客，女房东却好像心不在焉的样子。那她到底是想把房子租出去，还是不想呢？作者在这里，就提出了这个问题、这个悬念。再过几天，她的公公来了。奈保尔描写道：

> 霎时间，她整个人仿佛缩小了，怯生生的，一副如坐针毡的模样。

这还是那个骄傲地介绍自己家的东西，带着他们去买窗帘的女房东吗？这就是她的另一面。最后你会知道，实际上这个房子是她偷偷租出去的。老公根本不知道，也不会同意，她在家里并不能决定这些事务。在家里，她的地位可能并不高，但是她太无聊了，想找房客来解闷。

在这里，马辛德拉太太就从扁平人物变成了圆形人物。如果奈保尔再待下去，也许会发现她的更多面，也许会表现出一个现代的印度女性和印度传统之间的拉扯。

第二种手法是善用反差，圆形人物的魅力经常来自反差。

反差有可能随着故事的发展、转折出现。比如，马辛德拉太太开始很自信，后来怯生生的，话都不说了；又如，上节课我们讲到的蓝纳士，原来很自得，后来跪在地上哭。这种反差，都会使得人物很丰富。

反差还有可能通过外貌或是外在表现与人物的实质之间的错位来表现。

在第三章结束的时候，奈保尔写了一个人物。他上火车以后，问车里的一群农民，这是不是去德里的火车。其中一个人说："你知道你现在在哪一个国家吗？你想问路，就得讲印地语。这儿只准讲印地语。"

奈保尔写，这个人显然是这群农民的首领。像其他的所有人物一样，他先写了这个人的长相，身穿黄袍，身材肥胖，脸色红润，他说印度的贵人都长这样。

那么这个人是谁呢，他是一个乡下政客，出现在一个政治集会，大谈圣雄甘地的精神和祖国的前途。

接下来，印度政府的一位行政官员说："为了当选，这个家伙谋杀了 17 个人。"

哦，原来这个道貌岸然的家伙，其实是个政治谋杀犯，这就是一个反差。这个反差，就来自外在和内在之间的张力。

我再举一个例子，电影《教父》。马龙·白兰度饰演的教父为什么那么经典，因为大家印象中的黑社会头目是很凶恶、很暴力的，但是马龙·白兰度设计了一个说话含混不清、嘟嘟囔囔，甚至有点无力的这样一个教父形象。当然，实际上他仍然是个杀人不眨眼的黑社会头目，但这个反差会让大家记忆非常深刻。

人物和故事情节的关系

以上，我从人物的类型——扁平人物和圆形人物入手，讲了如何通过外貌描写、性格描写来表现人物，以及如何通过反差、变化，从扁平人物过渡到圆形人物。那么在最后，我来讲一下人物和故事情节的关系。

这节课开始的时候，我讲到，情节和人物是写故事的两大要素，是无论如何都绕不过的。可是如果我们孤立地去思考情节，或是人物，这都是不够的。比如，你在旅途上遇到了一系列有意思的事情、一系列冒险的故事，可是人物不生动，读者光是记人名就很费劲，谁干了什么都分不清楚，故事就很难好看。同样，如果你没有情节，只是静态地去描写人物，人物也很难生动起来。

所以，要想写好旅行中的故事，就要把这二者紧密地结合起来。首先，人物是故事的主体，没有人物，就没有故事。除了童话，所有的故事，必定都要从一个人物开始。而一个故事好不好，很重要的一个判断标准是，人物够不够鲜活，够不够打动人。比如，上节课我们讲到的蓝纳士，这次讲到的马辛德拉太太。

其次，人物要在情节的展开中，表现出自己的性格。大家想想，如果一个人的形象孤零零的，能表现什么呢？人物要不断地发生事情，不断地跟别人互动。比如马辛德拉太太，她跟作者交流的时候是一个样子，她喜欢他们的箱子，还带着他们去买窗帘，希望得到外国人的认可。可是等想租房的客人出现，她就不一样了。公公来了，她又是另一个样子，怯生生的，很逃避，又很忍耐。等老公回来，就发生了那场争吵。随着情节的发展，面对不同的关系，她逐渐地展现出不同的性格面。

还有一种情况也是常见的，就是在极端情境下去考验一个人，让他展现出真正的品质。比如，在生死关头这个人要怎么选择？又如，上次讲到的蓝纳士和马贺楚的故事，最后蓝纳士面对的处境，对他个人而言就是极端情境——马贺楚把他逼到了绝路上，完全击溃了他。所以这个人物就尤其令人印象深刻。

所以，人物和情节是紧密结合的，两者都处理得好，才能写出一个好故事。

要点回顾

这节课，我主讲人物，先讲了扁平人物和圆形人物的概念与例子，接着讲了奈保尔在两种人物的转化和过渡上所运用的两种手法：

第一种，利用人物形象的变化，先确立扁平人物，再增加人物的其他特质，以此过渡到圆形人物；

第二种，善用反差，塑造圆形人物的魅力。

最后，我简要说了人物与情节的关系，需要注意三点：

一、人物是故事的主体，没有人物，就没有故事；

二、人物要在情节的展开中，表现出自己的性格；

三、在极端情境下去考验一个人，让他展现出真正的品质。

课后思考题

大家在《幽暗国度》中还看到了哪些印象深刻的人物？试着去分析其中一个人物，看看作者是怎么描写他的。

04 创作手法：如何在旅行文学中利用空间叙事

这一节，我来讲旅行文学中的另一个重要元素：空间。我们如何利用空间来进行叙事？

为什么要讲空间？因为旅行就是空间的移动。你从一个地方（空间）出发，去了另一个地方（空间），乘坐的交通工具本身又是一个空间，所以无论是阅读旅行文学，还是自己从事旅行写作，我们都要对空间有清醒的认识。

利用交通工具来叙事

在旅行文学中，有两种典型的空间，第一类是交通工具。

大家想想，出去旅行总是要乘坐某种交通工具的，甚至可以说，交通工具是非常关键的。早期中国水运非常发达，所以古代诗人笔下都会出现船，如"两岸猿声啼不住，轻舟已过万重山"。等火车发明、汽车发明后，水运没落了，船就很少出现了。飞机出现之后，变化就更大了。

使用不同的交通工具，速度不同，看到的东西也不一样。在交通便利的今天，很多旅行作家反而会选择古老的交通方式。因为坐飞机太无聊了，很快就到达了目的地，少了过渡，可以观察到的东西很少。像《幽暗国度》里，奈保尔坐船，又坐火车，这样的慢速交通，让他逐步感受到从西方世界进入东方世界的过程。如果坐飞机，很快就到了，就少了这个感受过程。

所以很多旅行作家会精心选择交通工具。比如，我曾经读过一本书，叫《马背上的游牧国度》，作者骑马穿越了曾经的蒙古帝国疆域，从伊斯坦布尔一直骑到成吉思汗出生地。一千多公里，他穿越了戈壁、沙漠、山脉，最后到达草原。对这本书的写作来说，骑马这种交通方式就很关键。因为这条旅游线路已经有很多人走过，蒙古帝国的故事也有很多人写过，但是作为读者，一看到骑马，就会眼前一亮，很有新意。骑马穿越，让我们感受过去蒙古人的生活，而且骑马这种形式对现代人来说，本身就很新鲜。比如，他在路上要不停地换马、克服很多困难，这本身就会产生很多故事。

除此之外，近年还有一本书《在中国大地上：搭火车旅行记》，作者保罗·索鲁是一个很有名的旅行文学作家。看这个标题就知道了，在 20 世纪 80 年代，他来到中国，选择了 22 条跨越东西南北的火车路线，用一年时间去旅行，书中的每一章都是一条火车线路。22 章，22 条火车线路，就构成了当时中国社会的整体脉络。

还有大家可能读过的《寻路中国》，是作者开车在中国各地旅行的故事。这本书一开始就是考中国驾照的故事。我当时看到这个故事，还觉得有点困惑，不知道为什么要写这个，对中国人来说，没那么有意思。但是后来我明白了，这些故事的第一目标读者是美国人。而美国人是有开车旅行的传统的，所以开车旅行、考驾照对他们来说很重要。这也说明了，作者对于汽车旅行这个写作主题是非常有意识的。

中国的作家、媒体人杨潇 2021 年出版了一本书《重走：在公路、河流和驿道上寻找西南联大》，他重走了当年西南联大的师生往后方撤退的路线。这是一本回溯历史的书，我觉得也算是旅行文学。徒步，也是一种旅行形式。就像骑马穿越草原一样，徒步是重新感受当年西南联大师生穿越中国大地的历程。用一种反速度的方式，慢下来，可以看到更多东西。

我说了这么多，是想跟大家强调，对于旅行文学来说交通工具有多重要。你可以有意识地去选择交通工具，甚至把它当作主要的旅行元素——比如我刚才举例的骑马、徒步，或是乘火车，这样会使得你的旅行具有独特性，写起来也事半功倍。

《幽暗国度》虽然没有刻意策划交通工具，但是它把各种交通方式的特征运用得淋漓尽致。我们先来看看，这本书里出现了什么交通工具。

《序曲》里出现了轮船、火车；第七章《进香》里出现了爬山、骑马、走路；火车是重复出现的，尤其在第九章《枕上的花环》里。

在《序曲》中的轮船、火车上，只有简单的见闻，在船上看到什么，火车上看到什么，我不细讲了。而在第七章和第九章中，围绕交通工具、交通方式，都出现了完整的叙事。什么意思呢，也就是说，爬山、坐火车的旅程，就是一个完整的故事。这是怎么做到的？我总结了以下三点：

第一点，把交通工具当作故事的容器，找到一段短而完整的旅程。

想象一下，旅行一般来说是开放的，今天去这里，明天去那里，今天碰到的人，明天就不会见到了。要是这样写下来，就眼花缭乱，可是如果选其中一段火车旅行来写，就形成了封闭的空间，一个有头有尾的时间段。有开始——火车启程，也有结束——火车到站了。在这个封闭的空间里，你有可能结识一个人，甚至一群人，因为你们都无法离开，所以必须相处、了解，甚至建立感情，然后分离。这就是故事。

第二节课上我也讲过，故事是按照时间顺序发生的一连串事件，乘坐火车会给这样的故事提供一个外部时间条件。

那么，爬山同样具有这样的特征，它是一次短途旅行，也是有头有尾的，你要出发、要登顶、要回来，这就是一系列事件。相比火车这样的封闭空间，它看似是开放的空间，但其实路线基本是确定的，出发—登顶—回来的基本结构也是确定的，同样能构成故事的容器。

在《幽暗国度》里，奈保尔要讲的是一个关于印度的故事，这个故事很大，时间跨度也很长，他在印度待了一年，不可能从头讲到尾，从进入印度，一直讲到离开印度。于是，他选择了许多小故事，许多短途旅行，共同构成大故事。第七章《进香》中的爬山和第九章《枕上的花环》中的火车旅行，就是两个很好的例子。

第二点，找到故事和人物。

接下来，我就围绕这两章来讨论。当你有了交通工具这样一个完整的时空结构以后，你要如何找到故事的起伏，找到合适的主人公？

设想一下，你去爬山，是不是有一个目标？不管是登顶，还是去哪座庙，总而言之，有一个要去的地方。有了目标之后，你要怎么去？徒步去，还是坐缆车，路上会遇到什么困难？困难出现，克服困难，完成目标，这就是一个故事。如果没困难，那就很难构成故事了。

在《进香》这一章里，奈保尔讲了一个故事，作者要去一座山上的洞窟里朝圣，这也是当地的一件宗教盛事。他要怎么去呢，骑马。所以，要备马队，要跟旅馆老板谈价格，让他们去准备马队。可是，在上山的路上，困难出现了——一个马夫偷溜了，向导亚齐兹在那儿骂骂咧咧。同时，路上必然会出现疲惫等情况，这都是困难。最后，作者和亚齐兹克服了这些困难，到达了洞窟，这就是一个完整的，也是很好看的故事。

光有这样的故事不够，像我上节课讲的，故事要有人物，才能鲜活起来。那么在这个故事里，主人公就是亚齐兹，他是作者所住旅馆的工作人员，也是进香之旅的向导、地陪。

从作者的描写中，我们可以看出亚齐兹是一个很狡猾的人。他很能干，什么都能打点好，但是会尽量贪点好处。在马夫失踪了以后，他非常生气，气急败坏，让作者回去举报马夫，吊销他的执照，一路上喋喋不休。在下山的路上，马夫突然出现了，亚齐兹上去就破口大骂，看起来好像气得不得了。可是当回到基地，马夫来求情时，亚齐兹又说："老爷，您可怜可怜他吧，他是个穷人。"作者惊呆了——我没搞错吧，他一路上喋喋不休，骂这个马夫，怎么现在又来帮忙求情了？作者答应不去举报的时候，马夫倏地站起来，从口袋里掏出一沓卢布，挑出五张递给了亚齐兹。原来亚齐兹拿了好处。

这样一个人物，就使得进香这个故事非常鲜活。

在旅行写作里，一定要有人物，尤其是当地人。可能有同学会问："我在旅行的时候，没有碰到什么好故事和有意思的人物啊，那该怎么办？"爬山这个故事就告诉我们，即使你遇不到其他人，也总会遇到导游、司机、地陪等，你要懂得把他们当作短途旅行的重要人物，观察他们，把他们写好。

旅行中的另外一种常见人物，就是偶遇的过客。

《进香》里出现了一个美国女孩——乐琳。乐琳这个人物，作者在山上只见了一次，通过聊天大致知道了她的背景，但很表面。之后在山上就没有再看到她了，但是作者留了个尾巴，说乐琳的故事没有就此结束。后来在旅馆，作者又见到了她，听说了她的故事。不仅如此，在这章结束的时候，作者还讲了乐琳的后续。

这说明了什么？当作者要引入一个人物时，他就会认真对待，讲清楚来龙去脉，会注意让她的故事完整，而不是随意地出现、随意地消失。这是写人物的时候需要注意的。

还有一种情况，很多时候你偶遇一个人物，可是并没有明显的事件，在这种情况下，你可以去挖掘人物的内心。

在《枕上的花环》里，作者就偶遇了这样一个人。

当时在火车车厢里，在一群个子瘦小、五官清秀的南印度人当中，奈保尔一眼看到了一个锡克人。他身材魁梧，动作很大，奈保尔还以为他是来自欧洲的艺术家，可见是非常抢眼的人物。显然，他很欣赏这个锡克人。这里我们就会期待，他会不会再次出现。因为如果只出现一次，只有外貌描写，那么他再抢眼也只是一个过客，和《序曲》里那个搓痰的男人一样。结果他再次出现了。

锡克人主动来跟作者搭讪，跟他讲起伦敦如何如何，很快，他开始嘲笑车厢里的印度人，说他们是猴子、人渣，还坦承说，自己对肤色有偏见。作者一下子明白了，这个锡克人不好惹，他有点反感，又有点害怕他。可是逃避也来不及了，火车强迫他们要共处24个小时。这就是我刚才讲的，火车的短途旅行，会形成封闭的空间，你不得不跟一些人共处。

在被迫的相处中，作者绞尽脑汁，和锡克人讨论伦敦、特立尼达、咖啡店，讨论锡克文化，居然发展出一段情谊。奈保尔说："这个锡克人好像变成了我那个非理性的自我。"我想是因为，锡克人那种对印度的嫌弃、厌恶，奈保尔内心也有共鸣。

由于这种共鸣，火车到站，居然还不是这个故事的终点，他们后来又见面了。但这时，作者对锡克人的看法又发生了改变，他看到了锡克人身上的歇斯底里，这让他受不了了。

我们看，这里并没有什么明显的情节起伏，尤其是在火车上，只有一些交谈，奈保尔是怎么处理的呢？他找到了内心的事件，那就是他对锡克人的看法发生了好几次变化。从一开始的欣赏，到反感、恐惧，被迫相处中有了共鸣，最后又闹翻。可以说，戏剧冲突发生在作者自己心里。

这是很高的写作能力，即使看起来没有什么戏剧性，作者一样可以捕捉到起伏变化，形成故事，而不至于让读者觉得平淡无聊。

而通过这样一个故事，奈保尔又表现出了印度社会各个种族之间的冲突，以及冲突暴力的来源。这也是我前两次课提到的，捕捉故事和人物，要建立在大的社会现实背景之上。

第三点，讲述交通工具自身的故事。

什么意思呢？一种交通形式的建立、发展、没落，都关系到一个国家的命脉。比如，中国高铁的发展，就是一个很重要也是很好的故事。也有一些旅行者，想去走大运河，讲讲大运河的故事。中国作家杨潇曾经在《正午》发表过一篇文章——《坐火车横越美国》，讲的是他在美国坐长途列车，从芝加哥到旧金山，从东到西，坐了50多个小时。文章里写了沿途风景、火车上的旅客等，但是文章至少一半的篇幅，是在写美国铁路的历史——什么时候诞生、为什么铁路没有成为美国最发达的交通方式、围绕铁路有过什么辩论等。

所以在旅行中，如果你能够挖掘各种交通工具、交通形式的故事，这本身就很有意思。那么这些故事从哪里来呢？你可以查阅资料，看相关的书籍。杨潇文章里关于美国铁路的历史，就是这么来的。你也可以跟相关人等聊天，去获取故事。在《幽暗国度》的第九章《枕上的花环》里，一开始有一段关于印度铁路的描述，就是这样来的。

这段描述，由三段对话和一段概述构成。三段对话，分别是跟铁路局的"表格与文具视察员"、铁路局的工作人员——也是这位视察员的领导，还有火车站的工作人员进行的。

这位"表格与文具视察员"的工作是负责核查每个火车站的文具申请。比如，有一个火车站申请了一百本便条，他只批了两本，因为他知道，这个火车站站长有六个儿子，他申请的便条是给儿子用的，实际上就是贪污。所以他的工作就是专门负责查铁路文具有没有贪污。是不是挺神奇的一个职位？

作者拿这个职位去问一个铁路局的工作人员，这个工作人员先是否认，说没有这个职位，后来不得已承认了，然后开始抱怨铁路行政人员有多么繁忙，多伤脑筋。这是第二段对话。

第三段对话是在火车站，奈保尔想喝咖啡，据说只有火车站能喝到，因为这是当地文明的中心，意思是很现代化了。结果他去了之后，服务员说没咖啡，他就要投诉。服务员解释说，火车站的餐饮是承包给了别人的，承包商是部长的亲戚，把咖啡转卖给了别人，他们也没办法。但是因为他投诉了，一个服务员把咖啡端过来了。

这三段对话其实都是在讲印度铁路系统的官僚化，就像《序曲》里讲到的海关一样，印度的官僚主义大概给奈保尔留下了非常深刻的印象，因此他把三段不同的对话拼接在一起，表达了对印度铁路的基本看法。

接下来，他对印度铁路和火车站做了一个概述，这个概述并不是讲述历史、来龙去脉，而是比较感性的总结。

不管怎么样，在这个对话和概述的组合中，主角是印度铁路，它要表达的是作者对印度铁路的印象，他有很明确的主题，就是印度铁路的官僚主义。那么有的人会写印度铁路的拥挤、它的现实条件，也有人会写印度铁路的建设历史，这些都可以成为一个选择。

利用旅馆来叙事

以上我讲了旅行文学中如何利用交通工具来进行叙事，接下来我来讲旅行中另一个典型的空间，那就是旅馆。

关于旅馆的第一种叙事，找到合适的住处。

旅行的时候，住宿可是大事。尤其是出国旅行时，我们经常要花很多力气找住处，要考虑预算、地点、安全、条件等，到了还不一定满意，还可能要换。所以，关于旅馆的第一种叙事，就是找到合适的住处。

大家也许还记得第四章《追求浪漫传奇的人》，作者在找旅馆的过程中遇到了困难，因为女房东瞒着家人偷偷出租房子，所以发现真相之后，作者就逃走了。

在《幽暗国度》的第五章，作者到克什米尔避暑，他讲述了自己找旅馆的故事。他找到了一家叫作"丽华饭店"的船屋，提了各种需求，希望有台灯、有书桌，他们都答应了。结果搬进去的前一天，他突袭了丽华饭店，发现房间还是老样子，台灯没有、书桌没有，浴室也是老样子，马桶装好了，但是没有水箱。他就发脾气，说不住了。这时候，亚齐兹和旅馆的工作人员跌跌撞撞跑过来，说两分钟，三分钟，马上就装好！三天以后，奈保尔和同伴搬进了丽华饭店。

这也很像刚才讲到的爬山，同样是克服困难——达到目标的故事结构。不满意或是被骗了，怎么解决，都可能写成故事。

关于旅馆的第二种叙事，把它当作一个舞台。

当你确定了住处之后，把它当作一个舞台，让各种人登场。

今天，大部分人旅行都是住酒店，服务是标准化的，这就比较难发生故事，也不太可能跟酒店的工作人员深度交往。所以很多人喜欢订民宿，或者青年旅馆，这样比较容易建立私人的联系，听到一些当地的故事。

丽华饭店这名字听起来唬人，但其实不大，是一个很有人情味的旅馆。这个空间确定了之后，作者开始排布舞台上的人物，有常住的人物，比如老板巴特先生、工作人员亚齐兹、厨子，也有次要的人物来来往往，比如油漆匠、其他的住客——一个在旅馆里自己烧饭做菜的婆罗门家庭，还有一个孟买来的小伙子，每天早上和作者较劲，奈保尔要听英语新闻，小伙子就把收音机调到斯里兰卡电台。

这样的写作手法，就是以旅馆为固定空间、工作人员为主要人物，其他旅客来来往往，共同形成一幅丰富的场景。这种情形，在青年旅馆之类的空间也不少见。

关于旅馆的第三种叙事，让它成为贯穿故事的元素。

假设你在这家旅馆住下来，你讲了找旅馆的故事，也交代了旅馆的场景、人物，读者已经熟悉了这个空间，那么，让它退到后景，成为出发和返回的地点，成为贯穿故事的元素。

比如，丽华饭店在第五章占据了绝对主要的位置，作者找到它、适应它，是这章的主要内容，而到第六章、第七章，丽华饭店就没有那么重要了，作者都是去别的地方旅行。可是他总是会提到旅馆，他从这里出发，又回到这里，由旅馆生发的人物和情节也总是出现，比如我们一直提到的亚齐兹，又如老板巴特先生，他们又一直希望作者邀请观光局局长来做客，这样就使得连续三章、整个克什米尔的旅行有一种完整感，而不至于出现旅行文学中很常见的散漫。究其原因，就是作者对于旅馆这个空间的充分利用。

要点回顾

以上我给大家讲了旅行文学中的空间叙事。你可以把交通工具作为故事的容器，在其中寻找故事和人物，也可以讲述交通工具自身的故事。你也可以充分利用旅馆这样的空间，把它作为目标，作为舞台，作为贯穿故事的元素，赋予叙事形式感。

课后思考题

请大家看看《幽暗国度》里还有哪些有意思的空间，试着找出一个，进行分析。

05 文类概述：如何利用资料丰富自己的游记

通过前面四节课，相信你已经能写出一篇基础的游记了，但如果想让自己的游记更丰富，还需要掌握另一个技巧，那就是运用资料，进一步增加游记的厚度和广度。

在旅行写作中，运用资料的能力特别重要。为什么这么说呢？大家想想，如果你去一个陌生的地方旅行，看了很多景点，可是景点背后的历史，你了解吗？你见了很多当地人，可是他们心里是怎么想的、他们的精神世界是怎样的，你了解吗？这些都需要阅读和利用资料。在阅读《江城》以及看包丽敏老师讲解的过程中，相信你已经意识到了这一点。

同样，在《幽暗国度》中，奈保尔要写的是印度，如果他只停留在他看到的风景、见到的旅馆老板和导游，是不是就很表面也很单薄，而无法纵深到这个国家的历史和内心？奈保尔没有停留在此，他运用了很多资料，使得这本书不仅呈现了印度的今天，也呈现了印度的过去，不仅有现实，也有内在的心灵。这本书非常深厚，非常丰富，这使它完全不同于一般的游记。

他是怎么做到的呢？接下来我具体分析。

叙事的必要材料

首先我们来看，奈保尔在这本书里提到的阅读材料有哪些。

我做了大致的归纳：第一类是《薄伽梵歌》这样的古典作品；第二类是纪实作品，如圣雄甘地的回忆录，或是他的传记；第三类是文学作品，如英国作家吉卜林、福斯特写印度的小说。这个福斯特，就是我前面提到的，写《小说面面观》的作家，他的小说《印度之行》也是关于印度的经典之作。

我们可以想象，奈保尔阅读的材料肯定不止这些，但是有一些已经变成了背景，不需要点出来，比如他讲到的莫卧儿帝国时期的印度。这些知识是怎么来的呢？他一定是读了关于印度历史的书籍，只不过这些已经融会贯通，化为背景，即使提到，也只是一笔带过。

这个归纳也大致代表了三类一般的旅行读物。

一类是历史书籍、经典作品；

一类是重要人物的传记、相对近代的历史作品；

一类是虚构的作品，如小说、电影等。

对我们普通人来说，旅行前阅读这些作品，对旅行本身也很有帮助。或许你到了景点，就会想起来，噢，我曾经在书里看到过关于这个地方的故事，而不至于很茫然，别人在说什么你也不知道。但是在写游记的时候，如何运用资料，是门大学问。如果你用的资料太多，每写到一个地方，就大讲历史，疯狂堆砌资料，那就是历史作品，而不是旅行文学了。旅行文学中最重要的，还是现场，还是你的所见所闻。

我看很多游记时，经常怀疑作者是不是没什么可写的，所以凑了很多资料，或者说，他是不是太想炫耀自己的学识了。那么，什么情况下应该运用资料呢？在我看来，判断的标准很简单，你把这些资料去掉，看看会不会影响叙事。如果去掉之后，故事不成立了，内容不成立了，那就是必要的资料。

在《幽暗国度》中，奈保尔举出的材料，都具有推进叙事的作用。这些材料是讲故事的过程中必需的，它是故事发展中的必要元素，或者说，它解释、说明了某些问题，如果去掉这些材料，关于印度的讲述就出现了缺憾，就会不完整。

运用材料的三种方法

接下来我们具体来看，在《幽暗国度》当中，奈保尔是怎么运用材料的。我把它们归纳成了三类：

第一类，把历史古迹作为叙事的动力，呈现历史与当下的关系。

运用古迹其实是很常见的。我很喜欢看历史著作，有的著作就是作者站在一座山上怀古，我们普通人在山上也许就只看到树啊什么的，可是作者就可以看到，汉朝的时候一场战争是怎么打的，洋洋洒洒写好几万字。

这样的作品，重心放在历史而不是现实，这当然也很好。可是这需要作者对历史有深厚的积累，历史知识熟到变成故事，这样才会好看。生搬硬套是不行的，只会露怯。如果大家有兴趣，也不妨朝着这个方向去努力。

但这显然不是奈保尔的兴趣。在面对这些古迹的时候，他并不沉迷于追溯古迹的历史，而是把这些古迹当作叙事的动力，来写印度的当下。

换句话说，他总是写，要去一个什么地方看什么古迹，但他的重点不在于古迹，而在于去古迹的路上发生了什么事情。

比如，上节课我讲到的第七章《进香》。作者是去看一个神圣的图腾，可是他花了大量篇幅来写上山过程中发生的故事，这些故事上节课已经讲到了，不再重复。等终于到了山洞，奈保尔一看——人太多了，我不去了。在这个故事里，那个图腾就是目标，是一切故事发生的原因，没有这个目标，就不会有这趟旅程，也不会有路上发生的故事。可是呢，目标也相当于工具，他的重点还是路上发生的一切。

第六章《中古城市》也是一样，作者去观光，在路上搭顺风车的时候，遇到了一个家族，他花了很多笔墨来描写这个家族是什么样子的、他们怎么吃饭，写出了这个家族内部明显的权力关系和秩序。

这个家族是来旅游的，他们在一片废墟上逗留的时候，一个男孩对奈保尔说，这是班度古堡。奈保尔非常没有礼貌，他说："这根本不是一座城堡，你们搞错了。"他这种粗鲁的反应把这男孩吓坏了。

奈保尔认为这不是城堡，是因为他觉得这个废墟没有防御工事，不像城堡。而据《薄伽梵歌》中的传说，班度是一个骁勇善战的王子。

说实话，我不确定奈保尔说得对不对，他真的比印度当地人更了解这个传说和城堡吗？但不管怎么样，这里出现了一个古迹的名字，也出现了一个古代人物。奈保尔不但不相信这些神奇的故事，他也不感兴趣，他更感兴趣的是路上偶遇的这个印度家族，这让他感觉熟悉，让他想到特立尼达的那些印度家庭，唤醒了他的童年记忆，也让他迅速理解了这个家庭的内部结构。这就是普通印度人的生活和文化。

进一步地，他开始分析当地人和古迹之间的关系。他认为，当地人也不懂这些古迹，从他去的第一座古庙，到这座疑似班度古堡的废墟，到后面提到的庙宇、莫卧儿花园，当地人既不懂也不欣赏，是无动于衷的。

只有观光客才会前来凭吊这座壮丽的废墟，感叹它的腐朽。在本地人眼中，比这座古迹更重要的建筑物，是他们用波状铁皮在那儿建造的、专供附近清真寺的香客使用的厕所和澡堂。

奈保尔为什么会这么处理？因为他很清楚自己要的是什么。他最看重的，不是印度的历史，而是现实，所以他在面对这些古迹时，重点不在历史，而在现实。

但你能说，这些古迹不重要吗？重要。它是叙事的动力和目标，这些古迹一提出来，读者就知道，我们要去那里，所有的过程，都是因为它而产生的。没有动力和目标，这些过程也就不存在了。

除此之外，古迹可以给故事蒙上一层神奇的色彩。为什么这么说呢，因为古迹背后总会有一个传说、一个历史故事，有另外一重时空，讲出来立刻就使旅途超越了现实层面。

比如第七章《进香》，那个洞窟为什么是印度教的圣地？因为每年夏天，洞里就会出现一个冰雪凝结成的、长达五英尺的图腾，这是湿婆的象征。所以每到这个季节，就会有很多人上山去朝圣。这样的故事一讲出来，是不是就让读者感觉很好奇？

的确，虽然最后作者并没有亲眼去揭开这个谜，但这层神秘的面纱一直笼罩着这趟旅程，给这个故事增添了一点奇异的色彩。

同样，在第六章里，如果作者展开讲讲班度的传说，也能营造这种神奇的氛围。

我在这里重申一遍，这是写作者的个人选择。奈保尔对历史没那么感兴趣，但是如果你对历史更感兴趣，超过对现实的兴趣，完全可以面对古迹，写一个好看的历史故事。

第二类，找到一个重要人物。

历史是有主人公的。有的人站在历史舞台的中央，他们对社会发展的作用非常重要。比如，中国古代撰史，就是以帝王将相为主的。

在《幽暗国度》里，奈保尔也找到了这样一个人物，那就是甘地。大家应该知道，甘地领导了印度的非暴力不合作运动，对于印度的反殖民和民族独立运动，都是至关重要的。如果要讲印度近代的故事，他是当之无愧的人选。

可是，甘地的故事很多，如果你在自己的旅行文学中讲甘地，要怎么讲呢？不可能面面俱到，去讲甘地一辈子的故事，你一定得找到一个角度。比如，你去了某个城市，得知甘地曾经在这里住过，那你可以讲讲他在这里的故事，把它和你在现实中的旅程结合起来。

当然，这只是一种可能性，你也可以去寻找其他的可能性。重点在于我刚才说的，要把历史的人物故事和你的旅行结合起来，而不是去抄书、抄资料，导致资料和你的旅行完全割裂。

那么奈保尔是怎么结合的呢？在第三章《来自殖民地的人》当中，他引用了甘地对印度的观察，这些观察实际上也是对印度的批评。比如，印度人自诩是最爱干净的民族，但是实际上公共卫生条件很差，随地大小便的情况很严重；还有，甘地认为，慈善活动鼓励人们懒惰、游手好闲，应该取消慈善团体。奈保尔说，甘地能够以清晰、透彻的眼光观察印度，是因为他在殖民地住过。甘地回到印度定居之前，在南非居住了 20 年，南非有一个远离祖国、孤悬海外的印度社区。而因为在英国殖民地长大，甘地得以结合东方和西方、印度教和基督教的文化传统，这使得甘地更能清晰地、严正地进行自我分析和批评。

看到这些，大家有没有想到什么？没错，甘地和作者有相似之处，他来自英国另一个殖民地的印度社区，他们都受到欧洲文化的影响，因此对于印度，都有一种外来人的视角，比如在公共卫生问题上，这也是作者反复提及的。这样写，就在甘地的观察和作者的观察之间建立了桥梁。作者由此提了一个很重要的问题：甘地当年就想要改变印度公共卫生、种姓制度，但为什么现在的印度还是如此呢？这是他想要回答的问题，在某种程度上也是和甘地的对话。

大家想一下，如果找不到这样的内在联系，凭空去讲甘地的故事，会不会有一种莫名其妙的感觉？读者是不是会困惑，甘地和你有什么关系呢？

所以，当我们运用资料的时候，如果你想要找到一个重要人物，以此作为进入历史的圆心，就一定要找到这个人物和现实旅程、和作者自身结合起来的点，从而把它变成你的旅行写作中的有机组成部分。

第三类，引用小说，来进入一个民族的心灵。

我们去一个陌生的国家旅行，往往是浮光掠影，看到的东西很表面，很难把握这个国家的内在。而最容易理解内在心灵、内在精神的方式，就是文学，而且往往是小说。举个例子，我们经常说，最深刻地写出中国人灵魂的作家，是鲁迅，那么，如果一个外国人想了解中国的话，是不是应该阅读鲁迅的作品，比如《阿Q正传》《祥林嫂》，就是这个道理。

在《幽暗国度》的第八章《废墟狂想曲》中，奈保尔就做了这样的尝试。他选择了英国作家吉卜林和福斯特，为什么这样选？之前我讲过，尽管奈保尔是出生在特立尼达的印度裔，但他在文化上更认同英国、更认同欧洲，而且，现代意义上的小说也是从欧洲起源的。从奈保尔对印度小说家的评价来看，他也不大看得上印度本土的小说，所以他首先选择了英国小说家。

刚才我讲，奈保尔选择甘地，是要指出印度的公共卫生、种姓制度等问题，那么选取这些作品，奈保尔提出了另一个问题，那就是，英国的殖民统治给印度留下了什么？他到达印度之后，很清楚地看到了英国留下来的建筑、档案、俱乐部等，他说，这些他都不陌生，因为在吉卜林的小说里他都读到过。那么，经过了100多年的殖民统治，英国留下了什么？

写完吉卜林，又写福斯特，奈保尔苦苦地思索，最后他得出结论：英国人在印度留下的不是什么不朽的建筑，也没有留下任何宗教，他们留下的是一种行为准则，"英国性格"——骑士作风加法制观念。这样的"英国性格"，甚至在英国本土都不一定有，却表现在很多印度人身上。有时候看起来甚至有点荒谬。他举了个小例子，一个印度婆罗门看一篇美国小说的时候，很反感，这个印度人说："有教养的英国人，绝对不会写出这种乱七八糟的小说。"这样的印度人，是非常认同英国的，也比英国人更像英国人。这也就是通常人们所说的，殖民地原住民会努力学习自己的殖民者。

在这章的结尾，奈保尔又分析了几位印度小说家，从这些分析里，他来到了印度当下的文化困境，那就是独立之后，印度人想要回到自己的传统，坚持所谓的"印度民族性"。可是人怎么可能回到以前？很多事情都已经改变，世界也改变了。这也是那个普遍的问题：在所谓的现代文明和传统文明之间，如何找到自己的路？

这一章比其他章节都要难懂，因为它没有故事，全都是分析，而且涉及很多我们不熟悉的文本。但是，奈保尔在前面的章节写了这么多故事、这么多现实的见闻，在这一章借助小说文本，就是想要超越普通的旅行，直击印度的心灵，进入内在精神的探索。就像一个人希望借助鲁迅、借助鲁迅笔下的阿Q和祥林嫂等形象来分析中国人的精神，同时还要追问当下的境况，这对作者的要求非常高，要有广阔的阅读视野，还要有准确的分析能力，才能做到这一点。它也没有什么简便的方法，只能靠不断地阅读、思考，去练习这些能力。

什么是好的旅行文学

好的旅行文学应该有哪些特点。

第一是好看。

这里有两个意思。一个是神奇。我们想象一下，第一个去印度的人，把他的所见所闻写下来，这本身就很神奇了。比如在中国，玄奘虽然不是第一个西行印度的，但也很早了，他的《大唐西域记》就是非常重要的文献，以至于最后加上种种传说，被改写成了《西游记》。这就是最神奇的故事。

所以旅行文学最宝贵的成分，就是亲历。你不可能坐在家里，看看书，综合一下文献，就写出来，而必须真实地踏上那片土地，去看、去感受。它或多或少都有一点探险的成分。

亲历还有一种可能，就是要在那个地方居住一定的时间，才能对这个地方有所了解，但你住的时间又不能太长，否则就失去了新鲜感，不再有那种文化上的新鲜感和冲突感。《江城》就是这样的著作。作者在涪陵待了两年，写出了自己的经历。今天有很多中国人移居海外，不仅是到欧洲和北美洲，还有非洲、南美洲，我非常期待汉语文学中出现这一类的优秀作品。

好看的第二个意思，和写作有关，就是要有文学性。

好的旅行文学，要会写故事、会写人。我讲过一句话：最好的旅行是谈恋爱，因为通过谈恋爱，你可以最好、最深刻地了解那个地方。

我小时候读三毛的书，三毛就是那个时代的华人世界里最有名的旅行家，她会好几门外语，写游记写得很好看。为什么？因为她很喜欢谈恋爱，所以她可以完全地进入撒哈拉沙漠的生活。可是我们普通人没办法满世界地谈恋爱，所以我还说过一句：次一等的旅行，就是去采访，采访也可以使你了解当地的人和生活。你的游记里只要出现一个当地人的故事，立刻就会好看起来。

第二是帮助读者了解一个地方。

比如《幽暗国度》，奈保尔有很宽广的视野，他试图从整体上去把握印度，因此书里会出现阶级、种姓、种族、英国殖民的历史等。他用个人故事、历史分析等手法，讲了一个关于印度的故事，而不仅仅是个人的旅行或历险。也许你并不完全同意奈保尔的看法，但是这种宏阔、丰富的容量是令人叹服的。

在《幽暗国度》大获成功之后，1975 年，印度总理英迪拉·甘地宣布印度进入"紧急状态"。奈保尔第二次去印度，写下《印度：受伤的文明》。1988 年，他第三次去，写了《印度：百万叛变的今天》。这三部统称为"印度三部曲"，证明了奈保尔是旅行文学家，也是非虚构写作的大师。

总的来说，旅行文学既有文学性，又有现实感，它是好奇心的产物，是文化差异的产物，但又让人看到，人与人最终是相通的。在我们国家，旅行文学还远远不够多，可以说非常有前途，期待大家都能写出好看的旅行作品。

要点回顾

这一节，我主要讲了如何利用资料来丰富自己的游记。首先，我简要介绍了叙事材料有哪些。其次，我分享了奈保尔运用材料的三种方法：一是把历史古迹作为叙事的动力，呈现历史与当下的关系；二是找到一个重要人物；三是引用小说，来进入一个民族的心灵。最后，我们讨论了什么是好的旅行文学，一是好看，二是能帮助读者了解一个地方。

课后思考题

　　《幽暗国度》里对资料的引用，让你印象最深的是什么?

王天挺

《人物》杂志前记者
文化播客"展开讲讲"主播

关注人物和城市题材，实习期即创作《北京零点后》，催生出了"零点后体"，被誉为"《人物》杂志改版后互联网上传播最广、美誉度最高的特稿之一"。

代表作
《北京零点后》《被遗忘的国家任务》《国贸三期》

图书推荐：《邻人之妻》、《王国与权力》、《作家的生活》（*A Writer's Life*[1]）

---

1 *A Writer's Life*：盖伊·特立斯的自传，尚无中文译本，此处中文书名为编者注。

第三讲：用特立斯式观察，写好人物故事

先导课：怎样读懂《被仰望与被遗忘的》

在这一讲里，我要和大家一起阅读的是盖伊·特立斯的《被仰望与被遗忘的》。这是特立斯的一本个人作品集，收录了他在《纽约时报》工作期间和为《时尚先生》（*Esquire*）撰稿期间的经典作品。之所以要跟大家一起阅读这本书，是因为我发现，每当我在写作上遇到瓶颈的时候，首先翻开的始终是这本书，在拉文章结构的时候要翻一下，找不到语感的时候也要翻一下。这本书最大的好处是，它囊括了各种形式的特稿写作，有长篇，有短篇，有个体人物写作，也有群像写作，基本可以应付我日常的工作需求。

那我们要如何阅读像《被仰望与被遗忘的》这样的非虚构作品呢？这节先导课，我就和大家聊聊，我阅读这本书的方法，以及盖伊·特立斯的一些创作理念，希望能对大家的独立阅读有所帮助。

阅读第一步：翻看目录

在阅读任何一本非虚构作品前，我首先做的，都是翻一下目录。翻看目录的目的是，在结构上对作品有一个整体的把握。

为什么要把握结构？因为我发现很多人的阅读习惯是，从第一页开始逐字阅读。好处是不会遗漏细节，但坏处是不知道细节在整体文章中的作用，通俗点说就是"一叶障目，不见泰山"。这种阅读方式还有一个坏处，就是你看了几章，觉得不太有意思，可能就放弃了。但大多数书籍有别于新媒体作品，有的开头会很精彩，但有的也可能是在铺垫，精彩的在后头。所以如果不去从结构上把握全书，可能会错失很多精彩。

那要怎么翻看目录呢？我主要会看三个点：

第一点是看章节之间是以什么方式连接起来的，比如用了什么逻辑顺序、这种顺序会持续多长。

第二点是看明白作者是在什么范围内说一件事，是宏观世界，还是一个小村落里的具体故事。

第三点是看关键字和知识点，有没有自己感兴趣的，如果发现感兴趣的在后面几章，就需要思考一下，作者前面写的是不是有什么铺垫价值，再决定要不要读完一整本书。毕竟，在自媒体和短视频时代，读完一本书的时间成本非常高。

以《被仰望与被遗忘的》这本书为例，大家翻开目录，它总共分成三部分：第一部分是纽约城的故事，用不同人物群像表现出城市各式各样的特点；第二部分是以"大桥"为主题的长篇特稿，写了一个完整的、有情节的故事；第三部分汇集了 11 个个体人物的写作，是非常标准的人物报道。

扫过一遍目录后，大家可以针对自己感兴趣的关键词翻到对应页数，看一下具体内容是什么。有经验的阅读者会发现，这本书是一个从群像故事，到完整情节故事，再到个体故事的结构。第一次看作品集的读者也不需要担心，看完目录就会知道，整本书在逻辑上有连接，但在情节上都是独立的，所以完全可以跳着看。比如，你对第三部分"时尚王国"这个标题感兴趣，就可以直接去看这一篇。对于一些非虚构作品，也许必须从第一章开始看，但这本书，是可以不按顺序阅读的。

但更有经验的读者，能在目录里看出，三个部分是三种不同方式报道的归纳，那编者为什么这么安排阅读顺序？或许也有我们不知道的理由。但如果你看完这本书，你会发现这个理由是存在的。因为最后你会发现，群像故事里也有个体故事，而个体故事里也有完整的个人情节故事，这三章在故事上是相互独立的，但在写作逻辑上又是相互融合的。

所以，阅读目录也给你带来了期待——他们之间有关联吗？好的编辑一定会给你安排关联。

看完这本书的目录，大家要对自己提出一个问题——这个问题会贯穿本书始终。问题就是：如果发生在第一章里的小人物的故事，放在第三章里扩充来写，会是一个什么样的故事？换一种说法，当你看完第三章的故事以后，会加深你对第一章故事的理解，这就是潜藏在目录里的秘密。

阅读第二步：看序言和后记

这部分要么是作者自述，要么是名人、译者推荐语，这二者都有一个重要作用，就是让你迅速明白这本书的精髓在哪里。因为有些作者容易把好东西藏在文章里，没有用大白话说出来，很多时候，读者体会到了一点感受，但自己没办法用精确的语言描述出来，这时候，序言和后记就是一种补充与提示。

以《被仰望与被遗忘的》为例，其精髓在于向读者们提示：你们即将看到的是新闻史上很著名的，所谓"新新闻主义"的报道体裁。它是一种写作方式，也是一种方法论，曾经在 20 世纪 60 年代的美国大放异彩，引领了一代新闻作者的写作方向，而杜鲁门·卡波特和盖伊·特立斯等人正是其中的佼佼者，也是普利策新闻奖的常客。这种写作的影响意义深远，就连现今流行的非虚构写作也从中汲取了养分。

在序言中，我们能知道，这种开启一个时代流行的写作方式，它的起点就在你看的这本书里。如果你本人也是内容创作者，你也会不自觉去想象：在时代变迁的今天，我们需要的又是一种什么样的写作？什么样的写作会开启另一种流行，我们又应该从什么地方做起？那不妨看看特立斯当年是怎么开始的，也许会带来新的启发。

阅读第三步：了解作者

关于看非虚构作品，作者一定是最关键的一环。我们为什么要看他的书，我们为什么信任他的写作，其实决定了我们能不能耐心看完一本书。所以我们看作者，要看他的生平和经历，看他受过的教育和受到的其他创作者的影响，也要看他创作时所处的环境，有的作者也会介绍自己的创作经验等。

我接触特立斯的作品比较早，大概是 2012 年的时候，当时这部作品叫《猎奇之旅》，现在叫《被仰望与被遗忘的》。我在实习的时候，觉得这本书特别有意思，用一种很好玩的写作方式写了纽约这座城市。

做过记者的朋友都知道，写城市里的人或事不容易。为什么呢？因为冲突性少，大多是一些生活琐事。传统新闻报道大多是重大的、突发性的新闻事件，反而好写，因为戏剧性足够强。当时看到特立斯的作品，我就发现他用了一种很巧妙的方式，去把这个我们认为不好写的城市和城市人写得很精彩。这种方式就是"白描"。我之前也见过白描的写法，但第一次看到这么彻底的。

后来，我又找了其他资料来了解特立斯，发现他身上有很多有意思的点，而这些点对一个写作者来说，特别有启发。这也是为什么我想和大家一起读盖伊·特立斯的书。

两三年前，特立斯的另一本书《邻人之妻》中文版上市的时候，我也曾经做过一次分享。他在国内算不上很有名，但我知道，很多记者都看过他的作品。为什么他的作品和他本人会如此吸引我？

第一，他作为记者的个人经历很传奇，我非常羡慕和向往。

20 世纪六七十年代，他先是靠厚脸皮混到一个给《纽约时报》送稿的职位，然后从零做起当上了记者，写了很多快稿，也有了名气。但是，他的编辑要求他一年写一两百篇稿子，他就很不开心，因为他发现，自己想写的不是那种传统意义上的新闻，也就是名人、明星和重大社会新闻。他发现自己对小人物和他们所反映的时代故事更感兴趣。

有一天，突然有了一个机会。美国的《时尚先生》杂志跟他说：

你来，一年给我们写 6~8 篇，不要在《纽约时报》干了。他说好，然后立马辞职，正式开始了独立撰稿人的生活。当然，当年的稿费非常高，高到海明威和菲茨杰拉德都会给这些杂志写小说。在给《时尚先生》撰稿期间，特立斯开始确立了自己的写作特色，也就是以故事为核心，用场景和对话推动情节，大量使用观察的手法，细致入微地把一个人或一件事描绘出来。这也是我们所说的"新新闻主义"的一部分特点，在这种写作方式的潮流中，特立斯成了代表人物。

这时候，他对自己的身份认知也产生了变化，原本他只想当一个记者，后来他想成为一个作家。但大家知道，在非虚构领域，一个人很难被称为作家，因为对于通过采访获得的素材，通常在上面花费的智力要素不多，很难去评价这种智力成果。但特立斯就想当个作家，还不是在文学领域。那时候，他作为记者已经非常有名了，很多明星经纪人、美国的政企大人物出很高的价格请他写人物稿，但他都拒绝了：一方面因为不缺钱；另一方面他知道什么样的作品能够超越时间，那才是他想做的。

于是他放弃那种豪华飞机和与好莱坞明星共处一室的生活片，写不被社会认可的边缘人，跑去写"换妻俱乐部"，也会跟着一家汽车旅馆的老板，听他说自己是怎么偷窥住进来的房客的。这两次经历最后分别写成了两部作品：《邻人之妻》和《偷窥者旅馆》。他甚至跑到中国来采访了一位中国女足运动员，在很多人看来匪夷所思，这是在美国压根没人关注的题材，他偏偏来了，还做了一两年之久。在后面的课程里，我也会跟大家详细聊聊这段往事。

第二，特立斯这个记者很特别。

我在很多场合都提到过这一点——一般记者两个小时就能完成

的采访，特立斯需要花五六天，反复约采访对象聊，一直聊到双方都没有力气为止。大家可能很不理解这种采访方式，把好奇的问题问完不就可以了？但在特立斯这里，采访的逻辑不是这样的。首先，采访提问这件事不是最重要的，观察才是。比如，他第一次跟人见面，可以完全不聊主题，天南海北一通乱扯，不是想知道具体问题的答案，而是想知道对方应对问题的方式和态度，也是在让对方放松下来。

所以，只有到了第6次或者最后一次采访，才是真正一锤定音的时刻。他会把自己之前的观察、对外围人物的采访、内心最大的疑问都抛给采访对象。有了之前的铺垫，采访对象也会觉得回答这些问题理所当然。当然，这是一种非常奢侈的采访方式。别人要对你有足够的信任，给你充分的时间，而前提是，这之前你需要有足够多的、好的作品证明自己。这注定是少数作者才能获得的待遇。在很长一段时间里，这是我努力的方向，也鼓舞了我，虽然很难，却是一个可以看到和实践的目标。

这里还想跟大家分享一些我觉得很有趣的细节。特立斯有一句名言大家可能都听过："把同一个问题问10遍。"比如，在哪个地方发生了什么事、这件事当时是什么样的。我们作为记者一般问一遍就完事了，但是他会问10遍，要10个不同的答案。他觉得每个人的记忆是有偏差的，而且出于各种各样的原因可能会撒谎，所以用这种手段让自己拿到的答案更加靠近事实。

他还有一个习惯是不用录音笔。因为他觉得，用录音笔会让自己在现场放松，想着：我回家整理录音就好了。但实际上，现场采访需要你高度集中注意力。你不仅需要提问，还要追问；不仅需要问，还需要观察；不仅需要观察，还要根据实际情况随时调整采访方向。所以，只有当你觉得这一切都是转瞬即逝的、必须急迫记下来的时候，你才会最大限度地调动自己的注意力去发现一切细节。先进的科技会让人懈怠，这也是特立斯老派的地方。

特立斯还会把自己写的东西打印出来，然后用大头针固定在墙上，就像电影里警察查案一样。在一块泡沫塑料上可以固定 30 多页，他觉得这可以帮助他看到场景如何转变、语言如何运用、句子如何流淌。他想要用另一种眼光去看自己的文章，想要找到新鲜感，仿佛是别人写的一样。最好笑的是，他为了达到这一点，找了一间很宽敞的房间，把打印纸钉在墙上，坐在房间另一头，拿望远镜去看它们，因为他觉得这样视角会不一样。

当然，关于特立斯的特别之处还有很多。比如，他对于小人物的热爱，以及他如何苛刻地对待真实，我在后面的精读课里都会具体讲到。

阅读第四步：精读与学习

这本书其实就是特立斯写作的起点，在此基础上他又写了很多了不起的作品。他追求的就是打破虚构和非虚构的界限，想把非虚构作品写得像小说一样好，同时能延伸到小说不能达到的领域——个人隐私。

此前，按照写特稿的惯例，题目大都是公众领域的、社会关心的，我们有权力和资质为大家去了解。但对于"个人隐私"，除了写自己的故事，很长时间以来都不在非虚构写作的范围内。但是特立斯靠一己之力把非虚构的天花板往上顶了顶。这是他很了不起的地方。也是因为这个，很多年来我们都在学他的写作方式，学他的采访技巧。

所以，后续在阅读《被仰望与被遗忘的》时，我也会围绕特立斯的采访技巧、写作方式来和大家聊聊，特立斯是如何写好人物故事的。

正课将分为五节：

第一节和第二节，我会围绕书籍的第一部分，和大家探讨，特立斯是如何写好那些被忽视的人和事的；

第三节，我会围绕书籍的第二部分，和大家聊聊，特立斯是如何进行体验式报道的；

第四节和第五节，我会围绕书籍的第三部分，说说特立斯是如何报道名流的。

01 写作理念：如何把小人物写得生动好看

看过《被仰望与被遗忘的》的第一章，相信大家会有一种感受，这种写法很"特别"。甚至有人评论，这种用小人物来支撑故事主体的写法是很有革命性的。但至于为什么"特别"，很多人也说不清楚。这一节，我就想针对这一点，跟大家分享一下，特立斯写小人物的逻辑是什么。

不知道大家有没有这样的体验，在很多写作课中，大部分内容都在教你如何写出一个漂亮的句子的技巧和方法，这就好比你在开车，教练只教你怎么打方向盘或者怎么搞车内装饰，忽略了真正重要的是你往哪儿开。往什么方向走，比怎么走更重要。所以，第一节课，我想跟大家聊一聊，在开始创作时我认为最重要的部分，也就是你的价值观和理念，它们决定了你的写作方式。

如果还是很难理解，你可以把自己想象成一个视频博主，你先问自己：我的理念是什么？我是喜欢与民同乐的地摊美食博主人设，还是高大上的时尚博主人设？我是想在创作里展示我的优越感，比如"我比你了解得更多"，还是想展示自己的共情能力？简而言之，你先要认识自己。

下面我们一起来看看，特立斯是怎么认识自己的，或者说，他给自己立了一个怎样的"人设"。

特立斯对待小人物的态度是温情的

特立斯说，他写的大多数文章都是关于小人物的。比如，1969年出版的关于《纽约时报》的那本《王国与权力》，里面所有人都是小人物，没有知名人物；《被仰望与被遗忘的》中，关于修桥工人的那章也都是小人物，更别说第一章写到的纽约城里各式各样的人了。他还写过一本书叫《偷窥者旅馆》，也是关于小人物的。

他对小人物更感兴趣的原因在于，他喜欢跟人产生情感联系——一般只有小人物会带来这种机会，毕竟大人物的时间都太宝贵了。他喜欢跟他们共同度过一段时光，这种时光足够长，长到大家成了朋友，产生了一种情感，到了最后特立斯就可以用一种写亲戚、恋人或熟人的方式写他们。这不仅深入了人物内心，甚至让他短暂进入了文学的领域——因为非虚构通常是写公开的故事，而文学是写私密的故事。写"小人物"可以让特立斯用非虚构的形式进入文学的领地，这是非常诱人的。

另外一个稍显功利的想法是，他觉得写名人有一个不可避免的问题：名人作品会很快过时。因为世界总有新的名人诞生，所以这些作品通常不能保存太久，反倒是小人物，因为身上具有超越时代的特质，他们的故事反而成为更久远的存在。在写大人物，如白人爵士歌王弗兰克·辛纳屈的时候，特立斯对他的态度甚至跟对小人物没什么区别。辛纳屈当时在乐坛的地位非常高，但特立斯说："在我写辛纳屈的时候，他当然是个名人，然而我写的是他步入知天命之年的时候：舞台下的声音、他的孤独。这与其说是写名人，不如说是写中年危机。"你看，他是把名人也当作一个小人物来写的。

阅读完《被仰望与被遗忘的》，大家就会发现，虽然大人物和小人物的写法有所不同，但在写作态度上，他永远是一致的。各种人物身上所具有的特质、打动人的部分并不会有高下之分，这些东西是公平的，具有永恒价值。比如，一个写讣告的作者同样有不逊于拳王的精神特质。这就是特立斯的文章看起来"特别"的原因之一，不管是谁，都值得被"看到"，身上都有闪闪发光的部分。

特立斯对小人物特别有耐心

大家看完《纽约：奇特职业之城》或者《纽约：被遗忘之城》后一定会感叹，也会产生疑问：他为什么可以采访到那么多人，为什么有那么多人愿意接受他的采访？这些人又为什么愿意说这么多？

因为他真实地进入这些人的生活里了。比如，在《纽约：奇特职业之城》中，有一名垃圾清洁工不仅告诉他，"在西城第七十六街发现了一具人体骷髅"，还坦承自己"喜欢垃圾胜过喜欢人"。有一些经验的采访者都知道，拿到这样的素材和对话，肯定不是一次采访能够完成的，一定是去了很多次现场，聊了很多次天。所以大家能够看到，特立斯的每一个材料都很出彩、都在发光，每个人物都显得很神奇。

特立斯说过，你必须在场，然后将同一个问题问 10 遍，并获得10 个答案。有的记者两个小时就能完成一篇采访，但像特立斯这样的记者却要用五六天的时间，因为他会不断回去和采访对象交谈，深入了解他们。

一个很好的例子是在《纽约：被遗忘之城》里面的那个流浪汉。特立斯知道他每天的行程，知道他喝多了是什么样，知道他结过三次婚，也知道他"每当从孤儿院经过，都会隔着墙往院内扔些硬币，希望我的孩子能拾到"。他一定是跟了这个流浪汉一段时间，体验他的生活，看他跟谁交往，周围的人对他又是什么态度，才能获得这些素材。而这些素材只在一篇文章里占到很少的部分，这就是特立斯的采访方式。

如果这个例子不能让人信服，那么，他还做了一件跟中国有关，却很少中国人知道的事情。1999年，特立斯在家看中国对美国的女足世界杯冠亚军决赛。最后进入点球大战时，中国球员刘英在关键的时刻把球踢飞了。赛后，美国媒体对美国女足的表现大加赞赏，所有人都在报道欢庆的场面。只有特立斯，他在报纸上寻找关于中国女足以及射失点球的13号运动员的消息。他想立刻前往中国采访她，他说："我想知道那场比赛失点球的女运动员现在怎么样。"

很多人不理解这个故事为什么有价值，特立斯的理解是，那一刻在全世界上亿人的眼睛注视下，她一个人孤零零地站在球场中央，无助地将球踢了出去。这一记射失，使整个中国队失去了世界。特立斯说："我有两个女儿，我可以体会到她当时的心情和她将面临什么。"

这件事到此并没有结束，十几天后，特立斯真的飞到中国来了。他到处拜访人，但都没获得同意，刘英本人也很抵触，觉得自己很痛苦，而别人还想去挖掘她的痛苦。没人搭理他。特立斯做了什么呢？每次女足去北京先农坛体育场训练时，他都提前守在那里；女足去广州集训，他也飞去广州——但就站在场边，静静地观看。一直持续到 2000 年 6 月，在悉尼奥运会即将开始的时候，刘英意外受伤了，她变得灰心丧气。这时候，特立斯干了一件什么事呢？他给刘英写了一封长达 3 页的信，后来刘英在采访中也专门提及此事，刘英的母亲还说："我们都没法打开的结，被一个美国老头打开了。"

时间已经过去了将近一年。特立斯不仅去看了悉尼奥运会中国女足的所有比赛，而且在奥运会结束后依然去看比赛。终于有一天，当特立斯和刘英的母亲坐在旅馆的休息室时，他被允许做个自我介绍。特立斯告诉刘英的母亲，是因为她，才让出身贫苦的刘英，拥有了踢足球的自由，她影响了刘英，是当今中国母亲的典范。刘英母亲似乎对此产生了兴趣，所以他们约了 4 天之后再在这个休息室里谈谈。这次，他们的交谈就畅快多了。

特立斯询问刘英是否可以看看她的家，她同意了。一周以后，特立斯和翻译去了她所居住的先农坛。他看到了刘英睡觉的地方，床的上方有一张迈克尔·乔丹的照片。她小小的足球鞋靠着墙排成一行。特立斯觉得，"这太棒了"。接下来，特立斯就得以不断地回访她们。当时中国女足的所有人都认识了他，主教练马元安后来这样说："你可以拒绝他一次，但你没法拒绝他十次。"这篇写中国球员刘英的文章后来收录在特立斯的自传《作家的生活》里，可惜目前国内还没有中文版，有兴趣的朋友可以找英文版来看看。

特立斯就是对他感兴趣的人抱有漫长的耐心，这是一种价值理念，最终也成为一种创作的方法论，而这种方法论贯穿这本书的始终。

特立斯的小人物写作是多视角、具有同理心的

看特立斯的文章，另一种"很特别"的感受是，虽然他写了很

多猎奇的故事和细节，但读者却并不觉得煽情或狗血，反而会觉得，每个人都在按照自己的方式活着。这些人都存在于某个具体的情境之中，你很难去审视或批判任何一个人。这样的写作，我们认为是厉害的、有价值的。

这样的写作是如何做到的呢？特立斯经常用的一种方法就是多视角。简单来说，就是尽量不要只用一种视角凝视你的人物。

比如，在《纽约：匿名者之城》这篇文章里，他写纽约城的 1.2 万名清洁女工，采用的是俯视的视角，镜头是从天上往下看的，就像一架无人机：

傍晚时分，纽约城里成千上万的女秘书踩着高跟鞋从写字楼里迅速走出，而另一大群女人准备涌入。

你看，这是不是个无人机的视角？

接着，特立斯继续写道：

从夜色降临到日出时分，这些女人似乎控制着纽约：她们将占据证交所的位子，主宰空无一人的董事会会议室，向那些看不见的广告人挥舞拳头；她们无须通告就闯进那些商界大亨舒适的办公室，站在听写机前体验发号施令的感觉；她们能让摩天大楼里的灯光彻夜不熄。从窗外看去，她们的身影和扫帚来回飞舞，就像一群女巫在施展魔法。

注意，这里其实又转换视角了，是从窗外看去。

然后特立斯接着写：

最后，当光明降临这座城市时，她们手中的废物筐在大厅里集中，她们的声音在楼下空旷的大理石走廊里回荡。不一会儿，她们就列队站在马路旁的人行道边，裹着大衣，笑容满面地等公共汽车回家了。

你看，这一小段的视角又到面前去了。

为什么这一段，作者换了这么多次视角？因为整个段落，是宏观视角，好处是展示群像，展示一种忙忙碌碌的氛围。但坏处是，用得多了，读者看待人群就像是看待一群蚂蚁，里面没有情感，没有人性的展示。所以，视角必须变换。

又如，这篇文章开头写售票员是另一种视角，它是平视的，就像你在购票窗口的那个小口子里去看人。

特立斯是这样写的：

纽约是一座有许多人工作时看不见面孔的城市。他们坐在地铁售票窗口前，迅速把一些纸片卖给人们。从周一至周五，每天有超过400万的乘客要经过这些钱币兑换者。他们似乎没有头，没有脸，也没有个性，只有手指。除了回答问路，他们的词汇往往只有两个字："几张？"

……

作为一名地铁售票员，他可以一天八小时地观察那些纽约人：他们进进出出，互相推搡，或在车门关上的一刹那快步冲入车厢。尽管威廉·德威里斯先生不一定理解，却有机会目睹现实生活中人的一些本性。

大家有没有发现，你通过窗口在观察这些人的时候，他们也通过同样的视角在观察你们！

写完这段之后，特立斯的视角又变了，这回他附身在一名乘客身上，用乘客的视角去看了看地铁，深入他的内心，看他所看、想他所想：

他是在列克星敦大道开始注意她的。当时她从布卢明代尔百货出来过马路，他很自然地注意到了她。她下了地铁，穿过检票口，然后站在自动口香糖机与一幅巨型广告中间的站台上。广告上画的是一位通过《纽约时报》找到工作的男士。

下面依然是这种主观视角：

别的男人也在看她。她或许已察觉，但并不显露出来。这就是游戏的一部分。那些男人总是不露声色地在站台上踱来踱去，不时从自动口香糖机上的镜子中窥视一下她的身影。

这样的视角又更近了一步，直接钻到人心里面去了。

类似这样的例子全书很多，但我想说的是，这种视角的转换不仅仅是一种技术，它也代表了一种价值理念——特立斯喜欢把人物摆在不同位置去观察，是因为从不同的地方看一个人，看到的东西是不一样的。拥有这样的理念或方法，能够帮助作者很好地去理解一个人，而不是急着下结论，急于评价或批判一个人。

但在日常写作当中，大家可能会经常忘记转换视角。我的建议就是找一张便笺，写上"转换视角"四个字，当你写得非常顺，简直下笔如有神的时候，停下来看一看，视角是不是过于单一了。

这样的理念也催生了特立斯的另一种写作方法：把人物放到具体的情境中去。特立斯在接受采访时曾经多次表达过，他对老百姓怎样度过动荡时期，也就是传统与变革之间的冲突时期感到好奇，不论是性解放还是文化价值观的革命，他说："我想通过没有名气、非重要人物的角色探索这些变革。"

也就是说，特立斯在写人的时候，不仅仅在写人，也在写整个时代。这样的写作一箭双雕。为什么这么说？因为人们需要东西去定义时代、记录时代，去创造集体记忆，而创作人物故事是最令人印象深刻的一种方式；反过来，因为有了具体的时代背景、具体的现实困境，人物不再是悬浮的，读者能够看到他所处的环境，才能更公平、平和地理解这个人。

比如，在《纽约：被遗忘之城》里，特立斯写的虽然是现在的第八大道、现在的人物，但他真正想记录的是什么？其实是那个已经逝去的、过往的年代。在这条衰败的街道上，人们挣扎生存，回想过去拥有过的人生。

大家可以看看这一段：

这些在街头扮演圣诞老人的人来自社会的各个阶层。去年，有一位洛克希德公司的工程师，因为酗酒丢掉了工作而来到这里；有一位是《电视船长》这部电视剧中的一个演员；还有一位是哈佛大学的教师——一天晚上，他抓到自己妻子与别人通奸，开枪打死了他们，自己也进了监狱，出狱后，他没找到工作，成了包厘街上的一名酒鬼。

你看，特立斯除了在写人还写了什么，还写了时代变迁，世事无常。大家应该能注意到，这篇文章里的每一个人，都在回忆过去，说的都是曾经的故事。我们仅仅因为他们过得贫困潦倒就应该嘲弄、取笑、俯视他们吗？当你理解了他们曾经所处的情境后，就会明白，意外在每个人身上都会发生，每个人都可能会是他们，每一条街未来也都可能会是第八大道。理解了这一点，你就找到了理解人的密码，也就拥有了采访者最重要的东西：同理心。

要点回顾

首先，我讲了特立斯对待小人物的基本态度，就是温情，这种态度贯穿他的作品始终，成为他的"人设"。

其次，我讲了特立斯采访写作的一个重要特点，就是有耐心，这种看似不起眼的品质帮助他成为最好的非虚构作家之一。

最后，我讲了特立斯的多视角写作，这种写作方式也给他带来了另外两种特质——同理心和把人物放在具体的情境中去写，它们相互融合影响，最终成了特立斯的一种价值观。

课后思考题

如果学有余力，我推荐你找到特立斯的自传《作家的生活》看一下，尤其是最后关于女足的故事，对理解特立斯的写作理念和方法都大有帮助。

02 素材收集：如何挖掘素材、确立文章主题

相信大家看完《被仰望与被遗忘的》第一部分的内容，心里都

会产生一个疑问：这么庞杂的资料和信息，作者是如何发现的？又是怎样把材料组织起来的？因为我发现，很多人写作之前，没有用科学的方式处理材料，导致写作的时候，丢三落四，或者要花费很多时间找自己需要的资料。所以在今天的分享中，我要告诉大家，这都是有章法可循的。我把特立斯收集素材、确定主题的方法，整理成了三个步骤，相信只要你把每一步都做到位，这些素材最后也会在不知不觉间，形成一个让你自己都惊奇的庞大作品。

步骤一：给采访对象分类，确定报道的边界

报道边界是指你的报道在时间和空间上的范围，不要设置一个过大的范围，让自己无所适从；范围也不能太窄，这样会导致信息量不够充分。

看过有关特立斯的采访，大家就会知道，《被仰望与被遗忘的》一书中第一部分的文章多是他在《纽约时报》当记者的时候完成的，主要写的是纽约街头的各种人和事。那时候，他几乎每天都需要发稿，必须成天泡在纽约街头，因此认识了各种各样的人。有的人已经被写出来了，有的人还只存在于采访本上，还有一些人只是见过一面。当他见过的人足够多的时候，自然而然地去做一件事情：分类。

不要小瞧分类的重要性，分类能够帮助你发掘之前采访时没有意识到的角度。

比如，特立斯一开始会按职业分类，因为这样的分类最明显，纽约城奇奇怪怪的职业太多了。分着分着他就发现，这些从事某些职业的人身上有着很灰色的部分，而很多人恰好又集中在纽约第八大道上，于是他就延展出一个分类，这个分类就叫"衰败"。他突然发现，很多原来按照职业分类时不太有意思的素材，按照"衰败"

分类就变得非常有趣了！最后这个主题就构成了大家现在看到的《纽约：被遗忘之城》。

除此之外，他还发现了另一个主题，就是被忽视的小人物。这些人也在纽约生活，甚至占人口的大多数，但他们从未出现在媒体中，可又在生机勃勃地活着。他就根据这个主题完成了《纽约：匿名者之城》。

分类的另一个好处是，它能帮助你确定主题。

在读《被仰望与被遗忘的》第一部分时，你会发现，特立斯会在每篇开头迅速把自己这篇文章的主题说清楚，同时又在勾连下面的情节。比如，在《纽约：匿名者之城》中，他是这样开头的：

纽约是一座有许多人工作时看不见面孔的城市。他们坐在地铁售票窗口前，迅速把一些纸片卖给人们。从周一至周五，每天有超过400万的乘客要经过这些钱币兑换者。他们似乎没有头，没有脸，也没有个性，只有手指。除了回答问路，他们的词汇往往只有两个字："几张？"

你看，他选择了一个最具匿名性的职业作为开头。

在《纽约：被遗忘之城》里也是一样，大家仔细看看这一段里包含的元素，有判断，有故事，有描述，还有视觉和气味：

第八大道是一条令人悲伤、厌恶的街道。霓虹灯一闪一闪地照在酒保的头顶上，映着叼着烟卷的妓女、水手们的帽子和啤酒瓶子。酒瓶偶尔会砸在自动点歌机上，把警察招来："好了，好了，散开！"这是一条遍布当铺、廉价旅馆及红着眼睛也讨不到多少钱的乞丐的街道。街上到处弥漫着服装中心的喧嚷、港务局公共汽车的烟尘、宾夕法尼亚火车站的蒸汽，还有十几家比萨店发出的刺鼻大蒜味。

这种开头相当于他给自己的分类写的一个文字描述。所以你看，他通过给素材分类，在写之前已经非常清楚自己要写什么了，所有材料都在往这个方向聚拢。而对于读者来说，虽然还不知道他要写谁、这个人是干什么的，但是，他们已经知道自己大概在看什么了，是各种奇奇怪怪的职业，是衰败的街道，是被忽视的人。这是很重要，但又通常会被忽视的一步。

我们喜欢把这一步称作"锚点"，就像船下锚一样，定一个位置。这个"锚点"不只是为读者下的，也是为作者下的。当你获得了一个好的支撑点的时候，再围绕它进行后续的采访就会容易很多。

大家不要觉得这是一种很老套的方法，在今天这个短视频时代，这种方法仍然奏效。2020年大火的纪录短片《约翰·威尔逊的十万个怎么做》的导演，就是每天在纽约街头拍各种各样的素材。当素材足够多时，他就进行分类，最终剪出了6集纪录片。

第一集的主题就是在海量素材中挖掘出来的。他发现，纽约人每天在大量做一件事——跟其他人交流。交流的方式多种多样，有成功的，也有不成功的，有单方面的，也有互诉衷肠的，社交年代更是有各种奇奇怪怪的社交方式。比如，其中有一个人，每天在社交网站上扮演未成年人，跟恋童癖交流，想去抓他们。导演就在街头或者跟着别人到处拍。最后，这一集形成了一个主题，就叫作《攀谈指南》。本来是自己拍着玩的，后来因为质量很高，被HBO（Home Box Office）电视网买了版权。我觉得这就是短视频版的《纽约：被忽视之城》，大家有兴趣可以去看一下。

步骤二：完善每个类别的素材

当确定了职业主题后，特立斯就去找纽约有哪些职业足够猎奇、足够引人注目。他找到了"死马运输车"的司机、落水物品打捞员、手推车制造匠、摩天大楼估价师、热狗店店主等。然后你需要进一步去想：白天的职业是不是太多了，要不要去找一些晚上的职业？于是他找了地铁清洁工。男女爱情故事符不符合纽约特色？符合，他就找了婚姻介绍所的人。而当他确定了"衰败"主题后，他自然要再去找人们觉得很丧的那群人，在"衰败"这个主题上走得更远。

在报道里，我们管这叫"补充采访"，就是当你的主要采访已经完成，并且已经形成了写作思路，知道这篇文章的主题是什么的时候，针对主题进行的补充采访。因为不知道主题和知道主题所做的采访，区别非常大，而补充采访会更有针对性。

比如，在《纽约：被遗忘之城》里，很明显，其中有一个人物是特立斯特地去找的，或者一定去聊了很多次。我说的就是那个被遗忘的拳击手，他完美符合了"被遗忘"这个主题。特立斯是这样写的：

在这里喝酒的人并没有仔细听这段对话，因为他们以前都听过这个故事，而且已经听过几百次了。1945年到1951年，贾尼罗正在通往冠军宝座的道路上跋涉，假如他要是训练得再刻苦一点，不那么桀骜不驯，也许早就成功了。

……

"你当时挣了多少钱？"

"差不多有50万美金。我打过120场比赛，只输了13场。与格雷科、格拉兹阿诺及比约·杰克的比赛我都赢得了高额的奖金。我是个穷孩子，出生在扬斯顿，刚到纽约时才 16 岁，19 岁就在花园广场参加拳击赛了。当时有一大群无赖总是缠着我，在我住的旅馆大吃大喝，把账记在我头上。有时我自己买西服，还得给他们每人买一套……"

你看，特立斯的这段描述，很符合"被遗忘"这个主题。我猜测，特立斯第一次见他是没有目的性地随便聊的，但后几次因为知道自己的主题，就把话题往自己需要的方向引导了，于是有了这一段素材。这就是有针对性的补充采访。

那我们要选择什么样的人物进行补充采访呢？

特立斯有一个习惯，他会让一个主题里的人物尽量做到搭配合理，每个人的功能不会重复，因此，特立斯选择人物的标准也各有不同。如果你仔细拆解特立斯的文章，或者自己操作过类似选题，就能发现，他文章中的人物往往暗含了四种标准。多数人的文章只达到了其中一种，但特立斯喜欢都用上，这样会让他的文章非常立体。

第一种标准是，闻所未闻的、独家的、通常只有记者本人知道的人物。

比如，"死马运输车"的司机或者摩天大楼估价师这样的职业，如果不是有人告诉你，即便你天天生活在这座城市，你会知道吗？不太可能会。这样的信息会冲击读者的感官，能够满足他们最原始的好奇心——原来这个世界上还有一种人是我不知道的！

第二种标准是，只有少数人知道，并未进入公共视野的人或事。

比如，很多只有一些专家知道的知识，或者只会在公共统计上出现的数据，如《被仰望与被遗忘的》里提到的：

> 每天，纽约人要喝下46万加仑啤酒，吃掉350万磅肉，消耗21英里长的牙线。在这座城里，每天有250人死去，460人出生，15万人戴着玻璃或者塑料假眼行走。

这些数据并不难拿到，但是你想，谁没事会去找这些数据？而且，单个的数据并没有意思，但一旦数量多了，就变得有趣起来。我以前的主编打了一个比方，就好比一个钢镚，一个一个扔出去并不会有什么声响，但是一把、一大袋子钢镚"哗"地倒出来，就非常引人注目了。

第三种标准是，每天很多人都在目睹，却没人知道背后故事的人或事。

比如，第一篇文章《纽约：被忽视之城》里提到的，乔治·华盛顿大桥，每天无数人开车通过这座桥面，但没有人知道这个确切数字是10万。特立斯这样写道：

> 在匆匆过桥的纽约人及游客中，很少有人会注意到有工人乘电梯在桥上612英尺高的两个桥塔驶上驶下；很少有人知道流浪醉汉偶尔会心血来潮地爬上塔顶，在那里睡着；早晨，这些醉汉已经被冻僵，不得不由急救人员用担架把他们抬下来。

又如，关于这座桥的一些历史，大多数人也是不知道的，所以特立斯也将此插入文中，有一种出人意料的感觉。他是这么写的：

几乎没有人知道，这座大桥的旧址曾是印第安人经常出没、发生过多次战争的地方。殖民时期，就是在这里，海盗被绞死在河边，以警告那些胆大妄为者。大桥正好建在华盛顿指挥的军队遭到英军重创、溃败而逃的地方……

在某种意义上，"你知道一些但你不了解背后的事"比"你完全知道一件事"要更震惊，这就好比你听说一个人是杀人犯跟你听说自己的邻居是杀人犯的区别。所以大家在平时的采访里，要尤其留意这种类型，也就是普通人"一知半解"的故事。

第四种标准是，给读者提供超越预期的内容。

这有点像作者和读者的智力游戏。你需要把读者视为对手，提供的内容超越他的期待，每当他觉得好了，已经了解这个人的故事的时候，就要给他一个更深的冲击。

比如，在《纽约：被忽视之城》里，特立斯专门用了好几段的内容来写猫。其实选猫来写已经出乎人们意料了，读者原本以为，这篇报道里只会有人类世界的故事，却没想到他写了猫的分布，再到猫的派别，以及它们像人的那部分性格。直到他写的最后一段内容，还在超越读者的期待，他是这么写的：

在九十五号码头，老鼠开始偷吃码头工人的午餐，甚至开始攻击人。结果，他们不得不紧急地从附近街区调来野猫。现在，鼠患终于得到了控制。

一位码头工人说："猫在这里根本无法睡觉，一旦它们睡着了，老鼠就会把它们吃掉。我们这儿已有老鼠咬死猫的先例了，但这种情况不常发生，大多数码头野猫都是非常凶猛的。"

啊！原来猫在某种情况下居然会被老鼠吃掉！你看，每一步都是递进，都要超越期待。

步骤三：寻找素材的方式

这么多爆炸性素材究竟如何才能找到？大家仔细想想，50多年前，在还没有互联网和搜索引擎的情况下，特立斯是如何完成的呢？他的方式主要有以下几种：

第一，现实扫街。这是最直接有效，但也是最耗费时间的一种方式。

第二，利用关系网。公开的报道和朋友介绍，这是已经有采访目标的情况下，可以直接去找的。

第三，政府公开的数据资料。这很管用，但一般人们会忽略。

第四，历史文献。

但当下，在信息量如此巨大，检索又如此便捷的环境下，情况发生了哪些变化？首先，很少再有人们没见过的、猎奇的事情了，尤其这两年短视频的发展，人们很容易就能看到这些东西；其次，读者阅读故事的经验变得丰富了，各种神转折、狗血的故事都看过，很难再接受平淡的故事；最后，读者对故事情节的需求在减弱，但对故事的情感和意义需求在上升。

所以，这时候应该怎么办呢？其实时代已经给出了答案，就是体验式报道。体验式报道就是，作者把自己也纳入故事中，就像我们经常见到的视频博主带你去看一件什么事。特立斯在几十年前就这么做过了，放在今天，他会是一个出色的 Vlog 视频博主。下节课，我将跟大家分享这一部分内容。

要点回顾

如何收集素材、确定文章主题，大家可以试试特立斯的这三个步骤：

首先，给你的采访对象分类，确定你的报道边界。

其次，明确你的故事标准，也就是明确需要什么类型的补采对象，方便后续寻找能为主题服务的、有针对性的素材。

最后，就需要通过关系网、公开数据、历史文献等去寻找符合标准的补采素材了。

课后思考题

你是如何确定文章主题的？喜欢采访前确定，还是采访后？你觉得它们各自的利弊有哪些？

如果你学有余力，我推荐去看《约翰·威尔逊的十万个怎么做》这部纪录片，它对理解特立斯作品在当下的价值很有帮助，也能让人对文字叙述和视频语言的区别与共通有更深层次的理解。

03 采写方式：如何进行体验式报道

下面我来跟大家一起阅读《被仰望与被遗忘的》的第二部分，也是唯一的一篇长篇非虚构报道《大桥》。《大桥》主要写了纽约新建一座大桥所带来的一系列问题和故事，描绘了一群建桥工人的生活群像，里面有苦难，也有快乐和复杂的人性。一眼看上去，大家可能觉得很长、很复杂，但只要大家理解了特立斯惯有的创作思路，了解什么是体验式报道、如何进行体验式报道，就能很好理解这篇文章的结构和逻辑了。

首先，我们需要了解一下特立斯的选题思路。他为什么要做这个选题，这个选题又为什么可以做体验式报道呢？

事实上，特立斯在韦拉扎诺海峡大桥建造之前，就想做这个选题了。他开始筹备的时候，桥还没有建。他之所以想做，是因为在他脑海中出现了一个画面：有一个工程师，他在平衡各种物理作用力，包括地球曲率。他在建造一座剧院、一件艺术品，有一个跨越时间的舞台口、一个可容纳数千名演员的舞台。特立斯清楚地意识到，这座大桥本身将成为一个超大的舞台，上面会有各式各样的人物在舞台上活动。

一开始，他并不知道故事会是什么，也不知道会有哪些人物角色，只知道这个舞台。但一旦他自己也出现在这个舞台上，他立刻就找到了人物角色。他花了点时间，这些人就浮出水面了。

这些人是谁？就是每个小章节里流动的建桥工人、布鲁克林的抗议者、大桥设计者、监工、钢缆工、印第安人，最后又回到了一开始出现的人物上。这也是这篇文章的结构，在一座大舞台上，有相互关联的各种人。而同样出现在这座舞台上的特立斯，跟这些人打交道，聆听他们说话，看他们吵架，见证其中一些人的死亡。他在做的是什么？就是体验式报道，他自己也是这座舞台上的一员。

这节课，我会结合《大桥》的内容，说说要如何进行体验式报道。课程分为三个部分：

首先，说说什么样的内容适合做成体验式报道。

其次，介绍几种体验式采访的方法和注意事项。

最后，分享如何写体验式报道。

适合做成体验式报道的内容

我先来说说，要如何判断这个选题适不适合以体验式去报道呢？

以"大桥"这个选题为例，它就非常适合。为什么？因为有一个具体的、实在的空间，也就是桥上。此外还有一些小的空间，如文章中出现的圣伊格纳斯、尼古拉酒吧等。地点之所以重要，是因为只有核心地点或空间能把一群人聚集起来，你才能看到他们如何互动、如何跟其他人交流，就像剧场里的舞台一样。当有这样的具体空间时，你就知道，可以做体验式采访了。

另外一个要素是时间。如果这个空间能让你待很长时间，通过长时间的观察去获取平时很难看到的信息，那么这种类型也非常适合做体验式报道。

在国内，一些很有名的特稿《易构空间里的故事》《国贸三期》都有类似的经验——一个明确的地点，里面有一群明确的人，作者可以在里面待很久。还有前段时间很火的香港重庆大厦，也是一个明确的空间，那座大楼甚至吸引了人类学家前去调研。

如何进行体验式采访

确定要做体验式报道后，你该如何进行体验式采访呢？我想，特立斯的经历，可以给我们以下几点启示：

第一，深入他人的生活，与采访对象建立信任。

最好的做法就是同吃同住，每天生活在一起。按照特立斯的说法，这是个漫长的过程。你得尽可能让别人感觉到做这件事有价值。

特立斯说，他把自己的工作分成两个步骤：第一个步骤是研究；第二个步骤才是写作。在他看来，研究指的不仅仅是做笔记，还是和别人进行眼神交流、建立关系。他会让受访者意识到，他们正在开启一种长期关系，在此期间，没有什么是不可被报道的。就像我们之前提到的，他去争取女足刘英的采访机会，到了最后，每个人都习惯有个老头在那儿看球了，仿佛这件事本来就该这样。

这里面的关系会变得相当微妙，你不能表现得太急、太赶，那样会威胁到这种关系。特立斯的习惯是，在获得别人的采访同意之前，他都只想建立某种关系，一种"不带限制、不带义务、没有定义的关系"。他说自己只想轻轻松松地看看，他们之间能不能建立起某种舒适的感觉。他会逐渐了解对方，而对方或许也会逐渐了解和信任他。

在《大桥》这篇文章里，他一定花费了相当长的时间跟那位叫作扬涅利的工人在一起，因为他不仅让对方详细描述了工友遇难的过程，还让对方袒露了内心，说了自己见到妻子的景象和脑海中回荡的话语："爱迪！救救我！救救我！"有经验的记者都知道，这样的材料是不容易拿到的。那些看上去唾手可得、在文章中出现的很多素材，可能都需要采访者的不懈努力、真挚的表达和对别人的善意。特立斯说，他对人有真正的兴趣和敬重。他不会侮辱他们。无论在他笔下，这个人给人的印象是好还是坏，他都不会再也不见这个人，或者说像很多人说的一些记者那样，利用完了就结束，特立斯不是这样的人。

所以你看，其实写作是一个需要耐心和长期主义的行业，有的时候，出色的作品，并不能只依靠出色的写作。特立斯常常被人误以为只是个很会写的作家，但他更出色的，其实是跟人打交道、让别人信任他的能力。

第二，你需要转换角色。

在深入他人生活的过程中，你要意识到，你的身份发生了变化。你需要做一个角色转换，你不再是记者，而是观察者、参与者、隐身者或是其他类似的角色。你的目的不是让所有人都注意到你，而是让所有人都习惯你的存在，让他们按照原本的生活方式生活。这有些类似社会学或人类学的田野调查——尽量隐藏自己。

而要快速转换身份，则需要你忘记工作目的，先去跟别人交朋友。比如，找到共同的兴趣，或者去观察一群人里最有倾诉欲的一个人——总有这么一个人，先跟他交朋友，时间长了，所有人都会成为你的朋友。

特立斯很擅长这一点，大家看完全文，甚至不会发现特立斯的身影，他完全藏在角色身后，基本不会出现"我"或者"某某告诉记者"这样的词句。所以在体验式报道里，一个很常见的现象是，很少有间接引语出现，都是主人公直接跟其他人说话，为什么？因为很多时候，作者就在现场啊！作者不需要采访对象复述、回忆当时的场景，然后写一句"某某某告诉我，当时的情况是这样的"，作者直接记录当时的场景就可以了。

但要注意的是，观察和聊天的时候不要拿手机或者本子出来记录，切记等回到家一个人时再赶紧记下来。因为记录会让别人想起你的身份，破坏好不容易营造出来的轻松氛围。

所以体验式报道另一个常见现象是对话特别多，一般的稿子很难见到对话，因为记者都不在现场。这一点在《大桥》里特别突出。

比如，特立斯为了写一个叫莱斯曼的年轻人的性格，写了一长串对话，这段对话一看就是特立斯在现场听到的。当时他可能在秘书旁边坐着，等待跟他老板见面，于是就听到了这通电话。大家可以看一下，特立斯是这么写的：

当莱斯曼被美国大桥公司雇用并派到斯塔滕岛岸边的工地办公室时，墨菲的欢迎词很简单，他说："好吧！我们这儿又来了一个坐办公室的傻瓜。"但没多久，23岁的莱斯曼做秘书的效率以及他在电话里对墨菲不愿与之打交道的那些人的自如应答，使墨菲不得不对他另眼相看。

"早上好，这里是美国大桥公司。"

"嗨，墨菲在吗？"

"请问您是哪一位？"

"啥？"

"请问您是哪一位？"

"嗨，我是他的老朋友威利。告诉他我是威利。"

"请问您贵姓？"

"啥？"

"您贵姓？"

"转告墨菲，也许你可以帮帮我，我曾和墨菲一样在泛美大厦工地干过活，并且……"

"请稍候。"克里斯打断他，用内线对墨菲讲，"有一个曾在您手下干活的名叫威利的人现在打来电话找您……"

"我不想跟那个浑蛋讲话。"墨菲大声回答。

大家看，很有趣，墨菲显然忘了自己办公室外面还坐着一个记者，直接用很粗鲁的语言回应了，而特立斯为了表示是自己亲耳听到的，还特地用了"大声"这个词。

这样的例子特别多，大家也可以思考一下，为什么对话如此重要，为什么值得用体验式采访的方式去得到它。看看这段酒吧对话：

那天夜里，在桥边的约尼酒吧，工人们除了谈论这件事外，似乎再没有什么别的话题了。"听说德林的事了吗？"

"是的，可怜的家伙。"

"他被发配到惠特尼·米勒手下干活。"

"这简直是耻辱！"

"但是惠特尼·米勒也是个很棒的铁器工，"有人打断说，"你得承认这点。"

"是的，我承认。但是，如果你在事故中死了，他不会掉一滴眼泪。"

"我不这样认为。"

"我却这样认为。我是说，他甚至不会去参加你的葬礼。他就是那样一个人。"

大家读完可以思考一点：如果不用对话的形式，采用叙述的形式，需要多少篇幅才能包含对话里的全部意思？首先，要表达德林出事了，他去了一个叫惠特尼·米勒的手下干活；其次，要表达这似乎是一种降职，因为用了"发配"一词，同时要表达德林应该不太满意，还要表达其他人对这件事的看法——耻辱、可怜；再次，还要说明有人有不同的观点，如惠特尼是个很好的铁器工，但又要说明还有人觉得他虽然技能很强，但为人很冷酷；最后，还要说明，人们对此意见不能统一，甚至互相放狠话，说人死了他都不会去，不会出现在葬礼上。

所以大家看看，如果要完整讲清楚对话呈现出来的信息，你需要花费多少笔墨？对话，是所有表现人物性格的形式中效率最高的！所以在文学作品里，对话很常见，但在非虚构作品里，对话就不多见了，因为你没有办法瞎编，你只有亲眼看到或者两方都详细采访到才行。这就是体验式采访厉害的地方。

第三，不要干扰别人的生活。

不管你跟采访对象后来有多熟，他对你有多信任，都尽量不要参与到他们的生活里去。比如，可以去观察一群人喝酒，但不要组织一场酒会，就为了让所有人聚在一起以便你去聊天。不要让自己成为故事的主人公。

在《大桥》这篇文章的结尾，名叫鲍伯·安德森的那名工人，最后被吊缆砸到了，昏迷不醒。特立斯之前采访过他多次，关系应该相当深入了，但他没有组织工人一起去做点什么，尽管他完全可以这么做。他只是忠实记录这些工人的反应：

消息传到布鲁克林的韦拉扎诺大桥时，桥上的每一个人都心情沉重，有的因悲痛而变得沉默寡言，有的则大喊大叫，不停谩骂。约翰·德林和其他修桥工立刻冲下大桥，给远在葡萄牙的瑞塔打电话，告诉她他们要立刻飞过去帮她处理后事，但她说他们帮不上忙，她母亲会从圣伊格纳斯赶来，帮她照料孩子。

特立斯当时的心情不得而知，据说他后来也去联系了那家人，但在当时，他唯有忠实记录。这种记录往往更震撼人心，因为事实往往就是，其实你做不了什么。

进行体验式报道的写作

当你通过体验式采访获得足够多的素材后，接下来就要进行体验式报道的写作了。那在这个写作的过程中，有哪些需要注意的呢？

首先，写一番你对这段时间体验的整体感受。

这里面包括初始态度、态度的变化和你最终的看法，再写写打动你的人和故事——这些东西是只给你自己看的。你要清楚地看到你对人和事究竟有什么样的判断，再去思考这样的判断是否公正公平，有没有受到写作功利心、编辑或是其他因素的影响。然后，再去思考：你跟采访对象当中的某些人的关系影响到这种判断了吗？你跟他们的关系让你觉得某些写作进入困境了吗？

在正式写作之前，把这些东西都列出来，能够帮助你更好地写作。

其次，在写之前，把这些结论都忘掉，尝试以第一次读这个故事的读者身份来写。

这时候，你不是一个故事的全知全能者，你不了解故事的结局，你也会为故事的进展感到担心。要怎么做到这一点呢？比如，你可以把材料分类，写早期故事的时候只看早期故事的材料，结局的资料就先不看。这样会避免你的冒险已经完成，你的体验和肾上腺素的飙升也结束了。你必须让自己重新兴奋起来，重新投入冒险中，像第一次读这个故事的读者一样。很多新手容易犯的错误就是开始写作的时候就已经疲惫了。

最后，必须发自内心地尊重采访对象。

作为作者始终都得面临这个问题：怎样面对你的采访对象？比如，在写作中经常会遇到你想写，但你觉得写出来可能会对采访对象造成伤害的细节，你写不写？很多作者会自己纠结很久。特立斯有一个我很认同的很好的习惯：直接问采访对象。特立斯说，采访对象跟你说一些话，但不意味着他们想让全世界都知道，如果他觉得可能会伤害采访对象，他会去征求意见。他会问受访者："你告诉我的事情非常有趣，人们会很爱读，但是听着，如果你觉得为此你母亲会很不高兴，或是你丈夫会因此而离开你，抑或是你会丢掉工作，我们可以将这些东西通过谨慎、灵活的语言表述，又让我俩都能保持诚实，你可以接受吗？"

特立斯的理念就是，他必须发自内心地尊重采访对象，要不他就不去写。他说："如果不是对采访对象怀有尊重，我不会花一个又一个小时费力去寻找那个准确的词、完美的句子和段落，写出好东西太难了。如果我只是想伤害别人，把人剁碎，我干吗去写？我是不会这么做的。"

在一次采访中，特立斯告诉记者，他采访了成百上千的人，但从来没有人说过他伤害了他们。

在发表了一篇故事以后，他还是可以打电话给采访对象，问他们喜欢它吗。1年以后，或是10年以后，他再打电话给他们说"让我们再做一个新版的故事吧"，这些人会答应。这就是特立斯的方式。

要点回顾

首先，我讲了如何判断一个选题适不适合用体验式报道。

其次，我讲了特立斯进行体验式采访的三种方法，分别是：与采访对象建立信任；转换身份，用观察者、参与者、隐身者等身份深入采访对象的生活；不要干预采访对象的生活，不要让故事随着你的介入而改变。

最后，我讲了在获得足够的采访素材后，我们要如何进行体验式报道的写作：可以先写一番你对这段时间体验的整体感受，再写写打动你的人和故事；接着，在写之前把这些结论都忘掉，尝试以第一次读这个故事的读者身份来写；同时，要尊重采访对象，如果有写出来觉得会伤害采访对象的细节，一定要提前问受访者是否可以写进报道里。

课后思考题

在当下，做体验式报道的标准是否发生了变化，你觉得最近有哪些文字或视频作品，让你有体验式报道的感觉？

如果你学有余力，我还推荐特立斯的另一部作品《邻人之妻》。在这部作品中，特立斯淋漓尽致地展示了体验式报道的精髓，甚至打破自己的法则，不可避免地介入故事当中，但又很好地处理了这个危机。有兴趣的同学可以看看，非常精彩。

04 采访心态：如何与名流打交道

接下来两节课，我会和大家一起阅读《被仰望与被遗忘的》的第三部分，这部分由 11 篇人物报道组成，这些人物多是曾经活跃在社会各个舞台上的名人，如歌唱家、棒球明星、演员、拳王等。这些社会名流，或者说公共人物，也是我们人物报道对象中非常重要的一种。

这节课，我先来说说，在采访时要怎么和名流打交道。

之所以会把和名流打交道，单独作为一节课来讲，是因为很多时候，记者在采访一个大人物或者一个所谓的"名流"时，会行为失常。比如，我见过一些人，他们有的提问变得谄媚，有的相对于采访更急于去合影，也曾在报道中出现过"陈道明亲自给我改稿"这样好笑的事情。而最终的结果无一例外，他们都写不好这个名人。因为很多人从一开始就错了。

当大家阅读完《被仰望与被遗忘的》第三部分的内容，尤其是《弗兰克·辛纳屈感冒了》《时尚王国》这样写名流的文章后，也许会意识到，特立斯为什么被公认写名流写得好，甚至很多人主动找他来写——但经常是他不愿意写。下面我就跟大家聊聊这里面的采访秘诀。

在这次的课程开始前，大家要了解一个背景，这会帮助大家理解特立斯是如何与名流打交道的。

当初特立斯是被逼无奈，才去写辛纳屈的。那时候，他刚从《纽约时报》辞职，成了《时尚先生》的撰稿人，他跟负责的编辑说想写《纽约时报》的主编，但编辑说不行，以后再写，让他先去写辛纳屈。按今天的逻辑也很好理解，因为辛纳屈有"流量"。特立斯很烦躁，因为辛纳屈已经成名25年了，太多人写过了。但编辑告诉他，已经联系好了，他现在坐飞机过去，辛纳屈就能跟他聊。他想那行，赶紧写完，就可以去写《纽约时报》的人了。

结果他飞到洛杉矶，打电话给辛纳屈的宣传经理，问什么时候能采访辛纳屈先生时，宣传经理说，哦，有个坏消息，他感冒了。不只这个，宣传经理还说辛纳屈想提前审查特立斯写的文章。特立斯说不行，但他继续待在洛杉矶，想等辛纳屈感冒好了再约采访，在这之前他可以先和别人聊一聊。特立斯住在比弗利山庄一家非常高档的酒店，从一个餐厅老板那儿搞来一些人的电话，有演员、制片人、音乐人等，这些人都跟辛纳屈打过交道。有的女演员跟辛纳屈约会过，有的乐手在辛纳屈当主唱的乐队里待过。

特立斯就开始采访他们。过了一个星期，他在酒店接到了那个宣传经理的电话，说："我们知道你在和弗兰克的朋友聊，你是想干吗？"他说："我想多了解一点辛纳屈啊，虽然你不让我见他。"经理说："辛纳屈的嗓子好了一点，他会在伯班克录一个节目。如果想见他，得跟大家待在一起，一起看他表演，会有很多人。"第二天，特立斯才第一次见到了辛纳屈。辛纳屈站在一个舞台上，录影棚聚集了100多人，这个场景也被写到了文章里。但直到最后，辛纳屈都没接受特立斯的采访。

这篇没有采访到主人公的报道，最后成了新闻史上最著名的报道之一，它也被认为是叙述性非小说的最精致的作品之一。《时尚先生》创刊70周年之际，杂志编辑共同推举它为《时尚先生》发表的最好文章。

特立斯究竟是怎么和名流打交道的呢？我想，《弗兰克·辛纳屈感冒了》至少可以给我们以下启示：

采访前，端正自己的心态

在打交道前，要端正自己的心态，先让别人尊重你。

怎样才能被一个人尊重呢？首先是不能自轻。如果你上来就把自己放在一个很低的位置上，唯唯诺诺，别人是无法尊重你的。你要记得，从对方接受采访的那一刻起，你们就是平等的。你们做了一个交换，对方给了时间和信息，你给了曝光的机会，不管对方是保安、清洁员还是公司 CEO 或是明星。这就是采访的基本礼仪。你不能低看也不能高看，你必须平视。比如采访名流遇到的第一关一般是经纪人，特立斯根本就不太理会他们，最后反倒让别人更重视他。

如果对方不答应采访呢？有经验的记者会有很多种方式去打动别人。例如，特立斯在说服刘英时采用的方式是写信。

我们通常会写一封真情实感的约访函，它不是那种客套的、有的没的的话。第一，你必须表达采访对象的重要性，并说清楚为什么重要；第二，你要表明自己真切的态度，说清楚你为什么想采访他，这份心情有多急切；第三，你要在约访函里表明这个采访将会带来的影响，如传递良好的社会价值、塑造一个良好的形象等。结尾回到你个人的关切，希望得到答复。如果你这样写一封超过 5000 字的约访函，很少有人不会认真、审慎地对待这次采访请求，要是最后仍然没同意，那就可能是真的有为难之处。

你要尽可能用专业认真的态度来获得采访对象的尊重。辛纳屈这个例子，他虽然没允诺接受采访，但特立斯很认真地花费大量时间去采访他的朋友、认识他的人，也许这些最后并不一定能得到回报，但特立斯先这么做了，就会被人尊重。

大家知道，作为特稿记者，我们在采访过程中经常会听到一句类似的话，就是"你这个记者好不一样啊"。因为在这个行业里，很少有人会为了一个人物的报道，去采访那么多人，花费那么多时间去跟着主人公，不计代价换取更长的专访时间。这些都彰显了这份职业的专业程度，采访对象很容易产生共情，觉得"那么好吧，我更认真回答一下这个问题，我也努力配合一下"。

你还可以和采访对象成为朋友，但不要建立更进一步的亲密关系。比如，频繁跟采访对象一起吃饭，尤其是价格不菲的餐食；或者去参加各种活动，甚至拿红包、在朋友圈互动。这时候，你会陷入名流周围的生活圈里，享受一种原本不属于你的生活。到最后，你根本无法客观评价你的采访对象，你会觉得不好意思、不忍心去批评你的采访对象。这就离采访初衷远了，你也不太可能写出好的报道。在国内，有不少记者，报道没写出来，最后却成了明星经纪人。

采访时，用普通人的视角去观察名流

在和名人打交道时，特立斯还会用普通人的视角去观察他们，让他们回到普通人的那一面。

特立斯写辛纳屈的时候，没有把他当作一个名人，而是一个进入知天命之年的人、一个孤独的人，与其说是在写名人，毋宁说是在写中年危机。

明白这一点很重要，因为这是你的名人报道区别于其他人的关键。所有人都在写财富、名利、繁华、虚荣、欲望这些名人特质的时候，你最终要回到"人"的特质上来，这个特质才是人类所共有的，才是所有人能共情的。

那么什么才是人类共有的特质呢？比如，辛纳屈这篇文章的结尾，特立斯写了一件很小的事，这件事跟辛纳屈是不是明星也关系不大。他是这么写的：

弗兰克·辛纳屈停下车。红灯。行人迅速从车前走过，但像往常一样，有一个人停在那里没有过马路。那是一个 20 岁的女孩，站在路边的人行道上注视着他。他用左眼余光看到了她，每天这种情况都发生，他知道女孩一定在想，这个人很像弗兰克·辛纳屈，但，是他吗？

红灯还没有变绿，辛纳屈转过头，直视女孩双目，期待着他熟悉的那种反应。这种反应出现了。他笑了，女孩也笑了。辛纳屈驾车离去。

你看这两段写作，虽然写的是大明星辛纳屈的生活，但你想想看，换一下工作内容，又何尝不是任何一个快要到 50 岁的男人的心境呢？做着早已熟悉的工作，离开人群，一个人开车回家，感叹时光的流逝。辛纳屈突然就从一个大明星回到了一个人，不管是谁、是什么身份，最后都是一个人在面对这些。最后的结尾也很妙，一个大明星，还在意一个路人小小的情绪：她还认识我吗？得到回应又发自内心地喜悦。这些情绪跟普通人并无二致，大家可以仔细体会一下，为什么作者在开头要写得那么隆重和喧嚣，最后又这么安静地结尾。

那要怎样才能观察出这些呢？当然需要生活中的经验和训练。比如：你能意识到你的伴侣下意识的动作代表什么情绪吗？你能发现你的领导在说 A 事情时其实是在说 B 事情吗？说得再细一点，你知道你家小区晚上经常碰到的流浪猫是什么颜色吗？我就知道。我们小区常见的是一只奶牛猫，黑白相间，小区里老奶奶管它叫小希，因为它像希特勒。

采访时，要进行外围采访

外围采访，就是采访名流身边的人，通常包括家人、朋友、同事、赞扬者、反对者、恩人、敌人等。

为什么这一点重要？因为名流不喜欢说实话。

一方面，他们顾虑更多，说太多会很没有安全感，也可能一些言语会被不安好心的人拿去做攻击他们的材料；另一方面，名流喜欢给自己创造形象，他们往往在心里塑造一个更好的自己，或者对自己有认知偏差，希望自己被写成期望中的形象。

所以，特立斯会用外围采访去解决这些问题。比如，他去采访那些人的朋友、妻子或丈夫，一个重要的目的就是看他们有没有在说谎。有一次，他去写美国汽车行业的故事，花了一年的时间，最后交叉印证每个人说的故事，发现很多人说的都不属实，他最后就没有写。更夸张的一次是，特立斯曾经写过一本叫《偷窥者旅馆》的书。这本书的主人公是一个偷窥者，在科罗拉多开了一家汽车旅馆，在其中部分房间的天花板装了一个假的通风口，他就从那里偷看旅馆的客人。为了核实他说的是不是真的，特立斯有一次和他一起上了屋顶。当然，这在之后也引发了巨大争议。

另外值得说的一点是，特立斯坚持想用这个人的真名写作，被拒绝了，因为他可能会坐牢。特立斯是 1980 年认识他的，一直没有写他的故事，直到 2014 年，这个人写了一封信，说自己已经不开汽车旅馆了，"你现在可以写我了"。特立斯说"那我要用你的真名"，对方说可以。这本书直到2016年才出版，就是因为特立斯坚持用真名，让人们知道这件事不是编造的。

所以，我们有时会简单地将名流报道分成三个等级。

第三等级是采访对象看完报道会夸赞你，觉得你写得特别好，他很满意，会在朋友圈吹嘘你。这意味着你完成了他的期待，是符合他心情和意愿的报道。

第二等级是采访对象看完会骂你，觉得你对他很苛刻，大大歪曲了他的形象，让人看起来很尴尬。这说明你问了一些尖锐的问题，也用不一样的眼光去打量了他，你坚持了自己的一些洞察。

但最好的报道永远是，让采访对象欲言又止，因为你帮助他了解了一个他不知道的自己。为什么欲言又止？因为他本能地觉得自己在报道中的形象不是很高大上，但又觉得非常准确，就像第一次接受心理咨询一样，震惊于别人发现了真实的自己，但本人却没意识到。在特立斯写了辛纳屈的文章后不久，虽然宣传经理对没采访本人就发稿有所不满，但辛纳屈看了文章之后，却觉得"我是这样的"。

回到《弗兰克·辛纳屈感冒了》这篇文章，那特立斯是如何进行外围采访的呢？

我们可以按照出场顺序看他做了哪些外围采访。首先是两位金发女郎，虽然特立斯只是观察了她们的状态，但观察其实也是一种采访；然后特立斯采访了辛纳屈的一位密友、新闻发言人、救命恩人、以及粉丝、服装师、随从、电影公司合作者、公关、替身、一个搅局的年轻人、一名年轻导演，还有他的长女南希、前妻、父亲、母亲、儿子、酒店经理、一个脱口秀演员、一个电影演员、一个乐师。

同时，当辛纳屈在录音室录音时、在拉斯维加斯狂欢作乐时、演电影时，特立斯就在一旁观察、倾听。通过观察到的细节和外围采访，特立斯描绘出了一个多面的辛纳屈——一个举止粗鲁的人、艺术家、溺爱子女的父亲和氏族的酋长。

也就是靠着这些外围人物的采访，特立斯在没有采访到主人公的情况下，完成了一篇留名新闻史的作品。由此，大家应该不难看出外围采访的重要性。这些人提供的故事，不仅证实了之前未经验证的观点，更丰富了主人公的生活细节，这些细节是他自己都无法意识到，甚至无法说出的。有些时候，故事的主人公都会惊讶于自己被深入了解的程度，因为他无法打量自己，但他通过别人的眼睛重新审视了自己，审视了在他人眼中的自己，审视了他是如何被看待的。

要点回顾

这节课，我讲了在采访名流时，要用什么样的姿态和他们打交道，特立斯给了我们三点启示：

首先，采访前，要端正自己的心态，不能高看也不能低看采访对象，而是要平视他，并且不要和采访对象建立更进一步的亲密关系。

其次，采访时，要用普通人的视角去观察名流，让他们回到普通人的身份。

最后，采访时，我们还要进行外围采访，证实主人公的观点、丰富他的生活细节。

课后思考题

你觉得一篇报道受到采访对象怎样的评价才算一篇好报道？

05 写作手法：如何写好名流故事

下面我来和大家分享一下，特立斯是如何写名流的故事的。因为我发现，很多人不太会写名人的报道，尤其是领导或一些权威人士的。写出来的报道要么非常枯燥地列举成就，要么极尽谄媚。关键是最后领导也不见得喜欢。

所以这节课，我来和大家聊聊特立斯写名人报道时的一些技巧。

这部分主要包括两大内容：一是特立斯的常用结构；二是他的常用写作视角。

特立斯的常用结构

相信大家看了《被仰望与被遗忘的》第三部分后，会产生一些熟悉的感受，就是有些结构方式似乎是特立斯常用的，但又不能一下总结出来，因为他处理得圆润流畅，你感受不到结构的存在。

事实上，他最常用的结构法则是设置场景。

场景在特立斯的写作中比任何东西都重要。特立斯坦言，他的写作就是由场景来推动的，甚至很多写作的由头就是看场景好不好。比如，在写《大桥》的时候，他将韦拉扎诺海峡大桥和吊在半空的那些男人看作一幅图画，而桥是一座舞台。写《感恩岁月》的时候，开场是一名门卫在看街上的一场骚乱，但并没有真正看到。而《邻人之妻》的开场，是一名男孩在看芝加哥某杂志上的一个裸体的女人。他描写的这些场景甚至都可以拍成电影。

大家可以上网搜一下《弗兰克·辛纳屈感冒了》的手稿，你看了就会很惊讶，那哪里是一份手稿，那分明是一份电影的分镜头脚本！他还用不同的颜色和字体对笔记进行分类，每个场景也有自己的序号。如果大家看过奉俊昊导演为电影《寄生虫》写的分镜，你就会发现，二者非常相似。

所以，特立斯对场景的重视，是在写作之前、采访之前，甚至是在选题之前就开始了。他在采访的时候会特别注意观察和记录场景，这对大家的写作也是一个提醒，很多东西拖到写作时再处理就来不及了。

现在我们回到文章结构上，特立斯是如何用场景组成结构的呢？他通常有两种方式：

一是通过场景递进，形成一种结构。

场景递进就是镜头由远到近的过程。

比如，《大桥》这篇文章，开头是一个概述，也是一个场景，如果我们把它理解为一部电影，这部分就是场景的画外音。特立斯是这么写的：

建桥工人开着宽敞的汽车进城，住豪华宾馆，痛饮威士忌，然后再灌啤酒，他们追逐女人，随后又将她们抛弃。他们在一个地方只逗留一段时间，一旦大桥建好，他们就开拔到另一座城市，去修建等待着他们的另一座大桥。他们把所有地方都连接了起来，但他们自己的生活却永远孤独、飘零。

这一部分他写得非常长，直到哪里才是第二个场景呢，到麦基诺大桥。特立斯写道：

麦基诺大桥横跨休伦湖与密歇根湖，把圣伊格纳斯城与麦基诺城连接起来。正是这座大桥在 1954 年至 1957 年的修建吸引了大量的建桥者。尽管无法抵制向东迁徙的诱惑，但现在就让他们离开密歇根前往纽约，一些建桥者仍会为之感到悲伤。这是因为，在他们充满危险的修桥生涯中，还没有一个小城比曾经一度安静的圣伊格纳斯更能让他们赞不绝口，流连忘返。

这一段相当于镜头从概述或者从其他空镜头转向了一个有名有姓的具体位置——这座大桥。然后特立斯又从大桥迅速转向了另一个场景：小镇。大家可以在脑海中想象一下，这个镜头是怎么运转的。然后接着读，你会发现，镜头又深入了，从小镇到了小酒吧，所以我称之为递进。特立斯是这么写的：

直到 1954 年，它仍是个干干净净、不受污染的地方。城里只有一家小旅馆，叫尼古拉旅馆，是以一个叫让·尼古拉的白人命名的。据说是他于 1634 年乘一条独木舟划过麦基诺海峡发现了密歇根湖。

这家尼古拉旅馆，主要是它的酒吧，后来变成了建桥者的总部。不久，这个地方就天天有聚会，经常发生打斗，一片乌烟瘴气了。

大家看，这时候镜头是不是深入酒吧内部了？但这时候还没有涉及任何具体的人，接下来镜头会对向哪儿呢？当然是有名有姓的人。特立斯这样写：

也许这样讲有些夸张，除了州巡警外，圣伊格纳斯的所有其他人，不外乎这样两类人，要么对建桥者嗤之以鼻，要么能够接纳、容忍他们。

……

当然，认为建桥者中没有不爱热闹或不爱节俭的男人也是不对的，因为有六七个这样的人——例如，一位大个子的名叫埃斯·考恩的腼腆的肯塔基人就带着他的妻子一起来到了密歇根；另一位叫约翰·阿特金斯的曾在尼古拉旅馆喝了12杯双份马提尼酒后面不改色，仍然保持君子风度，飘然若仙地从酒吧里出来，消失在夜色中。

这就成了一种自然的过渡，因为读者心理上是能接受镜头这样从远到近的，所以读起来也不会很突兀。接下来就可以很从容地介绍文章的主人公了。按照这种逻辑，主人公最好也应该放在一个具体的情景中来写，这样一篇文章会从一个情景到另一个情景，完完全全就是一部影片了。但有的时候，采访的过程不是那么完美，有的没有情景，就需要作者的叙述来完成。

二是让情景作为重要节点或舞台，贯穿全文。

情景不是一次性写完的，中间会穿插回忆等，你可以理解成电视剧里一个人正要开枪，突然脑海浮现各种记忆，记忆浮现完了，再回来扣动扳机。

如《弗兰克·辛纳屈感冒了》这篇文章，看上去很长，结构也很烦琐，各种表达方式穿插其中，但实际上，就是由三大主要场景构成的。

这三大场景就是：酒吧、录影棚和拉斯维加斯。特立斯以这三个大场景为核心，把辛纳屈的前世今生、喜怒哀乐都写了出来。

现在我们结合原文来看，第一个场景是酒吧，特立斯之所以选择这个场景，是因为它能反映辛纳屈的性格：

在酒吧的黑暗角落里，弗兰克·辛纳屈，一手拿着波旁酒，一手夹着烟，站在两个金发女郎中间。这两个女郎都很迷人，但已不年轻了，她们等着他上前搭讪。但他什么也没有做，整个傍晚的大部分时间，他都安静地自己待着。……和辛纳屈旁边的四位男士一样，这两个金发女郎都知道，在辛纳屈心情郁郁的时候，主动和他说话可不是个好主意。

接下来，特立斯就可以很从容地开始写为什么辛纳屈心情郁郁。在这些事情里，又能体现出辛纳屈的性格。这种场景结构的好处是，写着写着还可以回到场景，就像人物刚才陷入了思考，最后又回来了。特立斯是这么写的：

但现在，辛纳屈得了感冒。他站在比弗利山庄的这家酒吧里，继续默默地喝着酒，仿佛沉浸在遥远的个人世界中。当那个大屋中的唱机突然传出他的那首《天色微明》时，他仍旧无动于衷。

回到场景之后，你会发现特立斯利用场景，又跳入了一段往事叙述。他利用了《天色微明》这首歌，写道：

这是一首动人的歌谣，是他在10年前录制的。它曾感动了许多年轻人。……正如他的许多其他经典歌曲一样，这也是一首能唤起人们的孤独感和欲望的歌。当歌声和昏暗的灯光、酒精、尼古丁还有深夜中萌动的欲望混杂在一起时，它就变成了一种催情剂。

接下来，特立斯借着写歌曲，写了辛纳屈的歌坛地位。写完这部分后，你会发现他又跳回来了，接着写场景，写现场除了金发女郎外，还有他的几位密友。这个现场的作用是为了写什么呢？特立斯又想通过密友的在场来说明什么？文章中其实也给了答案："他们要牢记一点，他是辛纳屈，是老板，也是家长。"特立斯在接下来就会叙述，辛纳屈性格里家长的一面。

你会发现，场景是个引子，是个被利用的装置，是为了接下来的陈述。为了这个陈述，特立斯会在场景里跳进跳出，而场景本身也足够好看，这就是他场景写作的全部奥秘。

在场景里，特立斯写人物的现场，用对话推动情节发展，用动作展示人物性格；在跳出场景的时候，特立斯写历史、写背景、写人物的过往、写别人的评价、写人物的内心独白。进入场景和跳出场景，特立斯把二者紧密结合了起来，很多时候，你会被深深吸引，甚至意识不到这种变化的发生。这就是一个好作者的能力。一个不太行的作者会怎么写？他会让你知道，哦，这时候该介绍人物背景了，这时候穿插了一段百度百科式说明。

如果大家愿意仔细读一遍文章，会发现这种写法贯穿始终。明确了三大场景、七个小场景，然后在其中穿插回忆、对话、他人的故事等，你还会觉得文章结构混乱吗，还会觉得复杂吗？并不会。特立斯其实一直在用一种清晰的、人人都可以学习的方式在写作。

再举个例子，当你想写辛纳屈的家庭、他的过往、他小时候如何成长，但又觉得直接插进去很生硬，这时候怎么办呢？当然是找到一个匹配的场景啊！特立斯找到了这个场景：

然而，到目前为止，这里的每个人似乎都很高兴，尤其是当辛纳屈唱那首流行的伤感老歌时。《南希》这首歌是 20 多年前由吉姆·范·霍伊森和费尔·西尔弗斯创作的，其灵感来自南希——辛纳屈三个孩子中的长女。那时南希还是个几岁大的小姑娘。

写到这里是不是可以开始写家庭了？写完女儿写前妻，写完前妻就可以写父母，写父母就是在写他的小时候是怎么过的。当你需要写关于他的另一件事的时候，你就另外再找个匹配的场景。听起来不难，但最大的难点在于你的材料要足够丰富，你对人物的理解要足够透彻。以前我在《人物》杂志上模仿过这种写法，虽然写得比较拙劣，是写韩红的，叫《韩红想通了》，但表面的结构是模仿到了，大家有兴趣可以找来看一下。

当然，场景写作本身也有很多技巧，比如怎样写场景的同时叙事，场景的跳进跳出是如何把握节奏。篇幅所限，不能一一说明。但现在，至少这篇很典型的名流报道，在大家眼中变得更清晰了，对大家日后的写作也会很有帮助。

特立斯的常用写作视角

有一句话我印象很深，但已经记不清是谁说的了，它就是"你想要表现一个人的骄傲，就一定要表现这个人的痛苦"。大家可以仔细体会一下，为什么不能直接写一个人的骄傲，为什么要写痛苦。为什么只有在痛苦中才能展现一个人的骄傲呢？骄傲会让这份痛苦变得不一样吗？理解了这句话，你就会在对人物的写作上更上一层。

这就是一种写作视角。特立斯在写名流时，惯用的写作视角有三种：

第一，写成功者的精神世界，写失败者的美学世界；

第二，想要表现一个人的骄傲，就一定要表现这个人的痛苦；

第三，找到人物背后更大的东西，建立时代坐标。

什么是成功者的精神世界？比如辛纳屈这样的人，他的物质世界和物质生活是所有人都能看到的表面，在满足了读者最表层需求之后，更重要的显然是内心的富足或者痛苦，比如他女儿写他的这段话：

他拥有一切，但无法入睡；他给予别人精美的礼物，但不幸福。他不会为了别的抛弃现在的生活，即使是为了幸福。他究竟是什么样的人……

他认为一定要玩得很大——嘴张得越大，你能吸入的东西就越多，你的规模就越大，你就会成长得越快，你就更加像你自己——变得更庞大，更富有……

还有辛纳屈电影公司的制片人对他的这段评价：

他有一种极强的愿望，想把每一分钟都过得最充实。我猜他可能觉得毁灭会随时来临。

这些都是揭示辛纳屈精神世界的东西。

相反，你去写一个失败者——尤其是曾经是名流，但如今没落的一个人，要写的是一种失落的美学世界。你要去想：当一个人不符合世俗的成功标准的时候，他还有没有自己坚持的价值观？他能够习惯这种生活吗？他接受了这种价值观吗？他是否重新构建了自己的美学世界？

比如，特立斯写棒球手乔·迪马乔的《一位英雄的暮年》，写他不甘的心境——他仍然在留恋过去的生活：

无论到哪里，等着他的都是相同的问题，好像他有超凡能力，能一眼看出谁是未来的新星似的。每到一处，就有上年纪的人紧握住他的手臂，说迪马乔一定能复出打比赛。迪马乔笑了，完全发自内心的。他一直努力保持他过去的体形——他节制饮食，洗桑拿，从不放纵无度。……因此，棒球明星必须饰演好他们的角色，必须把神话维持下去。没有人比迪马乔演得更好了。

再看这一段怎么写的：

迪马乔给她买了一杯饮料，还递上了一支烟。然后，他划着一根火柴，拿火柴的手颤抖着。
"是我的手在发抖吗？"他问。
"当然。"女郎说，"我的手肯定不抖。"

大家看，特立斯写的是什么，他写了一位明眼人都知道的无法复出的棒球手的手在抖。只有迪马乔认为自己可以，或者他内心其实也早就不这么认为了，他在努力维持或扮演一种角色，球迷希望他扮演，社会也希望他扮演。这就是他令人叹息的美学世界。

最后，特立斯永远在写时代。他写成功者是在写一个时代如何把人变成神，写失败者是在写时代如何让人陨落，他写《邻人之妻》

是在写性解放运动，他写诸多人对于主人公的看法甚至好几次把自己纳入那个时代的洪流。所以，大家在看他过去的文章时，看的不仅是人物故事，还是 20 世纪 60 年代以后的美国社会，他为我们留下了一份珍贵的历史记录。

要点回顾

这节课，我从结构和写作视角两个方面，剖析了特立斯写名流故事时的手法。特立斯最常用的结构法则是设置场景，主要有两种方式：一是镜头由远到近，利用场景递进，形成一种结构；二是让情景作为重要节点或舞台，贯穿全文。

而他常用的写作视角有三种：

第一，写成功者的精神世界，写失败者的美学世界；

第二，想要表现一个人的骄傲，就一定要表现这个人的痛苦；

第三，找到人物背后更大的东西，建立时代坐标。

课后思考题

你可以试着分析一下，特立斯在第三部分的其他文章里是如何运用设置场景的结构法则的。

赵涵漠

谷雨工作室编辑总监

在过去的十几年里，我一直专注于非虚构领域，从写作者逐步转变为编辑。我的兴趣也从琢磨文字——怎样写会更漂亮，渐渐变为琢磨主题——怎样的故事更能与广阔的世界共情。

代表作
《贾樟柯：一个可能伟大的中国导演》《永不抵达的列车》

图书推荐：《写作这门手艺》《与荒原同行》《走入荒野》《巴黎评论·作家访谈》《八月炮火》《冷血》《人类群星闪耀时》

第四讲：把极度静态的选题，写得惊心动魄

先导课：怎样读懂《控制自然》

在我看来，写作是一项真正有可能自学的技术。当然这并不意味着我们不需要老师，只是即便没有那种非常传统的授课方式，我们也可以学习写作这门技术。而我们学习的对象就是经典作品。12年前，当我刚刚进入非虚构这个领域时，我也看了很多经典作品，但大多数时候，我都是在看故事本身，被这个故事的曲折内容所带动，其实并不知道从中能够学到什么，能有什么技巧为我自己的写作所用。直到后来，可以说是在职业写作慢慢入门以后，才学会如何带着目标去阅读经典作品。举个我亲身经历的例子。在《冰点周刊》的时候，我们非常注重文本质量。主编曾经告诉我们，小标题其实是为了方便读者阅读而服务的，我们则要做到拿掉小标题，段落与段落之间仍然能够平滑地过渡，哪怕是去写七八千字的稿子。这其实是个挺困难的事，特别考验作者的写作能力。

这种能力一方面要靠多写去锻炼，另一方面也要靠范文的指引。

我当时读范文的时候就会特别把转折、递进——简而言之就是过渡句——标出来。作者使用了什么样的句式？如果是我去写，我又可以用怎样的句式？最开始自己尝试去写的时候，琢磨过渡句需要很长时间，写一句觉得不好，删掉重来，如此反复若干轮。但慢慢地，写过渡句就变成一种肌肉记忆，甚至不用特别去想该怎么设计，到了需要过渡句的时候，自然而然就写出来了。

所以看范文并不仅仅是看，还要带着目的去看，带着方法去看。在未来的几堂课上，我会借《控制自然》这本书，与大家分享我所积累的阅读写作技巧。

这节先导课，我把它分为三个部分：

首先，我将介绍《控制自然》的作者约翰·麦克菲：他是谁，他在非虚构写作史上处于什么位置，麦克菲的写作图谱是什么样的，我们为什么要读他的书，又要怎么读他的书。希望通过这一系列介绍，能让你在阅读前对《控制自然》有一个基本的了解。

其次，我将与大家分享，怎样用问题视角阅读经典作品，并最大化地收集写作技巧。

最后，我会介绍后续我带领大家阅读的思路。

约翰·麦克菲是谁

今天当人们谈论约翰·麦克菲的时候，经常会这样开头——没有麦克菲，《江城》的作者何伟可能不会写出《江城》。

事实当然也是如此。何伟在普林斯顿大学读书的时候，修了一门叫作"非虚构写作"的课程。当时这门课的老师，就是麦克菲。他将自己与麦克菲的交往写在了《控制自然》这本书的序言里。当时，他还有半年就要离开涪陵，"又一次不知该何去何从"。麦克菲给他回了一封信，在这封信的最后麦克菲写道："涪陵就是故事本身。涪陵是一本书。"也是从这封长信开始，何伟开始了自己的职业写作生涯。

这些故事是麦克菲故事的一部分，但远非全部。麦克菲在1999年获得了普利策奖，被誉为美国最卓越的非虚构作家。他从20世纪70年代就开始在普林斯顿大学教书，90多岁高龄的他，依然在持续写作。

当然，我选择和大家一起读《控制自然》，并不是因为麦克菲身上的这些光环，而是他这本看上去有些冷门的书，其实能从更宽广的视野上，告诉大家应该写什么、怎么写。

比如，对于很多写作者来说，最普遍的一个困惑是：我应该写什么？很多人会说：我的生活很日常，甚至有一些平淡，而值得被记录下来的，不应该是那些戏剧张力很强的故事吗？但当你读了麦克菲的作品后，你会发现，我们世界里的一切事物似乎都可以成为书写的对象。

为什么这么说呢？

我相信大家在此之前都读过一些非虚构的经典作品，如果我们粗略地对非虚构作品进行分类，你会发现非虚构大致可以分为两类：

一类作品与事件相关。如巴巴拉·W.塔奇曼的《八月炮火》，这是一本还原"一战"前重要历史节点的著作；又如杜鲁门·卡波特的《冷血》，追踪了一起凶杀案。我们可以将这类写作归为事件型写作。

而另一类作品则与人物相关。如斯蒂芬·茨威格的《人类群星闪耀时》，就是14篇对于人物的特写；还有盖伊·特立斯的很多作品，都是以人物为主角的，我觉得所有有志于非虚构的写作者都应该去看看他的书。这些都可以被称作人物型写作。

但麦克菲的写作主题却全然不同。他都在写些什么呢？

他最广为人知的一本书叫作《橘子》，没错，就是我们平时吃的水果橘子。这本书的灵感不过来自麦克菲每天早上经过车站时看到的一台榨汁机。但是由此延展开去，他写了橘子的种植历史、橘子学家、采橘人和其他依赖橘子产业生存的人。

鱼也是他的写作对象。他出版过一本书，名字就叫作《元勋鱼》（*The Founding Fish*[1]）。他每年会与《纽约客》的同事一起去钓两次鱼。他保留了一份日记，其中记录了所有与钓鱼相关的细节，不仅包括他钓到的每条鱼，还包括鱼的性别、体重，以及他每天钓鱼的时间、水温和河道中的水流情况。

麦克菲被翻译成中文的非虚构作品有《控制自然》《与荒原同行》和《走入荒野》等，其中又涉及他曾关注了长达20余年的主题，那就是地质学。在《控制自然》里，他的三位主人公分别是泥石流、洪水和火山。曾经有一篇书评是这么写的："麦克菲在《纽约客》以一己之力开创了看上去似乎毫不吸引人的地质题材，并且对其进行了长达20年的关注。"说句题外话，他在普林斯顿大学的办公室也被安排在了地质楼。

所以你看，麦克菲的写作对象都不同寻常，它们都是极度静态

1　*The Founding Fish*：约翰·麦克菲关于北美西鲱的一部非虚构著作，尚无中文译本，此处中文书名为编者注。

的事物。但是只要你对这个事物感兴趣，它本身就具有了意义。比如我，我就对疾病特别感兴趣。具体来说，我特别想写那种不足为外人道的痛苦，比如轻度过敏起了疹子。我们知道，痛感是很容易向他人描述的，但是痒感该怎么呈现呢？这种痛苦可能让你抓心挠肝，但是它又很隐秘，仅仅凭借观察，你很难分辨谁是鼻炎患者或特应性皮炎患者，但他们的痛苦又是实实在在的。这也可以成为我的主题，我也可以依据此去开展研究、采访和写作。

听到这儿，你可能会很高兴，觉得如果依照麦克菲的风格，对静态主题进行挖掘，那么世界上的一切事物似乎都可以成为书写的主题，一切似乎都很容易了。

但事实上并非如此，一旦我们真正开始动笔，就会发现麦克菲的这种写作可能反倒是最困难的一种。

这也是我想带大家阅读《控制自然》的第二个原因，因为想要用静态题材抓住读者的注意力，那就需要调动全部的写作技巧。细读麦克菲的作品，你会发现，他对文本的编织、设计极其精确，可以说你很少能看到他随心所欲地写作。每个写作者都有自己的特点，高度精确、精致的风格未必适合每一个人，但是当我们学会了麦克菲处理文本的种种方法，后续写其他题材的时候，即便我们只需要使用其中的部分技巧，也会得心应手。

好了，我们回到麦克菲，为什么说他的写作可能是最困难的呢？

这里就涉及非虚构写作的一种必备要素，我们编辑部内部在判断一个选题是否成立时，往往会先考察其中的"动线"——"活动"的"动"，"路线"的"线"。

它本来是室内设计或建筑领域的一个概念，指的是空间内活动的路线。我们将它挪用到非虚构上，其实是指代一个故事流动的可能性。也就是说，一个理想的故事不应该是静态的、始终保持在一个状态之中的，而应该具备开局、发展、高潮和终局。为什么故事一定需要动线？因为从根本上来说，写作不是面对自己的，也不是面对平台的，而是面对读者的。我们写稿子的人常常说起来一个梗，就是现在一篇稿子能收到的最强烈的也是最真诚的赞美竟然是："这么长，但我居然读完了。"一个故事几千甚至上万字，是什么吸引着读者能够紧紧跟随？正是动线的跌宕起伏，故事的层层推进，谜题的逐步解开，让读者无法中途退出。

这里我可以举一个在非虚构写作史上很著名的例子，那就是在2003年获得普利策特稿奖的作品——《恩里克的旅程》。这是关于一个孩子如何从洪都拉斯前往美国寻找母亲的偷渡故事。

众所周知，非法移民作为美国重大的社会议题，也一直被记者关注。但是如何去写这个群体，却有很多种不同的选择。比如，可以去写一个社区，也可以去写一个移民当下的生活。但这些故事可能会显得很静态，那更有动线的故事是怎样的呢？

当时《洛杉矶时报》的一位记者索尼娅·纳扎里奥在跟一位来自中美洲的钟点工交谈时，关注到了偷渡者这个群体。但她并没有止步于写这个钟点工的故事——这是最容易的——她给故事寻找到了一种更具有动线感的呈现方式。她决定去写一个人是如何历经艰险偷渡而来的。于是她去往美墨边境，并在那里碰到了17岁的男孩恩里克。恩里克当时从洪都拉斯来，然后要入境到美国去寻找他的妈妈。记者于是决定根据恩里克的回忆，重新走一遍恩里克的旅程，最后就写成了这篇荣获普利策特稿奖的故事。

在《恩里克的旅程》这样的故事里，动线是具象的，它就是恩里克偷渡的旅程，其中会有从开局到结束的层层递进。在另外一些故事里，动线可能是抽象的。比如《冷血》，它从一起凶杀案入手，抽丝剥茧地重现锁定凶手的过程，以及凶案发生的原因。这是一种抽象的动线，但也是从开局到结束的层层递进，也是一个解谜的过程。又或者我们写人，也会从人物现实的困境，推进到他的斗争或妥协。这也是永恒的动线。

事实上我们可以看到，大部分动线，如果想要吸引读者，必须与人的动作有关。

但麦克菲故事的主角却超出了这些框架。我们该如何找到橘子的动线、鱼的动线、荒原的动线，或者山的动线？在《控制自然》的三篇文章里，我们几乎可以看到麦克菲创造的动线典范。

他为本来缺乏动线的、静态的故事主体，赋予了流动性。

从一开始，他就将山塑造为一种富有生命力的实体。在麦克菲的笔下，大山不是静态的，而是一直在变化的、流动的。最重要的是，从第一句开始，麦克菲就已确定了全书最重要的动线，那就是山与人类的对抗，他是这么写的："洛杉矶与圣加百列山的对峙，一直难分胜负。"

麦克菲的写作具有极其精确的美感。"洛杉矶与圣加百列山的对峙，一直难分胜负"中"对峙"一词的使用，并非作家心血来潮的修辞，恰恰相反，大自然与人类的对抗是全文甚至全书的主题。故而故事也可以有另一种讲法，比如从圣加百列山的地形、地貌开始描述，然后进入当地特有的植被和天气状况导致山火、暴雨的发生；接下来泥石流出现了，损害了城市的利益，城市决定建设防御。按照这样的叙述逻辑，作者可以很轻松地写完，但是地形地貌、植被天气这两个科普部分，恐怕就要将绝大部分读者拒之门外了。人们天然地会被有冲突性的、有戏剧性的故事吸引，这也是麦克菲为何要设计"进攻—防守"动线的原因,它可以让戏剧感由头贯穿到尾,也会带动读者一直跟随着故事。

在《冷却熔岩》中麦克菲使用过更加具体的、能形成视觉冲击的描述:"有时,几吨重的熔岩——黑色抑或赤红的岩块——会从前端滚落,迅速将路遇的一切置于死地。"在《阿查法拉亚河》中,有一段是这样写的:"在人与自然这场持久而缓慢的较量中,到底谁会成为最后的胜利者?没人知道。但看看圣海伦斯火山,听听人们对它发展形势的猜测,如果一定要我们做出选择,我们会把赌注押给这条河。"

因此在这里我也尝试性地留下一个小作业:在你阅读这本书时,可以找到多少以"战争"或"对抗"来进行比拟的句子?这些句子又是如何搭建起了对抗的动线?

带着问题去阅读

上面这个小作业就涉及这节课的第二个部分。与其说这是一项作业,不如说这是一种阅读方法。在《控制自然》这本书中,由于这里的三个主人公并不天然具备吸引读者的戏剧性,所以我们最重要的工作就是去分析,作者如何在极度静态的主题中,调动一切技巧去吸引读者。刚才我们所说的"搭建动线",便是技巧之一。

不仅仅是读《控制自然》这本书时需要这样做,我觉得对于写作者来说,当我们在阅读任何一本非虚构作品时,其中的故事往往并不是我们最关注的,如何透过内容去分析作者所使用的技巧才是最重要的。从文本出发,回溯、拆解作品何以成形,才能让我们尽可能地去学习经典作品中的写作技术。

因此我建议,大家在阅读这本书的过程中,不妨带着以下这几个问题：

第一，你能将故事简化为大纲吗？作者使用了怎样的结构？

第二，那些最令你印象深刻的细节，作者可能是通过怎样的方法获得的？

第三，作者选择了哪些采访对象，并将他们分为几个维度？

第四，作者每一次是如何引出人物的？

第五，作者如何做到清晰地给出信息，而又不显得枯燥无趣？

事实上，当我们打开一篇范文的时候，我们可以提出无数的问题，并在文本中寻找答案。除了以上五条外，问题还应该是个人化的、定制的。比如，如果你在写作时从一个内容块转向另一个内容块总是很艰难，那么你就应该找出范文里的过渡句和转折句，并在下一次感到写作艰难时尝试使用这些句式。

对我来说，已经在特稿这个领域里工作了12年，不得不说，规规矩矩的稿件有时难免会让我在阅读时感到一种疲惫。因此我一直关注作者们如何进行文体创新。除了以"起承转合"的方式写一个故事，写作是否还存在其他的可能性？这个问题一直在我心里，所以我甚至在刷微博的时候，都会去想想，这些内容能不能给文体创新带来些什么启示。

当我带着这种问题视角去阅读的时候，还真在微博上看到了能带给我启示的文章。它并不是常规意义上的故事，而是博主@Lelac在东京的一个画廊里，看到了一份介绍大阪贫民区釜崎的免费地图，然后她就摘取了一些内容并翻译过来。不同于用猎奇的心态看贫民区，这份介绍册意外地以一种最为克制、冷静的笔调，尽可能丰富地呈现了釜崎。这大概是我近年来读到的印象最深刻的非虚构作品。它对我的意义在于，提供了一种全新的文体的可能性，未来我们也许就会将其部分地用在某一个选题中。

所以说，不仅仅是看书，面对各种范文，大家都可以带着问题意识来进行阅读。

本课要点介绍

在这节课最后，我再简单介绍一下，接下来我们要从哪些视角来阅读《控制自然》。

这次课程，我将重点分析这本书的两项重要的技术。

第一节课，我将通过分析本书的第一篇文章《洛杉矶与大山的对峙》，拆解麦克菲的写作结构。

事实上，理解"结构"是理解麦克菲写作的关键。几乎在每一次访谈中，每一位学生谈起他时，都会提到结构对麦克菲的重要性。《纽约时报》曾经说："麦克菲痴迷于结构。结构所具有的价值和词语一样重要。"

这里所说的结构，作用并不只是让收集到的素材有序成文，还具有一种更高的使命，那就是让结构本身表达某种意义和价值观。

第二节课，我将分析本书的第三篇文章《冷却熔岩》，这也是三篇文章中我觉得可读性最强的一篇，因为在这一篇中作家使用了大量的细节。就像麦克菲说的，"一千个细节的叠加，形成一个印象"。

细节是决定一篇非虚构作品成败的关键。在这一课，我将与大家分享，如何获得细节，如何筛选细节，以及什么是有效细节、什么是无效细节。

第三节课，我将分析《阿查法拉亚河》这篇文章，其实《阿查法拉亚河》是这本书中麦克菲最先完成的作品，也是他最广为人知的作品之一。在写作前，他花费了数年时间去进行访谈、实地探索、收集素材。作为最优秀的非虚构作家，麦克菲给人展示出了记者所能达到的理想路径——以长期主义的方式写作。所以这节课，我将通过麦克菲的写作图谱，和大家讨论要如何像麦克菲一样，成为写作的长期主义者。

01 故事结构：从海量素材到形成结构，麦克菲是怎么做的

这一节课，我先从"结构"开始，拆解麦克菲的写作奥秘。

为什么要从"结构"入手呢？我认为有两点原因。

第一个原因是，有的时候我看到一些稿子，会发现选题很好，非常吸引人，文字也挺不错，至少是流畅的，但读起来却觉得很困难。为什么呢？就是因为其中的结构非常混乱，没有经过设计，想到哪儿写到哪儿，不符合阅读的规律。

我举两个跟开头有关的例子。有的作者一开篇就喜欢从很多年前开始写，这就不符合阅读的规律。因为大部分人都喜欢看更贴近当下的事情。关于贴近性，后面我再展开来讲。另一个例子，我在先导课里讲过，《洛杉矶与大山的对峙》这一篇有另一种写法——开头就从圣加百列山的地形、地貌讲起。但是如果开头就是这种解释性段落，那会大大提高阅读门槛，因为人类对故事有天然的兴趣，说理和解释要穿插在故事里，才容易被人接纳。也就是说，同一个素材，如果安排在不同的结构里，起到的作用可能截然不同。

第二个原因是，很多人在写作的时候，都会收集很多素材。当我们写1000字的时候可以用直觉来写作，写3000字或许也可以，

但当我们去写 8000 字的文章，或者去写一本书呢？这时候，素材可能会多到淹没我们的直觉。所以说，直觉并不足以支撑我们走太远，但是结构可以。

而结构也是麦克菲本人最重视的写作元素，他在普林斯顿大学教授非虚构写作课时，对学生们反复强调："你们可以谋划一个结构，让人愿意一页接着一页看。"

所以这节课，我们先来一起探讨，麦克菲在结构上的写作奥秘。我会分两部分展开：

第一部分，从《洛杉矶与大山的对峙》这篇中，拆解出一个适用于绝大部分写作的"四段论"元结构，也就是写作最基本的叙事逻辑。

第二部分，在这个最基本的叙事逻辑上，介绍一种呈现结构的规律和四种叙事结构。

写作最基本的叙事逻辑

首先，我们一起来拆解一下《控制自然》第一篇《洛杉矶与大山的对峙》的结构。这篇我读了很多遍，每读一遍，都会做一次笔记，做了若干轮，每一轮都有新发现。

这一篇的故事并不复杂，作品也不算长，一共 89 页。它讲述了在洛杉矶周边的圣加百列山曾若干次地暴发泥石流，给周边的居民带来了巨大的威胁。但是他们并不愿因此退让，所以想尽一切办法对泥石流进行防御和对抗。就像我在先导课中说的一样，其中，山是变化着的、运动着的实体，城市也在不断运动着，它们都以各自的方式试图扩大领地、施展权威。

我建议大家先读一下前 22 页，因为你会发现，如果这之后的内容全部删除，前 22 页也可以独立成为一个完整故事，并不会让人感到违和。而一个完整的故事，就意味着它有一个比较完整的结构，所以我想先带着大家从小故事开始，来拆解麦克菲经常运用的元结构。

在我看来，前 22 页的结构可以分为三部分：

第一部分是第 3 页到第 11 页，通过洛杉矶当地居民的遭遇，呈现泥石流发生时的灾难现场。

第二部分是第 11 页到第 16 页，写当地如何建造沉砂池以应对这样的灾难。

第三部分是第 16 页到第 22 页，写当真正的泥石流来临时，沉砂池也束手无策，居民只能继续生活在随机的命运中。

基本上，前 22 页就可以用这三句来概括。

再往底层探究，你会发现，在这个结构里，第一部分居民的遭遇，其实就是现象——是什么；第二部分写当地建造沉砂池应对灾难，是应对策略——怎么办；第三部分写居民继续生活在随机的命运中，其实就是这么办带来了怎样的终局。

也就是说，前 22 页看起来很长，但是它骨骼就是三部分：是什么、怎么办、终局。

事实上，如果你拆解的非虚构作品足够多，你会发现绝大部分作品的元结构，都包含了这三部分，而一个完整的“四段论”元结构，则是由四部分组成的：是什么、为什么、怎么办、终局。

前 22 页并没有花笔墨去解释为什么会出现这么大体量的泥石流，

它毕竟不是真正独立的篇章。当你把它放到全文中去看时，会发现《洛杉矶与大山的对峙》也由"是什么、为什么、怎么办、终局"这四部分组成。

我们可以拆解一下全文的结构：

第一部分是第 3 页到第 22 页，通过洛杉矶当地居民的遭遇，呈现泥石流发生时的灾难故事。

第二部分是第 23 页到第 57 页，从土壤植被、地壳运动和人类活动的角度，分析泥石流为什么发生。

第三部分是第 58 页到第 83 页，写人类如何用积极手段和消极手段应对泥石流。

第四部分是第 84 页到第 89 页，写在人类与大自然的对峙中，终究还是大自然取得了胜利。

这么看，全文就非常清晰地分为是什么、为什么、怎么办、终局四个部分。

有的读者可能会疑惑："《控制自然》是一本科学性比较强的书，那这个'四段论'元结构，可以使用在其他题材上吗？比如，如果我们写一个人，哪里来的、是什么、为什么、怎么办，可以吗？"

其实，"是什么、为什么、怎么办、终局"的元结构，完全可以用到其他题材上。

我举一个例子，之前在《人物》杂志工作时，我编过一篇写一位很出色的演员的封面故事稿，当时作者用的就是"是什么、为什么、怎么办、终局"的元结构。

那这四部分是怎么展开的呢？

首先，作者写了主人公身上的冲突。他是一位非常有口碑的演员，但他平时总是显得有一点自卑，时常陷入自我审视。这种冲突，是他的个性，也就是我们所说的"是什么"。

说到冲突，这里我稍微拓展一下。我们为什么要写一个人？一个真正好的人物选题，一定不会是因为这个明星太火了，所以我去写他，而是因为这个人身上的某种冲突、挣扎、纠结，有时甚至是某种困境，能够让我们共情，让这个故事获得普遍性的价值。

好了，回到我们的"四段论"元结构。在刚才提到的封面故事里，作者接着分析了他的这种个性是怎么形成的，以及他是如何发现自己的困境，又是怎么去冲破这层困境的。然后，作者把这个人物在采访时最后的状态，作为终局写在了文中。因为在写人物的故事里，故事是永远没有尽头的，但是我们的采访是有尽头的，所以我们只能给出我们采访当时观察到的结局来结束故事。

所以你看，"是什么、为什么、怎么办、终局"的"四段论"元结构，并不是只能用于科普类的写作，它的应用范围其实非常广，写人、写事都可以用上。

一种结构规律和四种叙事结构

可能这里会引出新的疑惑了，如果大部分文章都是"是什么、为什么、怎么办、终局"的元结构，那文章写起来会不会就千篇一律了呢？

其实不会，虽然说故事一般都有一个元结构，但如何去呈现这个元结构，却有很多种方法。我也结合《控制自然》，给大家总结了一条呈现结构的规律和四种叙事结构。

先来说说呈现结构的规律，其实很简单，就是拒绝时间顺序。

你可能会很惊讶——"我们在给孩子们讲童话故事的时候，不都是用'很久很久以前……'来开头吗？"童话故事确实如此，但是当我们写非虚构故事的时候，最需要警惕的就是时间顺序。

麦克菲在《写作这门手艺》这本书里写道："时间顺序和主题之间，似乎存在相当大的紧张关系，而时间顺序往往获胜……我既感到乏味，也感到困惑，渴望设计出一种受制于主题的结构。"

为什么要拒绝时间顺序？麦克菲没有更多地涉及。但是从传播学的角度，或许会找到一些答案。

读者对故事有一个普遍需求，那就是切近性，也就是故事的选择要由近及远。这种切近性包括三类：时间上的切近、地理上的切近和情绪上的切近。

地理上的切近，就是所写的事情要与我或者我所在的群体有关；情绪上的切近，就是我能够与这个故事产生共情；而其中影响最直接的还是时间上的切近，这也是一种天然的偏好。我们会想要看到更新鲜的事情，因为新的事情可能与我有关，可能指导我的生活；而已经发生很久的事情，即便它曾经非常重要，也与我的生活相关性不大。这里也有句题外话，旧闻并非不吸引读者，只是新闻的受众光谱可能覆盖得更广，这也是新闻业的基础。

那么，在《洛杉矶与大山的对峙》这篇的前 22 页，麦克菲就有意建立这个故事对于读者的时间切近性。

不过，他的方式不是给出时间，而是隐藏时间。我们一般强调，写稿子要在最开始就把时间、地点、主角交代清楚，但是在这个故事里，作者却一直没写泥石流到底是哪年发生的。为什么呢？麦克菲很快就在书中解释了，他说：

讲述上面这些故事时我都没有提及确切日期，我希望给人留下这样的印象，即泥石流频繁发生，似乎永无终结之日——无论是暴发还是间歇期，圣加百列山的活动与人类的思维总是步调不一。

以上这段话最重要的作用，就是建立了这个故事对于读者的时间切近性。

这本书出版于 20 世纪 80 年代，如果他告诉你这个事情发生在 20 世纪 70 年代甚至 20 世纪 60 年代，读者会有什么感觉？读者会觉得这个事情特别古老，灾难确实曾经发生过，但跟我没什么关系。可是隐去了时间之后呢？说明这个灾难之前暴发过，之后仍有可能继续暴发。这样一个简单的技巧，一下子就让读者感到危险环伺身边，紧张感出现了。读者会想，那洛杉矶人该怎么抵抗这种危险？或者说他们到底有没有成功解决这个困境？带着这样的问题，读者就会一头栽进麦克菲的故事中去。

所以，我甚至觉得这是前 22 页最精彩的一个技巧——不在于写了什么，而在于没有写什么。

当然，有些作品，按时间顺序来写也非常经典，但你看，就连麦克菲也在尽力避免写得过于古早或者按照时间顺序由古至今有条不紊地写完自己的故事，那我们也不妨试试打破时间顺序。

那有什么方法能打破非虚构叙事的时间顺序呢？

我曾经读过一位美国非虚构作家的书，他是这么解释"非虚构"这个概念的：除了虚构，你可以使用小说的一切技巧。麦克菲也说："作为一个非虚构作家，你无法改变事件发生的时间顺序，但……你拥有使用倒叙的自由，只要你觉得它在呈现故事方面说得过去。"

也就是说，我们可以通过不同的叙事结构，来打破非虚构的时间顺序。为此，我也结合《控制自然》给大家总结了四种叙事结构。

这里解释一下，之前我讲到元结构，现在又讲到叙事结构，你可能会觉得有点难以区分，我们这么来理解它们。怎样盖一栋房子呢？你要搭地基、主体砌筑、封顶等，无论你建什么样的房子，都少不了这几步，这就是所谓的元结构。但是，你要建哪种风格、哪种用途的房子？建一座写字楼和建一栋度假酒店，细部的设计和构造肯定会不一样吧？这就是我接下来要说的四种叙事结构：环形结构、旅程结构、意象结构和双线结构。无论使用哪一种，都要解决"是什么、为什么、怎么办"的问题，但是你可以设计不同的风格来解决。

第一种是"环形结构"。

在平常的写作中我们可能很少有机会碰到这种结构，但这种结构形式说起来并不复杂，也就是从首尾上看，故事形成了一个闭环。

《洛杉矶与大山的对峙》这篇的结构就是"环形结构"。麦克菲先写了泥沙从山上滚落，人们用尽办法抵御泥沙，而最终，竟然又因为无法处理地面的泥沙，而不得不将它们运回到山上——这是一个令人啼笑皆非的终局，也是一番完整的环形叙事结构。

一般来说，结构形式仅仅是用以调动读者阅读兴味的一种工具，但是在麦克菲的笔下，你会发现结构本身被赋予了意义，正是这样一个类似循环的结构，说明了人类试图控制大自然的野心显得多么不堪一击。

那么这种结构可能适用在什么类型的故事里呢？

首先就是像《洛杉矶与大山的对峙》这种。环形结构能表达具有徒劳感的故事，有点像西西弗斯推石头上山，他不断地将巨石推上去，这些石头掉落下来，他又要推上去。其次，在一些关于突发事件的报道中，你也会看到这种结构。故事往往从一个平静的段落开启，然后进入暴风骤雨般的突变，最后回到一种表面的平静，但实际上一切都被改变了。甚至有很多作品的结尾回到了悲剧发生前的时刻——那么平静，人们还不知道悲剧将要以一种残忍的方式到来。这样的结构会传递出一种命运的无常感。

第二种是"旅程结构"，由一个主线故事和若干插叙的支线故事组成。

整体去看，整个故事还是以"是什么、为什么、怎么办"为基础，但是有一段旅程作为线索从头穿到尾。如《犯罪心理》一类的美剧，用的就是旅程结构，每一季都有一个贯穿始终的主线案件，但每一集也会解决一个独立的小案件。

李海鹏老师在 2003 年写一辆出租车在北京秋雨后所遭遇的拥堵路况，聚焦于公共交通这样一个大话题。你会不断看到，京 B-85007 从在堵车，被加塞，到干脆关闭了发动机，再到道路的突然疏通，京 B-85007 再次行驶在车流中。这个行程看起来并不怎么特别，但是作者将行程与公共交通的历史、现状、数据、问题交织缠绕着写，就为这样一篇短短的、本来以解释性报道为主体的报道，赋予了文学性。这就是典型的旅程结构。

为什么要使用这样的形式？因为特稿毕竟不是电影，你不能虚构高潮或极端情况，你必须有化平凡为特别的力量，才能紧紧抓住你的读者。而旅程结构的主线，就是一条吸引读者跟着你一起去探索的线索。主线的故事未必是一个很重要的故事，但是它会让读者想知道，这个旅程下一步会到哪里，又会遇见什么新鲜事。它就构成了一条动线。

第三种是"意象结构"，跟"旅程结构"有点相像，但并不相同。

在意象结构里，反复出现的不是一条主线，而是一个实体物，也是一个象征。

比如，包丽敏老师的代表作《无声的世界杯》写了这样一个故事：一些建筑工人发现工地对面的夜总会大门的上方有个大屏幕，而当时正值世界杯比赛期间，他们就通过这块没有声音的大屏幕来看世界杯。在那篇稿子里，反复出现的大屏幕就是意象。

在意象结构里，最著名的就是普利策特稿奖的得奖作品之一《凯利太太的妖怪》。包丽敏老师在她的先导课中也提到过，写的是一名神经外科医生给一位患有畸形血管缠结的女士做手术，并最终失败的故事。

这是一篇典型的、对读者来说有阅读门槛的特稿，因为大多数人对脑部手术不会感兴趣，就算你感兴趣，也很容易被那么多的专业术语吓跑。于是作者采用了一种技巧，将凯利太太的疾病拟人化了。说到畸形血管缠结，读者可能记不住，作者干脆就把它叫作妖怪。因此，妖怪就成了一个意象，它在稿子里不断出现。

意象结构需要你在每一个小标题的开头都提到这个意象，而且，虽然这个意象大部分时候是一个名词，但你需要让它更加生动。比如，凯利太太的妖怪是一个病灶，怎么让它变"活"呢？开头段落有一句话："57年来，妖怪一直躲藏在凯利太太的头颅里。"结尾写："妖怪获胜。"作者就这样将妖怪拟人化了。如果你找的意象不适合做拟人化处理，比如一棵树，那你可以怎么办呢？你可以将树放在一个流动的环境中。比如，它在不同季节、天气的变化，它周边花、草、鸟、兽的生长等。

回到妖怪这个意象，它出现的作用是什么？它在帮助读者用一种更容易的方式进行阅读。即使是在这么复杂的题材下，妖怪给人一个容易理解的把手，它吸引着读者往下走。

第四种是"双线结构"。

在所有的结构里面，这是比较困难的一种，平常使用的人也不多，但是很值得一提。大家想象一下 DNA 的双螺旋结构图，双线的叙事结构也大抵如此。它意味着双主角，这两个人的立场通常是对立的，或者他们的故事是对立的，但是在这种戏剧张力里，两个主角都变得更立体了。

我曾经采访过作家梁鸿，她现在是中国人民大学的老师，她最著名的是写梁庄——她的故乡的一系列作品。在那些作品里，她既是回望家乡，也是作为一个学者看向乡村。但去写一个作家，特别是非虚构作家，要面对很多困难。首先，最好的故事都已经进入作家本人的作品；其次，写作属于思想劳动，因为缺乏动作，很容易让故事显得静态。

我跟梁鸿老师聊天的时候，她提到了自己儿时的一个朋友——小柱。她和小柱是一片土壤上生长的两棵作物，有时运，有必然和偶然的因素，她后来一路读书，而小柱，一个活泛的、有想法的打工者，却在还很年轻时就病逝了。"我们从同一条路上出发，但是我却看着他越走越暗"——她像是在说村庄，也像是在说小柱。所以其实我要写的并不是作家的故事，而是通过梁鸿老师和小柱的故事，写一个群体的无力感。

双线结构在操作上有两个难点：第一个难点是，你需要找到跟你的第一主角足够匹配的第二主角；第二个难点是，你是否能按照双螺旋结构来安排材料。有的作者虽然有这个想法，但现实的材料不允许。比如，第一主角采访得特别充分，第二主角的故事却很稀薄，那就没办法完成双线结构。这个也是选择谁来做第二主角特别重要的原因，你得找到合适的、能够一直"双螺旋"下去的人。

以上就是元结构和四种细分的叙事结构。当你了解了结构的基本原理后，怎样挑选素材并最终砌筑成一篇稿件，其实也是一个重要的难点。这部分的内容我将放在第三节课展开，因为它不仅是搭建结构的技巧，更是麦克菲的一种科学的写作方式，可以帮助我们更轻松，也更可持续地写作。

要点回顾

这节课，我从《洛杉矶与大山的对峙》这篇中，拆解出一个适用于绝大部分写作的"四段论"元结构：是什么、为什么、怎么办、终局。这个元结构并非只能用于科普类写作，它的应用范围非常广，写人、写事都可以用。

另外，我围绕"四段论"元结构，介绍了一条呈现结构的规律和四种叙事结构，也就是要尽量拒绝时间顺序，避免写得过于古早或者按照时间顺序由古至今有条不紊地写完自己的故事，而是可以试着用环形结构、旅程结构、意象结构或双线结构来呈现。

课后思考题

试选一个你想写的选题，基于现有素材，根据"四段论"元结构列出写作大纲。

02 故事细节：如何获得并筛选细节，让故事攫住读者的心

一个好的故事，除了结构，还需要成千上万的细节来填充。细节有多重要呢？从我入行开始，《冰点周刊》的前辈们就告诉我，细节就是特稿的生命。麦克菲也在自己的书里写道："一千个细节叠加，形成一个印象。单个细节（如果有的话）不足为要，而集中展示细节则绝对重要。"可以说，细节决定了一篇故事是否能够牢牢攫住读者的心。

在之前的课程里，包丽敏老师分析了《江城》是如何运用细节流的，那么这节课，我在这个基础上，再结合《控制自然》的第三篇《冷却熔岩》，来和大家具体讲讲麦克菲是如何获得并筛选细节的。

我选择《冷却熔岩》作为这节课的阅读范本，就是因为我认为在三篇报道中，这篇故事的可读性最高，而恰恰是细节铸就了这种可读性。不过回到我们课程的初衷，我的任务并不是来标记哪些细节值得细读、推敲，而是要跟大家结合范文一起分析，什么是细节，这些细节从何而来，哪些是有效细节，哪些是无效细节，我们又该如何筛选。

什么是细节

对于"细节"这个词，我相信大家都不陌生，但是当进入"非虚构"的语境时，当我们自己去采访的时候，我们可能就会感到很迷茫。到底什么是细节呢？至少我曾经很迷茫。我本科的专业是中文，不是新闻，在进入《冰点周刊》工作之前，我连什么是特稿都不知道。入行以后，每一次选题会，大家都会讨论细节如何如何，我听起来

却像是云山雾罩。

直到一次很偶然的机会，我学到了细节是什么。那时，我们部门的两个同事秘密恋爱了，直到领证的那天才告诉我们。我们都十分震惊。那天晚上大家聚在一起，为他们庆祝，也想借机八卦一下。主编想出了一个非常有"创意"的游戏，让我们每个记者向他们提一个问题。到今天，我已经不记得我提了什么问题，但是我清楚地记得其中一个前辈提出的问题是：

你们第一次拉手前的一分钟，说了什么话？

这个问题的答案，我如今也记不得了。但是这个问题本身给我带来了很大的震动，可以说我对"细节"这个概念的认识就是从那一刻开始的。我突然意识到，在这个恋爱事件里，如果你想要获得真正切中命脉的细节，那么对于一个特稿记者来说，好的问题绝对不是"你俩什么时候在一起的"，这个问题太单调了，无法引出故事。好问题也不会是"他怎么跟你告白的"，这个问题太大，不够精准，容易被采访对象含含糊糊地搪塞过去。而我的前辈的问题，首先抓住了一个确定恋爱关系的关键节点"牵手"，而他问的却是"牵手"前的最后一句话，这个问题极其精确，也很能反映确定恋爱前最后一刻的暧昧故事。

那么细节是什么？顾名思义，就是一些细小的情节。在非虚构写作上，细节虽微小却价值重大，正是细节构建了让读者与故事共情的可能性。我举个例子，我曾经看过一个写耳鸣的故事。我不知道大家有没有经历过耳鸣，但一般来说，对于病痛的痛苦，除非亲历，很难有共情的可能。那个故事的主人公长期耳鸣，她说自己自生病以来几乎没睡过一个好觉。但是写到这里，你可以感受到主人公有多痛苦吗？哪怕这时再加上一句主人公的直接引语。比如，"我每天都觉得特别痛苦"——读者也没法感同身受。但是这个稿子有意思的一点是，作者迅速补充了一个细节，他写到，有一天，北京风雨大作，大风吹得主人公家的窗户"咣咣"作响，这个声音甚至盖过了她耳朵内细小的耳鸣，只在那一晚，主人公睡了个好觉。

就因为这个小小的场景描写，让我增加了对耳鸣的感受，居然只有在这样的极端天气下她才能睡着。这比在你耳边重复一百遍"我快崩溃了"还要有效。

获取细节的方法

对于非虚构写作来说，细节不是凭空而来的，每个细节都应有出处，关键细节还应交叉核实。因此接下来这个部分，我就重点讲一讲，细节从何而来。

这里涉及我阅读时最重要的一个方法，就是当我看到一处非常好的细节时，我一定会把它标出来，然后反推作家是如何采访的，模拟他获得细节的全过程。这是一种很有效的训练，因为我们可以追溯到获取细节的技术层面。

我是怎么反推《控制自然》获取细节的全过程的？麦克菲又有哪些获取细节的方法呢？下面我就和大家详细说说。

首先，当我们通过提问的方式获取细节时，要与采访对象易位而处，提出初步问题。

也就是想象自己是采访对象，你在那样的环境下，可能会经历哪些遭遇，然后通过提问去求证。

这么说可能有些抽象，我们来看个例子。

在《控制自然》第 212、213 页的故事里，一艘渔船沉没后，船员格维拉格在冰冷的海水里游了 6 个小时后，侥幸逃生。6 个小时，几乎是一般人在这种冷水中所能承受的时长的 5 倍。

麦克菲是这么描述这个故事的：

成群的海鸟在黑暗中凄厉地叫着，徘徊在他们身边……23 岁的格维拉格通过跟尖叫的水鸟说话，努力保持着清醒。他知道体温过低的初期症状之一就是神志不清，如果他变成这样将必死无疑。他一直看着岛上的灯光，他更喜欢仰泳，但他觉得这样颈背会丧失更多的热量，所以他长时间地面向水面游泳，他游了大概 6 个小时——这几乎是一般人在这种冷水中能承受的时长的 5 倍。

这短短的 100 多字，其实有很多细节，如海鸟徘徊、船员通过和水鸟说话以及看岛上的灯光来保持清醒、用面向水面的姿势游泳等，那麦克菲是如何获得这些细节的呢？

我们可以尝试着反推一下麦克菲采访时的提问和船员的回答。

比如，麦克菲可能会问："你在海水里有没有觉得很冷很困，怎么能让自己保持精神？"船员告诉他，自己会跟水鸟说话。

"跟水鸟说话？那么黑，你怎么知道水鸟飞过了？"船员说它们一直在我周围徘徊，尖叫。

其实我觉得，如果麦克菲问问他说了点什么会更好，也有可能麦克菲问了，但是答案并不够戏剧性，所以他只保留了水鸟徘徊、尖叫的细节。

接着，麦克菲可能会继续问："还有其他的方法让自己保持清醒吗？"船员说："我会看岛上的灯光来集中注意力。"

"你怎么游泳，自由泳，蛙泳？""两者都有，但是我平常其实喜欢仰泳。"

"那为什么这一次你没有仰泳？""因为我觉得颈背部需要保持热量。"

这是我反推出来的麦克菲的采访过程。如果我们幸运的话，遇到很擅长讲故事的采访对象，那一段就很可能是采访对象一气呵成讲出来的。但大多数时候，我们没那么好的运气，需要像这样，提出很多精确的问题，帮助采访对象去还原现场。

而通过反推麦克菲的采访，你会发现，在这段对话中，他最开始的提问可能是"你如何让自己保持清醒"，而这个提问麦克菲是怎么想到的呢？就是把自己想象成采访对象。你想，如果你是那个船员，落水了，你会干什么？会想着求生对吧？但在冰冷的水中游泳，很有可能失温、丧失意识，那怎么样才能让自己保持清醒呢？

把自己想象成采访对象，想象自己在那个场景下会经历什么，然后你的采访问题，从求证这些经历切入就好。这就是与采访对象换位思考，这样做，你会提出更精准的问题。

其实不只是麦克菲，我在阅读非虚构书籍的时候，发现很多记者、作家，都会用这样的方式来获取细节。

比如，我非常喜欢读《巴黎评论·作家访谈》这一套书，每一次我写不出稿的时候，都会去看看《巴黎评论》，找找语感。从这里面，我也看到了记者提问时会把自己代入采访对象的情境中。

比如，海明威是站着写作的，书里有一段这样的描写：

清早起床后，海明威会全神贯注地站在读写板前，唯有将重心从一只脚换到另一只脚时，才会挪动一下身体。

这段很简短，但十分生动。我们可以设想一下，以海明威的个性，难道会当着一个记者的面写作吗？肯定不会。那记者是如何惟妙惟肖地还原出了这个现场的呢？我们所能做的也是去推演当时的采访过程。

海明威站着写作尽人皆知。如果我是海明威，我站着写会不会累呢？我会不会在写不动的时候、写得不顺利的时候在屋里踱步呢？或者我坐一会儿？那么海明威可能会告诉记者——不，当我开始写作后就一动不动，顶多换一下脚而已。

所以，在获取细节时，把自己代入采访对象的情境中非常重要，只有这样，你才能提出第一层问题。

其次，在获取细节时，我们要用五感去采访。

说到采访，大家的脑海中往往浮现一种画面，那就是两个人面对面地交谈。但事实上，这仅仅是特稿采访的一部分。过去我在《冰点周刊》工作的时候，编辑老师们最强调的一点就是"用五感去采访"。什么意思呢？就是除了你问到、听到的素材，你看到的、闻到的、摸到的或者踩到的，都是素材。所以我常常觉得，文字也可以塑造出 3D 甚至 4D 的效果，因为你可以调动一切感官来帮助你收集信息，而这些信息出现在文字里，就可以为读者塑造出一个丰富的世界。

回头看看《控制自然》，你会发现很多细节都能调动我们的五感。

比如，麦克菲到熔岩现场后的一段描写：

夸张地说，我们脚下的地面就像花生糖一样，你不知道下一脚踩下去会发生什么。岩石碎裂，你会陷下去。

"地面像花生糖"，这就是触感采访。

再来看这一段：

四层楼高的宾馆墙体上半截的壁画是由 12 岁的学生在 1977 年绘制的……壁画描绘的是 1973 年 1 月 23 日黎明时分的情景，当时这些小画家不过七八岁，他们的生活发生突变。码头上，人们拎着行李箱跑向等候的船只，整个码头停满了车。画面的背景是黑尔佳费尔（圣山），这座古老的火山静立着，一道火墙映红整个夜空。

这些画面信息，生动地还原了当时火山爆发、小岛居民逃难的场景，这就是视觉采访。

这里也拓展一个要点：当我们去采访很多事件，特别是突发类事件的时候，你会发现很难仅仅通过口头采访确定核心信息的准确性，人的记忆，特别是突发状况前的记忆，很容易出现偏差。那么这时更可靠的信息源是什么？是图片和视频。面对面的采访很重要，但收集准确的信息同样重要。在 AI 绘画流行的今天，我们要学会收集一手影像素材。

所以，我也建议大家在采访的时候，多使用手机拍照或者录像。我往往会录一些空镜，里面没有人，但是有环境，有土地的颜色、树的样貌、远近的声音，这些能帮我回忆起当时的细节。我们不可能到写稿时还能记住所有素材，但可以通过一些技术手段来保存。

最后，在采访时，也要去特殊地点、特殊人物中寻找细节。

当我们开始沉浸到对细节的采访中时，你往往会发现，你面前的细节不是太少，而是太多了，但是多并不意味着质量高。100 个平庸的细节，不如1个经典的细节。那么应该去哪里寻找真正有价值的细节呢？

除了常规采访，我们还应该特别注意去特殊人物、特殊地点中寻找细节。这也是麦克菲在《控制自然》里常用的方法。

比如，在火山爆发时，我们的第一反应是去找当地的居民进行采访。当然，这没有错，但是如果论信息浓度的话，仅仅采访居民还不够。那麦克菲是怎么做的呢？

读了《冷却熔岩》后，你会发现麦克菲还去找了一些特殊的人，他们曾经与熔岩近距离地交锋过，如喷水的人、作战指挥官等，还有一个开推土机推平渣块熔岩的人。为什么这个人很重要？因为一个小镇居民完全没可能近距离地接触熔岩。正是这个开推土机的人告诉麦克菲，"推土机的钢制履带板常常会因为过热而变成深蓝色"。除了这个司机，又有谁能描述出这个颜色的变化，并说明熔岩令人恐惧的高温和危险呢？

麦克菲甚至还写到了一个模特："一个时尚模特降落在岛上，以交相映衬的黑色火山灰和烈焰为背景拍了几组照片，然后收工飞走了。"这个细节其实鲜活地说明了外界对于火山爆发的猎奇和旁观心理。

那么，去哪里找特殊人物呢？在不同的故事里，特殊人物肯定也不一样，但是有两个维度供你参考。第一，距事件本身最近的人，这个类型的采访对象能推进故事的深度。刚才推土机司机的例子就能说明这一点了。第二，看起来距事件最远的人，大家都认为跟这件事没有关系却恰恰出现在其中的人，这个类型的采访对象能拓宽故事的广度。上面所说的模特到岛上拍照就是很好的例子。

莫言获得诺贝尔文学奖时，我曾经写过一篇稿子叫作《寻找高密》。高密是莫言的故乡，他生活的地方，也是他的小说里最常出现的地点。我当时去了莫言老师村里的老家，理所当然地没有见到莫言老师，但是我见到了谁呢？一个风水先生。我当时是这么写的：

一位风水先生。他将墨镜反戴在后脑勺上，脚下穿着双蓝色塑料拖鞋。"老先生，恭喜！"他走过去，自来熟地握住管贻范的手，四周打量起来，"我是一路摸过来的。您这里，可真是个宝地啊！"

这个细节是否出现，在本质上不影响故事本身。但是好几个同行都跟我说，这是他们觉得最有意思的一个细节，因为它特别戏剧性地写出了一个新闻怎样迅猛吸引了形形色色的人。

说完特殊人物，那特殊地点又是什么？

我们可以回看一下第一篇《洛杉矶与大山的对峙》，在泥石流发生时，很多故事是我们可以想象的，但有的故事也许是超出想象的。在第8页，作者就找到了一个特殊地点——公墓。他是这么写的：

墓园中安息着很多伟大人物，其中两个墓碑上刻着"海勒姆·F.哈奇，中尉，密歇根第六步兵团"……在一场泥石流中，他们得以保全，但很多战友却被冲到地势较低的地方。那次，总共有35个灵柩被冲出墓园，带到山下。

正是在这样的特殊地点，泥石流带来的破坏性、生死之间的唏嘘感，被更充分地呈现了。

又如，在先导课中我曾提到的一篇普利策特稿奖作品《恩里克的旅程》。当时那个记者想找一个偷渡客，但是她的可采访对象不是太少，而是太多，究竟该怎么筛选出那个恰当的人？这里的关键技巧就在于，她没有像大多数记者一样，从自己的生活网络中找，也没有去过往的报道中找一个既适合又还未被过度挖掘的故事，而是来到了美墨边境线，找到了一位即将偷渡入境的少年。这就是特殊地点的价值，在这里你能找到戏剧张力最强的故事。

对于特殊地点的寻找维度，跟特殊人物一样，既应有最接近核心事件的地点，也应有最远离、最意想不到但事实上高度相关的地点。

如何筛选细节

当运用了以上几种方法，在经过成体系的采访后，你会发现自己拥有了大量的细节。但是正如麦克菲所说："写作是一个选择的过程……我在做笔记的时候，毫无偏见地囊括进了很多东西……随后，到了写作阶段，选择的面更为窄小。"

在我看来，初级的非虚构写作者，成功与否往往在于是否占有足够充沛的素材；而进阶的写作者，成功与否的关键是能否对素材做好取舍。

所以，在这节课的第三部分，我再结合《控制自然》，来和大家说说，要如何筛选细节。

通常，我会将细节分为有效细节和无效细节。

什么是有效细节？有效细节应该是高度精确的、极具画面感的，或是既让人意想不到，又在情理之中的。什么是无效细节？不能够为读者建立画面感而服务、不足够具象的。

让我们一起来看看第 254 页的一个故事。小岛原有一座山，结果在火山爆发后，又拔地而起了一座新的山。接下来出现了我非常喜欢的一段：

在镇议会的拉赫斯会议厅里挂着一幅巨大的画作，画上的人脚蹬橡胶长靴，头戴针织帽，走在波尔基里德大街上，道旁是半掩的火山灰里的房屋，背景则是两座山。另一面墙上的画里则是18世纪的情景：纵帆船停泊在港口中，岸边有几十栋房屋，山只有一座。

在这段里，首先出现了我非常喜欢的部分，也就是故事不是靠口头采访得来的，而是通过观察得来的。从人们的观看、回忆，变成了画作的呈现，这样就转换了叙述的视角，也调整了写作节奏，不会让读者陷入一路陈述到底的疲惫感里。其次，这也说明作者富有观察能力，见微知著，可以用一个如此微小的细节呈现小岛地貌的变化。

那么在这段描写里，除了山，麦克菲还描写了第一幅画上的人，这是不是无效细节？在我看来，不是。写一个主角，不能只孤零零写一座山，细节的作用是让你要呈现的对象被包裹在环境之中，让故事变得丰饶。

同样，如果用"穿着厚重"来替代"脚蹬橡胶长靴，头戴针织帽"，可不可以？写作者常常会做这样的处理。简单来说，不是不可以，只是不好。绝大多数情况，细节越具体越好。他是否穿戴厚重，请交给读者去判断，这是读者可以做到的。但如果想要让读者从"穿着厚重"联想到"橡胶长靴、针织帽"，那无论如何也做不到。所以在我们的写作中，一定要注意避免将真细节写成了假细节。比如，"那是一双又大又蓝的眼睛，一种淡淡的发暗的蓝，像知更鸟卵一样的颜色"——这是一句经典的细节呈现。但如果改成"那是一双漂亮的蓝眼睛"，语言是多么寡淡无味啊！

细节是否有效，有一个检验标准，也就是当这个细节出现的时候，读者在头脑中是否能形成一个画面。

要点回顾

这节课，我讲了一个好细节可能从一个好问题而来，而要想通过提问获得好细节，我们可以从麦克菲的书里学习三点：一是把自己想象成采访对象，想象如果是你在现场，你会遭遇一些什么，然后去求证；二是用五感去采访，记录你看到的、听到的、闻到的、摸到的或者踩到的素材；三是去特殊地点、特殊人物中寻找细节。此外，我还讲了如何筛选有效细节和无效细节。希望通过这节课的学习，你对如何筛选和获取细节，能有更多的了解。

课后思考题

请你在《冷却熔岩》中找一段让你印象深刻的细节，试着反推一下，作者是如何采访才获得这些细节的。

03 写作深耕：如何像麦克菲一样，成为写作的长期主义者

下面我想通过《控制自然》里的第二个故事《阿查法拉亚河》，讲述一个听起来有些抽象的主题——做写作的长期主义者。

什么是长期主义者呢？有一种说法，长期主义者是基于长期的目标或结果而行动的人。但在非虚构写作的语境里，怎么去理解这个词？

从事这个行业的人，往往会遇到两重困境。第一重是体力上的疲惫。马尔克斯将写作形容为一种"木工活"，麦克菲说写作是一

种"令人心碎的、自我奴役的劳动"。我们身为职业的作者，很多时候需要在短期内完成一篇稿子。我听到记者最多的描述就是，"我知道还应该写哪些哪些内容，但是我真的写不动了"。确实，我们写到最后感受到的往往就是体力的完全耗尽。

第二重则是精神上的疲惫。曾经有很多记者跟我表达过自己的困惑，他们大多工作了两三年、三四年，这个时候特别容易进入一个职业倦怠期，甚至是自我怀疑的阶段，他们开始困惑于未来的职业路径。我不止一次地听到记者告诉我，"我对所有选题都失去了兴趣""我不知道我想写什么"。这确实也很容易理解，大部分非虚构作者往往供职于媒体机构，首要的任务是完成所在机构的工作，选题常常需要跟从新闻热点，彼此无关且跳跃性强。

这就产生了一个尴尬的现状。很多人进入这个行业的时候怀抱着强烈的热情，在稿件发表后也获得了很多正向反馈，但是慢慢地，他们还是会感到疲惫、倦怠，无力再专注于写作本身。我看到很多同行转行了，老记者也不再那么多了。像我自己，我虽然还在这个行业里，但是我其实也很早就离开了一线，不写了，成了一名编辑。今天想来，我或许跨过了那段最疲惫的时期，我或许仍然对写作充满热情，但是可能错过了持续写下去的最好时机。

写作本不应该如此。它既不应该仅靠激情支撑，也不应该被持续地消耗。所以如何用一种长期的价值去规划自己，就显得尤为重要。

那要如何成为一名写作的长期主义者呢？也许，《控制自然》中的这篇《阿查法拉亚河》会给你一些启示。

持续关注某个主题

要成为写作的长期主义者，首先你要持续关注某个主题，有一个连续的写作图谱。

在《控制自然》的三个故事里，最早开始进行的其实是《阿查法拉亚河》这篇。这篇讲述了一个名为"工兵团"的组织试图控制世界第四大长河密西西比河河道走向的故事。跟另外两个故事一样，这里面也描述了"人定胜天"的必胜信念在面对自然时的尴尬处境。

而麦克菲最早接触到这个选题，是在 1980 年。当时麦克菲和他的女儿，以及一个朋友，在这条河上进行了一场独木舟之旅。他发现了这条河的与众不同之处，并进行了一些采访。后来有一篇书评里面写了一句很有意味的话："对于一般记者来说，这些素材已经足够写成一篇好稿子了，但对于麦克菲来说，这还仅仅是个开始。"

这也许就是一个秉持长期主义精神的写作者的长远规划——麦克菲以一种穷尽式的风格不断拓展着采访的维度，从他开始对这个故事感兴趣，到这个故事真正发表，其间过去了 7 年的时间。直到今天，在诸多关于密西西比河及阿查法拉亚河的报道或研究里，仍然频繁地引用着麦克菲当年的论述。

但麦克菲并没有止步于《阿查法拉亚河》。

在阿查法拉亚河采访时，一位工程兵团的地质学家告诉麦克菲，如果他真的对这类控制自然的主题感兴趣，可以去了解一下洛杉矶旁边的圣加百列山，并推荐他与一位名叫凯勒的地质学家取得联系。这也就带来了我们所看到的《洛杉矶与大山的对峙》这个故事。

而在凯勒与麦克菲聊天时，凯勒又告诉他："如果你对写这样的故事感兴趣，你应该考虑一下发生在冰岛黑迈岛上的火山喷发。在那里，人们用消防水带与红色熔岩搏斗。"于是，麦克菲又获得了自己的第三个故事。

这就是《控制自然》这本书的写作历程。

在他漫长的写作历程中，这种接续性的创作并非孤例。他的写作历程中频繁发生这样的故事。他曾经为了写一个故事，乘坐一艘商船前往智利的瓦尔帕莱索以及各种港口。这个故事发表之后，一个卡车司机读到了，并给他写了一封信："你为什么不和我们一起上高速公路看看？"5年后，麦克菲在佐治亚州跟这位卡车司机见面了，对方开着一辆油罐车。他对麦克菲说的第一句话是："如果这趟旅行不适合你，我会把你送去下一个机场的，不用担心。"但是那是一趟很棒的旅程，麦克菲再次收获了一个新的故事。

你可以看到，麦克菲的写作图谱是连续的，是互为辅助和推动的，而以上这些不过是他坚持长期主义写作的一个小小例证。

麦克菲在建立写作图谱的过程中，有几点特别重要。

第一，要从自己的好奇心出发，寻找自己真正感兴趣的领域。

对一个事物感到好奇，才会催生一个好作者。我还是以麦克菲为例，他曾不止一次地提到童年对自己一生写作的影响。他的父亲是普林斯顿大学的一名医生，暑假的时候会去佛蒙特州一个名叫凯威汀（Keewaydin）的营地做医生，所以麦克菲也是那个营地的常客，他在那里划独木舟、钓鱼、远足。这些丰富的活动此后也部分地构筑了他写作的主题。

因为长久的热情，你才会感到你的写作是真正为自己而写，从而获得更多动力。就像我在先导课里提到过的，麦克菲每年还会有两次固定的出行，与《纽约客》的同事一起去钓鱼。他保留了一份日记，其中记录了所有与钓鱼相关的细节，不仅包括他钓到的每条鱼，还包括鱼的性别、体重，以及他每天钓鱼的时间、水温和河道中的水流情况。麦克菲的作品绝不可能是一蹴而就的，它必定需要长久的准备。因此，如果像麦克菲一样，可以将自己的志趣与事业相结合，那么就事半功倍了。

过往的经历影响了写作者的写作主题，这其实并不罕见。比如，《人物》杂志发表的一篇很受关注的故事——《平原上的娜拉》，作者是安小庆。这个故事的主人公叫刘小样，是一名普通的农村女性，但是她一直不甘自己受困于贫乏的世界，于是很意外地，她登上了央视专注于性别话题的《半边天》栏目，成为其中一期节目的主角。这个节目是很多年前播出的了，但是 2020 年，小庆找到了刘小样，对她做了一个全新的采访，去呈现刘小样现在的生活与困境。我非常推荐大家花一点时间去读这个故事。

小庆后来在《随机波动》上录了一期播客，讲述了自己为什么想做这个选题。她其实是在初中时，一个周末的半夜，背着妈妈偷偷看电视，看到了刘小样的那期节目。那时候小庆生活在凉山，她和刘小样的年纪不一样、身份不一样，地理位置也不一样，但是她觉得，她们之间的不安和渴望是相似的。这么多年过去了，她没有忘记刘小样给当时的自己带来的精神碰撞，她去找《半边天》的主持人张越，做了一篇报道，接下来又花费很大的力气去寻找刘小样，并呈现了一个那么令人震动的故事。

所谓念念不忘，必有回响，这句话可以描述非虚构对于写作者的迷人之处。

当然现实是，很多时候你没有这样的"命运之题"。我觉得这很正常，因为我就是这样。所以我特别感谢能够进入一个专业的机构，在这里我能够得到编辑的业务训练，也有同伴的情感支持，有机会不设限地去接触选题。这将成为你寻找自己真正兴趣点的一个重要契机。

年轻的写作者经常会感到被机构牵领，把时间消耗在了一些也许自己并不感兴趣的选题中，但是一旦你找到自己的兴趣点，就有机会开始主导你的选题。打个比方，动物和动物园过去在新闻领域肯定不能算热门话题，但是如果你很感兴趣，你能从中发现非常多的选题。而当你能够为机构提供稳定的选题来源时，就像麦克菲把地质学这个听起来毫无趣味的领域引进了《纽约客》一样，你会发现，在选题上你开始有了自己的主导力。

就像一篇书评对麦克菲的精准描述那样："如果你对任何特定主题进行足够深入的挖掘，你不仅会发现闪闪发光的欣喜若狂的真理的珍贵宝石，还会发现一个由洞穴、隧道、地下组成的秘密系统将每个事物与其他事物无限联系起来的段落。"

第二，深耕自由领域，不为传统的分界所束缚。

当我们说深耕一个领域时，我们往往会进入这样一种分类方法，也就是把选题划分为公共卫生、出行、文化，或者地质学等。这个分类方法的本质是，在一个专业领域不断拓展，只要你能够积累足够的专家资源和学术储备，你将来也可能变为该领域的专家。

但是不是也有其他的分类可能呢？

我建议大家也可以尝试对主题进行分类。今天的读者为什么要去读一个非虚构故事？我想除了获取信息之外，阅读非虚构故事还有一个非常重要的功能，就是提供某种情绪价值。你的故事要让更多人理解、共情，让读者觉得他有一个哪怕非常微小的、微妙的情绪，但他不是一个人。

所以我们可以将《平原上的娜拉》视为女性的故事，但实际上我更愿意将之视作"计划出走"的故事。那么出走的故事也不只会在刘小样身上发生，它可以发生于女性，也可以发生于男性，可以发生于老人，也可以发生于少年。正因如此，刘小样的故事就有了更广阔的意义。

如果你将主题放在文学的层面上，你会发现一个与刚才所说的新闻层面上完全不同的分类方法，分类不再是财经、教育、卫生……而可能是孤独、出走、失败，就像盖伊·特立斯就曾专门为各种失败者写过一本书。而麦克菲所创作的作品，我们可以说这几本是关于地质学的，但是在文学意义上，他的主题都是人在面对自然时的渺小。

以科学的方式去写作

除了建立自己的写作图谱，要成为一名写作的长期主义者，你还需要以科学的方式去写作。

最近我和一位年轻的作者聊天，他提到了一个问题，就是当采访完，获得了许多素材之后，该如何形成一篇稿子。我就问他过去是怎么写的，他说基本上就是想到哪儿写到哪儿，后期就会特别疲惫。甚至，不只写一万多字的稿子会让他觉得很累，就连四五千字的稿子，写完也会很累。

为什么会累？因为在这样的写作中没有使用科学的方法，而是消耗自己的激情和直觉。这样写出来的作品并不会差，但是长久地写下去，可能过度消耗自身。职业写作者应该尽力避免这样的状况。

那么怎么样才能够以科学的方式去写作？

首先，我们得回到大纲的重要性上来。在麦克菲的写作历程中有两个要素不得不提，一是"结构"，二是"卡片"。

他会先对采访笔记加以研究，然后从中提炼关键词，再将能构成一个故事的两三个关键词，写在一张卡片上。他会制作几十张卡片，来回移动这些卡片，尝试哪张卡片在前，哪张卡片在后，并最终理出一个完整的结构。接下来他所需要做的，就是按照这样的结构去写作。

麦克菲的这种方法，对于大体量的采访来说非常重要。

早期在我写一些新闻性比较强的报道时，我的前辈曾经告诉过我："你不需要总是去翻自己的采访记录，你只要去抓住那些让你牢牢记在心里的故事片段就可以了，采访记录是用于最后核查事实的。"也就是说，在一些逻辑比较简单的故事里，我们完全可以凭借本能去写作。

但是，当逻辑不是简单的递进关系，而是缠绕的、复合的，甚至混杂的时候，本能就会失灵。有一次，我写一位导演的故事，他的书很多，此前关于他的媒体报道也很多，我对他和周边的采访对象所做的采访也很多，我获得了极其丰富的信息，丰富到我什么都记不下来了。这时该怎么办？

首先要做的是在写作前重新阅读你所有的素材，整理它们，把任何打动你的引语啊，故事啊，逸闻啊，就算是那些不是直接相关的故事，都标记下来。这个时候就凭借本能去做标记，因为最后你不知道自己到底会用到哪些故事，不要做过度的筛选。

当你重新看完素材后，你肯定已经获得了自己的主题，甚至早在采访进行之中你就已经对主题有感知了，接下来就开始安排结构。我当时先在纸上写个草稿——我要有 6 个小标题，每个小标题依次是什么中心或者关键词。接下来我就把标记好的这些素材依次分配到各个小标题里面去。

麦克菲对于写作的本质有一个很特别的论点，他认为写作的本质是"选择"。"为了一篇文章的开篇，你得选择一个词语；在这种语言的一百多万个词语中，仅仅选择其中一个。好，接着写。下一个词又是什么？下一个句子呢？段落呢？小节呢？章节呢？下一件事情。什么东西写进来，由你选择；什么东西不用写，由你决定。"

麦克菲的这个卡片写作法，其实就是解决了"选择"这个本质问题，他将这一关与真正的动笔分离了，前置了。所以如果你想要使用这种方法，你可能会发现前期所需要消耗的时间非常长。但是这将带来两个优点：

第一，你基本不会遗漏重要细节。

我在编稿子的时候，有时也会去看记者的采访速记，然后就会发现有大量的好细节被遗漏在了速记里。为什么会这样？因为写作，特别是长篇非虚构写作，往往是个持久战，在脑力耗费最多的时候，你会发现你最需要的其实是体力。依靠记忆去发掘故事里的珍宝并不可靠，我们常常用一句"写不动了"来形容自己当时的状态。但如果按照麦克菲的流程来进行，你会发现好的细节都摆在眼前。

第二，你可以进入一种规律化的写作状态。

很多记者，包括曾经的我，都缺乏这种能力，我们可能会在限期（deadline）之前连写 10 个小时结束战斗，同时备受折磨。但现在你不需要一边写一边想：开头是什么、结尾是什么，这个小标题里哪几个故事应该彼此相连。这些是在你动笔前就已经安排好的，你所需要的只是全力复现这个故事。甚至每个小标题的内容分开写，也完全可能。

值得一提的是，麦克菲用科学的方式写作，并不仅仅在写作一个故事之时，也包括规律地安排自己的生活。

尽管很难做到，但是麦克菲在几十年来始终保持着这样的规律：自1975年以来他一直在教书，在任教的学期中，他根本不写作。当他写作时，他不教书。他认为这是"作物轮换"，并坚持认为轮换给他带来了更多的写作能量。

很难说我们能达到他这样理想的生活状态，但是我对于写作的看法是，既不能过度自我消耗，又不能仅仅停留于想象，而不去真正地动笔。这才是能够保障持久输出的关键。

要点回顾

这节课，我讲了如何像麦克菲一样成为写作的长期主义者，主要有两点：

首先，你要持续关注某个主题，有一个连续的写作图谱。这既需要我们从自己的好奇心出发，寻找自己真正感兴趣的领域，也需要我们深耕自由领域，不为传统的分界所束缚。

其次，要成为一名写作的长期主义者，还需要以科学的方式去写作。比如，像麦克菲一样用卡片法来搭建结构，并且规律地安排自己的生活。

课后思考题

听完这节课后，你打算如何开启自己的写作长期主义计划呢？

梁鸿

学者、作家

中国人民大学文学院教授

离乡 20 多年后，她重返家乡调查采访，用非虚构文学著作《中国在梁庄》《出梁庄记》和《梁庄十年》，还原了一个乡村的变迁史。作家阎连科评价："从这里，正可以触摸今日中国与文学的心脏。"

代表作

《中国在梁庄》《出梁庄记》《梁庄十年》

图书推荐：《江城》《寻路中国：从乡村到工厂的自驾之旅》《锌皮娃娃兵》

嘉宾课：重返乡村及一种现场

01 为什么要重返乡村及一种现场

其实，每个人的重返都是不太一样的，或者说，每个人的写作起点都不太一样。我想以我写《中国在梁庄》为例，来谈一下我重返梁庄、重返我自己的家乡写作的原因。

第一，写《中国在梁庄》或者说写梁庄并非出于一个大的理念的引导，而是基于我的一种精神困顿。这是我自己非常看重的一点，它来自我内心的一种特别想表达的东西。

2008 年左右，我已经在大学教书，也写了论文，应该说大家觉得我的论文写得也还不错。但实际上我的精神当时处于一个非常大的矛盾期。我是个文学青年，因为喜欢文学，慢慢走向文学道路。虽然论文写作也是文学的一种，但我总觉得与当年的那种创作梦想离得很远。

第二，我觉得书房里的生活好像总缺点什么。一张书桌能容纳你的很多思考，这当然是非常棒的，但同时，你又会觉得，书桌之外的事情离你太远太远了。这是我当时面临的一个非常大的现实困顿，是隐喻也罢，是真实的、内在的感觉也罢，它都特别困扰我。

在当年，也就是2008年左右的学术界，也存在一个大范围的思索，就是学术跟现实之间如何发生勾连。如果说一个学者只在书桌前做学问，他可能会感觉到内心有某种缺失。

我是觉得自己好像还想写点什么，我的生活应该跟现实之间发生某种联系。这个时候，我自然地选择了回到我的老家。因为我有这样一个村庄，而这个村庄是我所熟悉的，我从小生长、生活的一个地方。这么多年以来，它一直是我内心的一个依存之地，虽然我自己可能没有那么清晰地意识到。

在这样反复的思量之中，或者说在我的内心的驱动之下，在2008年的7月，刚好学校放假，我就收拾了行囊，带着我的孩子回家了。

回家是非常冲动的，并非经过深思熟虑的。我不知道我回到我的老家能写个什么东西，也不知道我能看到什么。我只是想回家，想获得某种精神上的补充，或者某种对于精神上的困顿的解决方法。

换句话说，当一个人有某种精神困顿的一刹那，会自然地想到，我要回家，我要回到某一个曾经在我生活中非常重要的地方，这是一种非常本能的指引。

所以，家、故乡的意义并不只是一种安慰，有的时候会带来更为深远的思考或者更为广阔的精神空间。

我们经常会说，作家有两种：一种是背叛自己的童年经验的，他要背叛他的家，离开家，去寻找一种新的写作方式；另一种就是不断地重返故乡的，在重返的过程中，他有背叛，有吸纳，有重新认知。我觉得这两种途径都是一样的，并且都是你通向深远思考的一种方法。

我并不是说一个作家、一个写作者，一定要回到家里才能进行新的思考。你可以背叛、可以厌恶，甚至可以永远不返回这个地方，这都是没有关系的。但对于我而言，回到梁庄是我在 2008 年的那个刹那最想做的事情。我觉得这么做可能会给我带来某种思考，那我就回去了。

内心的驱动与生命的关联

2008 年 7 月 5 日前后那天早上，在夏日的暴雨之后，站在村头，你会发现那种荒凉与生命是同在的。夏天的草长得特别快，村庄又比较荒凉，所以蔓草几乎都爬在路上了。当你看到你当年走过的那条小路被野草覆盖的时候，你会觉得这实在是太不可思议了，你的心灵会突然间被打开。

我经常会这样想，有意识的回归和无意识的归家，区别是很大的。

比如，我们都有这种经验，就是回家走亲戚，不管你是男孩还是女孩，你会回老家、回你爱人父母家、回你自己父母家去。我们也会聊天，也会道听途说一些谁的故事，但那只是一种无意识的归家。当你用一种有意识的眼光或心态重新回到你的故乡，站在你的村头的时候，你才会突然"看到"你的亲人的生活。你"看"进去了，你"看到"了村庄背后的土地、山丘、河流和你自己的关系。如果从创作层面来讲，就在那一刹那，在那里的人、土地、山丘、河流就不只是客观的、与你无关的事物了，它变成一种类似友情的、和你的心灵相通的事物。这一点我是觉得特别特别重要的。当然，我考察的是我的家乡，是有感情在里边的。即使你不考察你的家乡，而是考察另外一个村庄，或者另外一个事件，我觉得你也应该和那个地方的人、事、物同在，只有同在、同情、同一，你才有可能去跟它建构某种联系。

这种联系不单单是感性层面的，也是理性层面的。它应该是一个能够打通你内在的知识体系，打通你内在的情感反思的通道，这样我们才有可能进行真正的思考。当时我站在村口，就意识到我这次回家是有意义的。

这样一次重返对于我而言，不单是内心的驱动，也是新的思考的开始。每个作家的写作都有一个起点，我上面说到，我写《中国在梁庄》的起点，是我内心的某种驱动，是我觉得我自己生命空虚，我到了某个临界点，我想找到我的精神跟现实之间的某种关联，这个时候我自然地回到了我的家。

假设说你是一个写作者，你为什么写这个东西？为什么要写那样一个村庄？为什么要写那样一个世界？我觉得你还是应该问问你自己：你是为了想写作而写作，为了某个任务而写作，还是你真的特别特别想写？特别想写是真的能够激发你写作的激情的。

之前有一位批评家，给我发了一篇他对我的长篇小说《四象》的评论。在看他的评论时，我突然就想到，我当时为什么想写《四象》。我写《四象》，是因为一个非常寂静的下午，我站在我父亲的坟头，我好像听到了坟里面的声音，嘈嘈切切，无数的声音在向我传来。

就在那一刹那，我突然间被激发出了某种东西，我想写地下的声音，我想写那种万物之下的喃喃自语。不管《四象》成不成功，但那样一种内心的驱动，到现在为止，我一想到还是很激动，觉得我太幸福了。在那一刹那我想写它，我也最终完成了它。

所以，在写作的时候，这种内心的驱动和创作之间存在着非常非常重要的某种关联。

2008 年，第一次有意识地回梁庄写作的时候，我在那里住了两个月。我每天跟我的父亲一起，在我们村庄的各家各户聊天、吃饭，或是在我们村后面那条河边散步，听我父亲讲一些故事。你会觉得，那种内心的驱动，慢慢地跟你的生命之间、跟你的内在思维之间，真的有了某种关联。

深入生活才能了解它的丰富性

我记得那次在梁庄住的时候，我第一次听到我们梁庄的一个神话传说——勾国臣告河神，我在写《出梁庄记》的时候才写它。

当时我非常震惊，我没有想到有这么一个现成的传说，它如此地隐喻了梁庄这里、吴镇这里、穰县这里这些人的人生，以及他们跟社会之间、跟历史之间的关系。

这个故事讲了一个叫勾国臣的落第秀才，平时他以给别人写状子、贺词、家书、墓碑铭文为生，非常穷，但脾气火暴，爱打抱不平，好管闲事。

吴镇依湍水而建，整个镇都在河坡上，河坡地非常肥沃，所以嘉庆年间，吴镇人就在河坡地里种花生、玉米、西瓜，这是当时的老百姓一个非常重要的生活来源。但是湍水年年涨，百姓年年受灾，种下的庄稼能活十分之一就不错了。

有一年夏天，勾国臣给人写结婚用的喜帖，喝完酒回来，醉醺醺的，碰到有一群人在门口骂河神，说："狗河神，年年上供，年年淹，还有没有良心？"勾国臣一听就动了气，说："就是，这个河神太坏了，我天天给别人写状子，怎么没有想起来管这件事情呢？"

他回到家里面，就提笔写了一张状子，向玉皇大帝告河神："你怎么这么坏，百姓如此艰辛，你还年年淹庄稼，你的良心丢到哪里去了？"他写完之后把状子塞到一个洞里面，就没有管它了，酒醒之后，就忘了这个事情。

有一天，勾国臣老婆跟他吵架，一怒之下把他写的所有东西都烧了，包括这个状子。这下可好，因为一烧就被送到了玉皇大帝那里。玉皇大帝一看到状子就笑了，说："这是哪个国臣竟然告河神，把他捉上来问话。"于是勾国臣就被送到天庭之上。

玉皇大帝问："大胆勾国臣，你为何告河神？人要告神，是不是想造反？"勾国臣梗着脖子说："河神年年糟蹋庄稼，为啥不管？神为什么这么不讲理，让人咋活？"

玉皇大帝说："又没淹你的庄稼，你甚至都没种庄稼，管什么闲事？拖下去重打四十大板！"勾国臣转魂归来，五脏俱痛。他的家人在旁边哭——之前他被抓上天庭的时候已经死过一次了。这时，他告诉老婆说："我死后你要把我葬在湍水旁边，玉皇大帝不是说湍水泛滥与我没有关系，不许我告状吗？现在，我埋在河边，河神要是把我淹了，我就可以名正言顺地告状了。"

我父亲在讲这个故事的时候说，新中国成立前，他们小的时候，还去看过那个坟，当时坟上面有个石碑写着："义士勾国臣之墓"。那个时候，它是一个景点，外地人，很多人骑着大马、赶着牛车、撑着渡船来看，但是不知道什么时候，这个坟就没有了。

直到现在，吴镇人或者梁庄人说有人爱管闲事、好告状，还会说："咋，你也想当勾国臣啊？"

当时听了这个故事，我就特别震惊。我就在想，生活内部的丰富性，你是想象不到的，只有你真的到了生活内部，才有可能了解到。原来这片土地上，原来这个事件深处，有如此深层的历史记忆、渊源和累积。

一个写作者就应该达到这一层，才有可能写出第一层。如果你达不到更深远的、历史的那一层，那么你第一层也写不好。这就像海明威的写作理论："冰山之所以宏伟，是因为7/8在下面，只有1/8在上面。"你看到的1/8虽然非常小，但具有非常大的密度和重度，非常庄严雄伟。所以我想，一个写作者其实也是需要做到这一点的。

你要爱你所写的东西

我的重返出自我内心的困顿，出自我想解决我精神内部的某种难以解决的矛盾，这个时候我选择了回家。但很多时候，我们写作可能是因为——我想写的那个故事挺好玩的。那么这个时候，我们所需要的，就是把这样一个你觉得非常重要的、好玩的，或者你想写的东西，慢慢内化到你生命的内部，同时你也要慢慢走进生活、世界的内部，去发现表层以下的东西。只有这样，才有可能写出地表的东西，才有可能使那个地表拥有重度和厚度。

说到这儿，我把它转化成一个非常感性的说法，就是你要爱你所写的东西，这个爱就是你内心的驱动。你要不断地问自己：我为什么要写？我为什么要写这样一个故事或者人生？我爱这个人吗？我不爱，我憎恶他，那我为什么憎恶他？想明白了，再问：我爱他吗？直到答案变成：我爱。但这种爱又比较复杂。有的时候，我们会写一个熟悉的亲人，但更多时候我们会写一个社会事件，你只有把它转化成你内在的一种自我驱动，才有可能对这个社会事件有一个更深层的、更独立的描述。这是非常重要的一点。

很多时候，我们看资料会人云亦云，因为大家都这么说。把资料梳理过来、拿过来后，你一定要知道，这仍然不是你的。只有把它转化成你内在的、自我的情感和理性的需求的时候，你才有可能延伸出一点点自我的东西。在一部作品中，如果能够有一点点自我的东西，那已经是非常非常幸运的事情了。但如果你从头到尾都是在言说他人言说过的那些东西，你的写作就毫无意义。

所以，在我们开始写作之前，一定要努力地去体察自己的内心，以及你所要书写的对象跟你之间的关系。一定要注意，这个关系并不一定要是一种感性的、亲近的关系，而是说，你要把它、那个事件、那个人或那个人生、那样一种广阔的现象，内化成自我的某种需求。只有在自我需求的驱使之下，我们才有可能对它做出更深刻的描述。你仍然可以冷静、客观、零度，怎样都可以。但是你要知道，它一定要跟你的灵魂共在，这样才有可能产生真正的写作。

02 如何重返乡村及一种现场

如何重返现实，对于非虚构文学来说尤其重要。因为非虚构所面对的，就是现实生活和现实的历史生活，它既包括当代的，也包括历史的。你所有的取材、所有的写作都要基于现实的根基。

关于这一节的主题，我想从几个层面来谈：

对理论的抛弃和化用

我的专业是文学批评，像现代主义、现实主义、后现代主义等理论非常多。因为我长年学习，对各种理论也非常熟悉。但是在写梁庄的时候，我完全没有想到理论，我唯一想的和最在意的是，怎么样的表达最适合我想要表达的，怎么样的表达适合这片土地和生活在这片土地上的人。

很多前辈作家，像鲁迅、沈从文，包括像当代的莫言、阎连科，还有贾平凹先生，他们都用了很多很多手法来写乡村。他们的写法都非常娴熟且各成风格，我来写的时候怎么写？我觉得，我当时写作的一个前提是特别重要的，那就是我想真的回到乡村里面，看到真的乡村是什么样子的生活。

在我写作的时候，其实我并没有想到非虚构这个概念，因为当时这个概念在中国当代文坛还没有被提及，我唯一的愿望就是想看一下。我读了也研究了那么多小说，尤其是关于乡土的小说，但是我不知道这片土地现在究竟是什么样子的，或者说我没有真的去观察、去理解这片土地上到底发生了什么。

所以我最大的愿望就是，看到、写出这片土地上真实的生活是什么样子的。有这样一个前提非常重要，这时候，你所有的理论都是不起效的，或者说靠后的。但是并不是说你不需要阅读，阅读是你生命和创作的底色。它在那儿放着，它是那 7/8。你最终所要写的那 1/8，是基于最根本的一个东西，就是用什么样的方式来表达，你觉得最适合。

我不想写成小说，因为我看了很多小说；我也不想写成论文，因为我写了太多论文；我也不想写成纯粹的回乡的沉思体、抒情体的文字。我到底要写成什么样子，其实我不知道。但是带着这种疑问，我慢慢地去书写。这个时候不要去想威廉·福克纳怎么写，前辈的《寻路中国》怎么写，不要想，都不要想，把这些放到后面。你要敢于创新，敢于打破常规，不要为经验所束缚住。那些所有的经典的阅读、你平时的学习，都是为了去积累，但当你真的开始写作的时候，你一定要把它放在后面。

这是第一点，你要如何重返。你对理论要有所抛弃，最终对它是一种化用状态，而不是直接使用的状态。

书写中国故事和经验

那么第二点，我们一定要知道，我们书写的是中国故事和中国经验。

不是为了强调"中国"这个词，而是说，中国社会具有非常强的复杂性和多样性。就中国生活而言，或者说就你所面对的中国生活而言，它有它的复杂性，并且我们每天所经历的生活、变化都带给你无穷的东西。

所以你一定要知道，我们面对的是中国故事，你要写的不管是最普通的琐事，还是非常大的事件，在这背后一定是跟我们中国的人生及社会背景有关系的。

所以，当我们面对这样一个背景的时候，你心里要知道，这是我的故事，我们的人生，我们的故事。当然，不管是我们的还是他们的，最终都是世界的人生，都是人类的故事，这是更深远的东西了。

所有的真实都有限度

非虚构文学必须面对真实。但大家在写作的时候，不必过于纠结你写的是不是真实的。我们一定要清楚一点，所有的真实都是有限度的。

我们想一想，只要用文字来修辞，只要你拿起笔开始写作，我们的文字修辞就必定是有前后的。你先写哪一个字后写哪一个字，先写哪一个场景后写哪一个场景，先写哪一个人后写哪一个人，一定是经过考量的，这是事实。这注定了你所写作的一定是经过你个人过滤的。

文学中的现实与真实一定充满了个人向度，这跟我们所说的真实与否不是一个概念。如果我们有一个核心事件，作为非虚构写作者，我们一定要搞清楚这个核心事件的来龙去脉。关于这个事件的资料一定要准确、全面。但是面对这些庞杂的资料，面对这样一个人生，你去寻找或者组织逻辑，不管是叙事逻辑还是现实逻辑，这个时候就由你自己的情感、理性、知识背景，乃至出身决定了。这才是你的真实所在。

所以我经常强调，任何一种非虚构写作甚至任何一种写作，不管是历史学、社会学还是人类学，它跟一个写作者自身的限度都是有很大关系的。你要知道你是有限度的，你不可能穷尽这个人或这件事背后的所有。当你拿起笔开始写作的时候，你一定受限于你的知识背景、情感、写作惯性。

假设我们写一个人，比如我，我真实地在你们面前站着，你写我和他写我肯定是不一样的。但你能说他写的就一定是假的吗？可能你们写的就是我不同的侧面，但不能说是假的。

所以，你要意识到真实的限度。只有意识到这样一种有限度的真实，你才有可能通向这个事件、这个人生的无限的内部。

真正去观察你要写的生活

我们谁都不知道全部的真实是什么样子，我们只能说，我在无限地接近真实或者说真相。这是非虚构写作的一个基本要义。

所以我觉得大家不必过于纠结非虚构写作中的修辞，觉得有修辞凭什么能说是非虚构写作，不要这样纠结。只能说我们在竭力地达到真实，这才是我们所要考虑的，否则我们就没法写作了。

因为上述这一点，因为对真实的无尽的追求，我觉得实际上非虚构写作对于写作者而言，要求更高。

它要求你必须拥有社会学家与人类学家般的观察力和见微知著的能力，就像著名人类学家列维 - 斯特劳斯说的：

你必须履行、参与、共在；你必须在彼时彼地占有一定的时间长度和空间宽度。这样你才能对你所书写的生活或世界内部那种更为隐秘的逻辑和纹理有真正的触摸和理解。

我回到梁庄，在那儿住了两个月，之后寒假又回去住了一个月。2009 年暑假，我又回去了。只有这样，我才有可能对我书中写的五奶奶和其他很多的人，有真正的理解。

也不是说之前不认识他们，我认识他们也几十年了，但是当你真的开始写作的时候，你才会发现他们都是熟悉的陌生人。你对他们可能只有一种符号化的理解。只有你跟他共在，你跟他一块儿吃，你跟他一块儿聊天，你才能对他那种内在的存在感、喜怒哀乐有一个真正的、全面的了解。所以，对于非虚构写作者而言，你真的需要对这个事件有一种参与感，哪怕这个事件已经过去了。只有这样，你才有可能描述更多。

所以说，你在描述一个人的面部表情的同时，你还必须观察到他穿的衣服、他站的街道、他背后的天地和空气的流动、他房屋的亮度、他工厂的灯光等。这样你所写的那张面孔，才是活生生的、有深度的真实面孔，你所写的场景才是活生生的、有感染力的、真实的生活场景。

那么，这样的真实往往需要非虚构写作者对于所书写的生活、事件，有类似于全景式的和百科全书式的把握。这不是说我们要懂无数的知识，而是说你只有回到那样一个场景，回到那样一个天气、那样一个氛围、那样一个芜杂的现场之中，你才有可能写出来生活的毛茸茸的质感。

所以，作为一个非虚构文学写作者，其实面临的要求更多，它并不是那么容易的，不是说你回到那个地方，今天见一个人、明天见一个人，你"唰唰"一写就可以的。真的，没那么容易。

像前几年流行的《江城》《寻路中国》，之所以引起中国读者的关注，不是因为作者是个外国人，而是他对中国生活这种泥沙俱下的全景描写。通过他的行走视觉，你所看到的那种时间和空间，你能看到自己生活的某种真实，也就是你借用他的眼光看到了你自身拥有的某种真实。

我一直觉得《中国在梁庄》的出名，并不是因为它写得多么好，说它多么深刻，好像也没有，其实它有很多很多缺点，我自己也知道。它之所以在 2010 年左右引起大家的关注，有一个非常重要的原因是，我在写作的时候，穷尽一切的可能，把我所看到的乡村生活的真实场景呈现在你们面前。我通过各种手段、方法，去让你们看到。同时，我不断地重返，我在那儿住着，我才能写我们村庄的那棵树，写五奶奶的一个表情，写村后面那条河流一年年的变化，而这些都是你又在那儿待了一段时间之后才有可能发现的。

2012 年写《出梁庄记》的时候，我花一年时间走访了全国 30 多个城市，去寻访在外的梁庄打工者。我每到一个地方，待 7~9 天时间。

比如，我到西安，我的堂哥们在那儿蹬三轮，我就住在城中村的一个小旅馆。那个小旅馆非常破，到处都是灰尘，我的脸严重过敏。但是我必须得住啊，我不可能自己住到大宾馆里面，早上再过来，因为我想跟我的堂嫂一起去蹬三轮。我堂嫂的房间太窄，就一间房，他们两口子住。我就在旁边一个小旅馆住下。每天凌晨5点多她叫我，我就跟她一块儿去蹬三轮。上午我们一起去跟那些蹬三轮的老乡聊天，下午我们就回来找其他老乡聊天，一坐就10来个小时。住了8天之后，我突然间觉得，我对他们的生活太了解了。我了解他们内在的逻辑、他们跟城市的关系、他们怎么样想梁庄。甚至包括这个城市对乡村人是什么样的状态，是博弈的、排斥的还是吸收的状态，我都有一个非常全面的感性的了解。我也查了很多资料，在这个基础上，我才有可能知道我的农民堂哥们在西安这个城市的生活是什么样子的。

那一章我写了6万字，最后删到3万字，我觉得是非常值得的。因为我最先写它，花了最多工夫，查的资料最多，我觉得真的达到了我所想要的那一点点真实。

青岛之行也是如此。我到青岛是因为我堂叔，也就是五奶奶的儿子在那儿打工。在《中国在梁庄》里边，我写到五奶奶的孙子淹死了，由此我调查了整个村庄及其河流的生态。那么，写第二本书的时候我去了青岛，就是因为这个孩子的父母亲在一间电镀厂打工，我的堂弟也是在那里去世的。我去了之后，在那儿住了9天时间，跟我堂婶睡一张床。房屋是青岛海边的一个20世纪六七十年代的老房，非常非常潮湿，里面到处是发霉的味道。我的父亲在旁边住，每天晚上咳嗽，非常辛苦。我也老想逃跑，毕竟平时舒服惯了。但这样的不舒服有价值，因为它会让你看到你未曾意识到的生活，看到你未曾感知到的生活是什么样子的。

说到如何重返，当你真的去写这种生活的时候，并不是简单地看一下就可以了。你需要真正地观察它的内在、它的外部是什么样子的，这样才有可能实现某种真正的写作。

创作者的心灵问题

艺术是最藏不住秘密的。有很多人批评《中国在梁庄》和《出梁庄记》，我觉得这是可以的。

有的人会说，你有点高高在上。我坚持在两本书里边都有"我"的存在，有非常重要的一点原因，就是我想让"我"作为一个观察者，也是已经城市化了的一个梁庄人的样子，毫无保留地把"我"呈现出来。你可以批判我，也许我就是这样值得批判。但是我这么来呈现自己，是因为我要把自己的心灵袒露出来——你的高傲、你的不适、你的想逃跑，都是当代生活给你造成的。同时，它跟梁庄之间构成某种关系，也跟读者之间构成某种关系。

在非虚构写作的时候，心灵问题是一个特别重要的问题，你有什么样的心灵就能创作出什么样的作品。虚构写作也一样的，这并非不要技巧，而是说无论怎样的技巧，如果没有心灵的参与都是苍白的、平庸的，也不可能创作出真正让人惊叹的作品。

我经常说，像托尔斯泰这样的作家，82岁高龄依然在痛苦地思考他跟农民的关系，依然要出走，依然要去感受旷野的生活。所以我觉得，对于年轻的写作者，行走是非常重要的。但行走不是旅游，跟旅游是两码事。我们要真正有意识地去观察和写作，才能理解行走的意义。我们平时的旅游不叫参与，也不叫观察，那只是旅游而已。

我们要保持谦卑的心灵，说谦卑似乎有点太高姿态了，更准确地说是保持敞开的心灵。我们与观察的人物要体验同一种生活，与他们的心灵之间形成彼此开放的关系，才能真切感悟他们的生命、生活、疼痛等。只有在这个意义上，你才有可能达到真正的"重返"。

另外，真正的重返带有某种反思意味，但是这种反思并不是自我的否定，而是努力捕捉在创作过程中出现的疑问和困惑。

我经常怀疑我自己。在写梁庄的过程中，我不断地怀疑。写完《中国在梁庄》和《出梁庄记》，我在美国杜克大学待了几个月，只写了一篇文章——《艰难的"重返"》。从 2008 年到 2013 年这 5 年我一直在写梁庄，我对这 5 年以来的创作进行了一次总体的反思：对我自己的事业的反思，以及对我写作的问题的反思，包括我的问题、知识分子的问题、真实的问题。

如果大家想读"梁庄系列"的话，你要读读《艰难的"重返"》，应该是在《中国在梁庄》这本书的附录，2 万字左右的一篇长文。我真的觉得，这 5 年之中我做了我能做的、喜欢做的事情，我跟土地之间、广大的生活之间产生了真正的关联。

这对于我而言，不单是获了名和利，我的思维还进步了。当与某一片土地、某一种人生发生了真切的关联的时候，你的思维、思想会发生非常大的变化。因为无数的人、无数的人生都在你脑子里面，这个时候你的思维才是宽阔的，你才有可能进行更宽阔的思考和达到另一种人性状态。

03 作为文体的非虚构写作

这节课，我们来聊一聊，作为文体的非虚构写作是什么样子的。我仍然以我的非虚构写作为例。

找到最适合你的表达形式

我们要明确一点，任何的写作都需要结构，非虚构文学也是一样的。你一定要找到最适合你的内容表达形式，但这一形式并非就适合所有内容。所以我们千万要记住一点，不要轻易去模仿别人。你还是要基于你自己的内容、你自己所思考到的一些东西、你最想表达的东西来写。

比如，《中国在梁庄》的表达形式就很有意思。它有自己独特的结构模式，不管成功不成功，这种结构模式是在那里了。如果你也想写你的村庄，你模仿了《中国在梁庄》这种模式来写，不管怎么样，你是在后的。但是我还是要讲一下《中国在梁庄》，因为我想把我对这样一种文体的选择过程告诉你，那么当你书写的时候，你也可能会受到启发。

《中国在梁庄》至少试了4种文体或者说表达方式。第一种是沉思体，这是我们通常会选用的方式。我们回到老家，看到了那些破败的房屋，会感叹一番。第二种是抒情体、日记体，就是记录每天的所见所闻。试到最后，才形成现在这种以人物自述为中心，夹杂着社会学的田野调查和人类学的口述历史的文学写作方式，有点四不像，但这是最后选择的一种文体。

这也是我在整理录音时突然想到的。2008年的时候，我买的录音笔比较落后，只能录两三个小时。我上午去聊天，午休的时候我就必须整理录音，因为空间不够用，不整理，下午就没得用。所以每天中午的任务非常重，我得把老乡们的话重新整理好放到我的电脑里边。

我发现，老乡们的话我一点都不会说，我就反复倒带听。按说我也会讲方言，我对他们也非常熟悉，但是当我去整理他们的话时才发现，录音一过去我就不会说了，我只好再倒带。

我突然意识到老乡们的语言太丰富了，太多意了，非常有智慧，真的是一种大地语言，充满了生命力，尤其是跟我们老老支书的对话。

如果你读了《中国在梁庄》，你会发现老老支书是一个顺口溜高手，不管是政治性的、家庭性的还是生活性的话，他都能用顺口溜表达出来。我没有写梁庄之前那10来年，因为他跟我父亲是好朋友，每年回来我都要请他吃饭。我每次都会拿小纸片来记他的顺口溜，太有智慧了，没有办法。后来我就发现，我干吗不把他的原话整理出来，如果换成我这种标准的普通话表达，那多么可惜啊！我就在想，我怎样把这些话的核心表达出来，保留下来，这是我认为最重要的一点：保留老乡们的话语的语态、腔调、修辞方法。

如果说我的整本《中国在梁庄》完全用这种老乡的自述来做结构，也是非常好的。我们知道，有一位非常著名的小说家叫周同宾，他写过一本书叫《皇天后土：俺是农民》，就是完全的人物自述，作家不出现。这也是非常棒的。很多文学经典都是这样表述的。但当时我不太想这样表达，因为我觉得那样的表达把人物推远了，把我故乡的背景推远了。

我就是想把真实的、当代的村庄生活的状态给大家呈现出来。我想强调一种在场感，这是我当时怀有的一个特别大的执念。我想让读者跟着我一起来到梁庄、来到五奶奶家里边，来看看五奶奶长什么样子，来听五奶奶说话。所以这个时候我就决定了，我一定要把"我"放进去，因为只有"我"才能承担这样一个穿针引线的作用。只有这样才能够给大家展开一个村庄的内景，而不是一个景观化的描述。

这就是我在写《中国在梁庄》时的两大执念：第一，我想把老乡们的这种腔调，他们的语言形态保留下来；第二，我想强调一种在场感，只有"我"能完成。

但是这样一种在场感怎么实现？因为很少见到作者像一个记者

一样，"我"来到这个地方，让人物说话，这样的一种文学的文本在《中国在梁庄》之前非常少有。所以，我这样决定其实挺冒险的。

我自己搞文学研究，一直研究中国现当代以来的乡土文学，还写了博士论文，也读了大量的国内外的经典。我是科班出身，所以我知道之前没有这样的写法，这么做非常冒险。但是最终战胜这种障碍的是：我想表达我要表达的。这是非常重要的。

所以说，我内心最强烈的驱动就是：我想表现梁庄现在的生活场景。这是我最基本的诉求。

最终，《中国在梁庄》出版之后，也引起了很大范围的讨论。焦点之中当然有关于内容本身的，比如乡村的现场啊，大国小村啊等，各种各样的报道都有。

另外一个焦点就是：梁鸿这个文体算什么文体？大家都觉得这本《中国在梁庄》太四不像了，之前好像没有这个样子的。所以我觉得，《中国在梁庄》引起大家关注，可能它的文体本身也是一个重要因素。当然它也引发了争议，很多人就批评《中国在梁庄》，觉得文中的"我"的情感抒情意味太浓烈，显得太轻浅了等，我接受批评。

在写第二本书《出梁庄记》的时候，我经过了一个非常长的思量过程，就是还要不要"我"。因为当时大家已经在提"非虚构写作"了，也都扒了非虚构写作在西方的经典样本，比如《纽约客》、"零度叙事"等。我也知道了这些理论，还补了很多课。但是最终我仍然选择了《中国在梁庄》延续下来的文体模式，这也是基于我那点初心，我想表达出梁庄人在现在的都市里边是怎样生存的。如果把"我"去掉的话，就没有那么强的真实感了。同时，也会把"我"那样一个空间给去掉了。因为"我"有自己的情感，"我"面对农民工生活时的那种厌倦也罢，有人说的高傲也罢，如果把这些牺牲掉，我觉得也是一个非常大的损失。因为"我"在文中同样是个非常大的非虚构的存在。我不想牺牲这一点。

于是在《出梁庄记》里边，我仍然延续了以"我"为线索，带着读者到全国各地去看梁庄人在城市如何生活的模式，看他们在做什么职业，他们怎么吃、怎么住、怎么爱、怎么流转。《中国在梁庄》和《出梁庄记》还不太一样。《中国在梁庄》是我回到了梁庄的生活现场，我写了老人、妇女、儿童、河流、地理状况、文化状况等。《出梁庄记》不一样了，在不同的城市，他们干着不同的职业，这本身就是一个非常庞杂的资料体系。当时几十万字的资料在那儿放着，我不知道怎么办。后来我才决定以一个城市、一种职业为中心，辐射其他职业，这样更为集中地表达了一种生活和逻辑，也有了广度。

比如，我到西安，我以我的堂哥们蹬三轮车这个群体为中心，来描述他们的生活，同时辐射到其他老乡，有开小卖部的，有做熟肉的，有卖菜的等。这样既集中，又有辐射，这是我最终的选择。

又如，我到青岛，主要是在电镀厂，因为我的堂叔们在电镀厂。电镀厂是什么样子的？我的堂叔们怎么生活啊？那些老乡怎么生活？还有其他老乡，有在大理石厂的，有在其他厂矿生活的。这样一来，既有集中性又有发散性，我觉得是比较好的。这也是一个经过反复思量选出来的文体。

所以，我们千万不要以为非虚构文学的写作，就是把真实的场景描述出来，不是这样子的。尤其是对专业的写作者而言。如果你说，我就是一般的写故事的人，那无所谓，你怎么写都行，你可以说，我把我的故事写出来就行了。但如果你说，你想真正写成一个非虚构文学作品，我觉得你一定要好好地思量一下，你怎么来写。

面对这样庞大的生活资料，面对这样复杂的生活现象，你该怎么办？你从何写起？你从 A 还是从 B 写起？这都是需要好好地去考察和思量的。

非虚构写作的复调性

大家都知道，2015 年的诺贝尔文学奖授予了白俄罗斯作家 S. A. 阿列克谢耶维奇，授奖词是："她的复调式书写，是对我们时代苦难和勇气的纪念。"

阿列克谢耶维奇是一名记者，但是她的写作并非限于事件报道。她以与当事人访谈的方式，记录了第二次世界大战、阿富汗战争、苏联解体、切尔诺贝利事件等人类历史上的一些重大事件。

我更看重诺贝尔文学奖的授奖词里边所说的"复调式书写"。所谓的复调式书写是苏联文学理论家米哈伊尔·巴赫金提出的一个理论术语，起初主要用来指代陀思妥耶夫斯基的小说的诗学特征，也用来区别于欧洲文学中的独白式的书写。

复调式书写主要是指小说中多种声音互相交织、互相对话，最后形成众声喧哗的思维景观。所谓的众声喧哗，指的就是没有单一的、强大的、权威的声音。作品中有多个声音、多种观点，它们之间是一种对话的、辩驳的，甚至是相互消解的存在，以致最终使时代或者事件内部的复杂性被呈现出来。在这样一种复调式的表达中，作家本人、皇帝、臣民、富翁、贫民，他们的声音都是平等的、同等重要的。

比如，她的《锌皮娃娃兵》写的是 1979 年苏联入侵阿富汗事件。当时苏联派了大批的学生兵过去，而他们中的一些人战死后，就被装在一个锌皮棺材里，送回了各家。他们本该被称为战斗英雄，但是非常有意思的是，在战争还没有结束的时候，在苏联国内，阿富汗战争就已经被定性为侵略战争了。那么问题来了，这些死去的士兵算是英雄，还是侵略者呢？这是个非常大的难题。所以说，这是个非常大的关于国家、个体、道德、正义的命题。

阿列克谢耶维奇选了一个非常好的角度，她没有正面书写战争，而是以母亲、旁观者、军官等人的自述为中心。母亲们讲述她们内心的恐惧和愤怒，她们死去的孩子无法安置，因为他们不能成为英雄，不能光荣地入葬，而且她们的孩子真实地没有了；亲历者讲述战争过程中的各种细节；将军讲述战争的必要性。

这个时候，不同的声音交织在一起，相互碰撞，让我们看到了个体的伤痛以及战争的残酷和非正义。最后你会发现，这些声音之间相互交织。比如，将军觉得这是必要的、没办法的，母亲则说："我的孩子死了，凭什么他就没有可能被公开安葬、授予荣誉？他变成了无名的死者。"这样一种写法，就能从各个角度来呈现战争给个体带来的伤害。

又如，阿列克谢耶维奇另一部非常重要的作品《二手时间》，写的是苏联解体后。你会发现，她并没有正面来写国家的崩溃所带来的后果，她就在城市和乡村之间游走，来到厨房，在大地的某一个角落里面、村庄的某个角落里面，听这些妇人聊天、说话、窃窃私语，以及她们柴米油盐的艰难、某一瞬间的崩溃等。这些话通向四面八方，没有宏大主题，甚至还带着厨房里边的牵牵绊绊、枝枝蔓蔓，最终走向了历史自身。

所以我以为，这样的复调式书写，恰恰是非虚构文学的一个基础。它强调根本性的平等，致力于呈现被大历史所遮蔽的种种存在。

换句话说，历史不只是由大事件、英雄或者掌握话语权的人构成的，最普通的民众的思想情感，同样是历史非常重要的一部分，甚至在很多时候，他们更能代表历史的某种真实。

所以，《中国在梁庄》《出梁庄记》和《梁庄十年》这三本书，我都没有写重大历史，只是写这个村庄——我自己的家乡，和里面这些人是怎么生活的。比如五奶奶，作为一个80多岁的老人，她的孙子在她手里被淹死了。她是什么样子的？她的儿子是怎么样生活的？这个家庭在这个时代是怎么样产生悲欢离合，并且怎么样承受悲欢离合的？

我在前两本书里面写的是怎么样去抗争。在《中国在梁庄》里面，我写的是五奶奶怎么样讲述她的孙子去世，她内心的悲伤、她的羞愧，因为她觉得无法面对她的儿子和儿媳。从这样一个事件延伸，我去调查这条河流，它怎么样淹死这个孩子，它的生态怎么样被破坏。

在《出梁庄记》里边，我远赴青岛去采访孩子的父母，他们因为这个孩子的死亡，变得非常悲伤，又千方百计生了第二个孩子。而当第二个孩子来了之后，他们无力抚养，又怎么样去哀求老板帮助。他们寸步不离地守着这个孩子，而这个孩子又是怎么样的孤独。

我写第三本书《梁庄十年》的时候，他们的孩子已经长大了，他又回到梁庄，成了一个留守儿童，在镇上的学校寄宿读书。而我的五奶奶在经历了这么多年的悲欢离合之后，她的日常生活是什么样子的？包括她的乐观、她的幽默、她暗藏的悲伤和焦虑等。

五奶奶可能是一个非常普通的、如果我不记住她可能就没有人记住的人。她具有什么大的历史性呢？好像没有，但你能说她不是中国生活非常重要的一部分吗？她难道不是非常重要的一种人生的存在吗？如果你读了五奶奶的故事，你会为她感到悲伤，同时你也能感到她的生命的韧性。就在这样一种悲欢离合的背后，这样一个老人仍在坚忍地生活，这就是中国的生活、当代的生活。

这是一个小历史，但或许背后也包含着大历史，我们的民族精神就这样一代代传承下去。这是我的基本的写作初衷，就是要把这种个体的生活写到极致，最终形成某种文体。

现在已经写了三本梁庄的书，我想做一个持续的观察。这种持续的观察，对于整个时代而言，可能非常小，但是如果把它汇集起来，它就构成了时代的非常重要的、复调的一部分。所以我们说复调性是指这一点，"我"的声音也汇合进去，变成话语的一部分。你听了很多大的话、很多大的事件，你也来看一下梁庄，它同样汇集起来，构成你对社会的认知。我觉得也很重要。

非虚构写作的准确性

我们强调复调性的众声喧哗并不是说就不要准确性了，恰恰相反，可以说复调性的众声喧哗和准确性是互相生成的。非虚构写作一定要有准确度，你要对人物有个准确的描述。

什么叫准确的描述呢？准确不是确定。比如，阿列克谢耶维奇写《锌皮娃娃兵》，她分别从母亲、士兵、军官、普通人等多个视角来谈这个事件，他们的观点甚至相互冲突，他们的立场也各不相同。她把关于这个事件的多个方向呈现给读者，她邀请你来判断。她非常开放地把社会的复杂给呈现了出来。

她没有给你一个确定的、唯一的结论，而我觉得这恰恰是准确的。我所谓的这种准确是在这个意义上来说的，文学不是要确定某一真理、某个唯一的答案，而是试图挖掘通往真理的多重路径，最终消解原来那个唯一的、看似准确的真理。这样一种对准确性的要求，就需要写作者对现实、对生活有非常深入的理解力和思辨力。

所以说，复调性和准确性是非虚构写作的非常重要的两个属性，它们也是使你的文体能够完成的一个重要前提，否则，我们很难形成一种文体意义上的非虚构。

所以我在想，我讲这一节课，也许最后没有给你一个确定的答案——你怎么写。但是你要知道，这恰恰是文学的一个非常重要的特征。文学不是给你一个唯一的东西，而是给你无数个唯一、无数个真理，让你知道真理是多项的，而不是唯一的。文学之所以具有滋养人的精神的能力，之所以能够让人形成某种思考的能力，也是因为这个。这也是非虚构写作的一个非常重要的学习任务和特征。

下 篇

讲师代表作

火车惊魂记

◎包丽敏

4月9日这天，当兰州人顾革命（化名）赶上了下午2时19分发车的T70次列车时，觉得"很侥幸"。因为上车前，他看报纸上天气预报预告，这天气温会骤降，后半天要变天。

"我可赶在变天之前了"，"赶快跑"。这位常在甘肃与新疆之间跑动的人士没料到，自己"跑"进了一场百年罕见的大风暴中。

T70次开出乌鲁木齐，天正下着雨，并夹着雪珠。不到两小时，过了达坂城，到天山山口时，顾革命看到窗外起了沙尘暴，风扬起了沙土。他曾在新疆待过18年，这在戈壁滩上是家常便饭，"已经习以为常，麻痹了"。

在到新疆旅游的乘客穆晓光记忆中，T70次开出乌鲁木齐后半小时左右，窗外即漫天黄沙，偶尔掠过一两户人家。

"跟北京的沙尘暴差不多，没什么大不了。"这位22岁的北京小伙子说。车在吐鲁番站停靠时，他若无其事地在站台买了一支蒙牛三色冰激凌。

然而当天下午6点多，列车从鄯善站开出不久，风越来越大。

穆晓光闻到车厢里逐渐弥漫起一股土腥味。他去盥洗室投了把毛巾，捂住口鼻。

列车内的旅途生活一切照常。

晚7点过，温州人陈安成从10号硬卧车厢出发，走进位于13号车厢的餐厅。他点了一盘18元的青椒羊肚，2元一份的虾皮紫菜汤，以及2元一碗的米饭。7时33分，服务人员打出一张单据。

陈安成坐在铺着干净桌布的餐桌前，等着他的晚餐，并且有点焦急地向服务员催了一次。他没料到等来的是一场大变故。大约7时38分，突然一声锐响，他身边的双层钢化窗玻璃被击穿，玻璃碴子溅了一桌，沙土直接灌进餐车，立刻把陈安成和其他正在进餐的10多位乘客赶出了原本洋溢着饭菜香味的车厢。

据悉，这是T70次列车被这场大风暴击穿的第一扇玻璃。

陈安成正在等餐时，边疆则在紧挨餐车的14号硬座车厢"斗地主"（一种扑克玩法），突然听到乘务员一边嚷着说餐车窗户破碎，一边跑去关上车厢门。但沙土还是从餐车飞快地卷进来，弥漫了半截车厢。

这位中国政法大学的本科生"一开始以为眼镜模糊了"，赶紧擦了擦，才发现原来是沙土。

没过几分钟，14号车厢列车长办公席边上的玻璃传来了"啪"的破裂声，接着陆续有其他玻璃破裂。

30多岁的女乘务员叫道："把大行李放在座位下，带上随身小行李，大家往前走，大家往前走！"

边疆赶紧背起背包，夹起朋友送的一包馕，一只手用毛巾捂住嘴，另一只手抱着头，挤在人群中，弯着身子快步向硬卧车厢转移。

当边疆穿过13号餐车时，见到厨师们正用棉被堵着已经破碎的车窗，好让乘客通过。走过操作间，边疆看到一筐茄子，被风吹得像皮球一样满地滚来滚去。

疏散中，边疆似乎没听到什么人声，只听到风在咆哮。

12号软卧车厢中，顾革命记得，不到8点，车停在一个叫小草湖的小站。顾革命看到小站只有一个小院，院内还种着一棵歪歪斜斜的树。

列车"像大海里的船一样在铁轨上晃动"。

天已黄昏。

顾革命朝窗外照了一张相。他记得火车右边停着一辆油罐车。

这时，边疆正在从14号车厢往硬卧车厢转移的路上。他心想：幸好有这油罐车，要不玻璃碎得更多。

8点左右，餐车玻璃破碎的消息传到顾革命耳朵里。几分钟后，这节软卧车厢的第一扇玻璃也开始破碎，像弹弓打过来的声音，"啪"的一声巨响。

沙土疯狂地卷进来，"啪啪"地砸到包厢的门板上。沙土涌进包厢，空气压力骤然增大。顾革命觉得耳膜生疼。

这位54岁的西北汉子说："只有上到海拔3000米以上的高原才有这样的感觉，感觉（空气）压力比飞机起飞时还大。"

顾革命赶紧将毛巾倒上水，捂住口鼻。硬座车厢的人向硬卧车厢转移，他听见车厢走道里脚步声慌乱急促。

他瞥了一眼窗外，一片混沌。

接下来，车厢的玻璃一块接一块地破碎，每碎一块，他就"心也碎了一样"。

他们用枕头堵包厢门缝，堵不住，沙尘依然拱进来，弥漫开来。

边疆穿过一节节车厢，一路上，不时看到乘客拿棉被去堵破窗户。

餐车和硬座车窗破碎的消息在飞快传递。

能碎成什么样呢？穆晓光想。他没觉得这事有多严重，只是用湿毛巾捂着口鼻想睡一会儿。

他回忆，自己的确睡着了一会儿，直到转移过来的人把他吵醒。

有人过来问："上铺有人吗？"

穆晓光听到有两名乘客为了一个铺位在争吵，直到乘警干涉。

此时，6号车厢的玻璃还没被击穿，其他车厢的旅客正往这里转移。

很快，6号车厢安全的局面就结束了。

穆晓光半梦半醒之间听到"咣当"一声巨响，他的铺位正对的玻璃窗被击穿。窗户上的棉被被狂风掀开，西北风怒吼着冲进来，把坐在窗边的一位50多岁的女人刮倒在地。

穆晓光从中铺上跳下来，来不及穿袜子，扑过去摁住棉被。

接下来的情景令人恐惧：午夜11时过后，6号车厢的第一块车窗被击穿；大约凌晨3点，车体运行方向左侧车窗全被击穿；狂沙带着黑暗和寒冷从11扇车窗外涌进来。

穆晓光把手伸出窗外，几分钟，手指就冻得没感觉了。

6号车厢没放弃努力。

男人们裹上被子，背对车窗，想堵住风口。11扇车窗前站着三四十个男人，形成一堵人墙。穆晓光也在人墙里。他感到了窗外的强大推力，像是有人踹他的背。

"拆床板吧！"穆晓光大喊。

立即有人响应，三四个青壮年，有踹的，有顶的，也有用背扛的。

刚开始，有列车员过来制止，很快，也拿来螺丝刀，跟大家一块拆。

22张中铺，拆了20张。

"咱们堵得挺好的。"边疆事后回忆说。

"绝对是经典工程。"穆晓光附和说。横一块，竖两块，再用一块卡住卧铺位的铁架，"非常瓷实"。

乘客被告知，列车要"冲到哈密"再休整。

但是，次日凌晨3时多，T70次列车停在戈壁滩的高坡上。前方的铁轨被风沙掩埋了。

顾革命有"等死的感觉"。"等到右侧玻璃也烂了，那就死吧。"他说。到时"也许只有趴在地上，才能勉强再延长一点生命"。

他坐在满是沙土的铺位上，一夜无眠。

黑瘦的温州人陈安成疏散到了9号硬卧车厢。

当人群转移到这里时，混乱中，青岛人房克信曾找列车员，问："你们有没有紧急预案？"

对方答复："我们从来没有遇到过这样的情况。"

这位曾经的共青团干部主动站了出来："大家听我指挥！"

他站在车厢门口一遍遍地说："请大家有秩序地往前走，不要乱，拿好自己的物品！"

这节车厢的玻璃也相继被击碎后，人们裹着棉被，三四个人并肩堵一面窗户，手抓着铁架，脚蹬住下铺，以防被风吹倒。"像抗洪的人墙"，冻得发抖。

大家几个小时换一班，而有些乘客，就这样站了一宿。其中一位小伙子，被风刮来的石头击中了腰部。

房克信来回在车厢里走动。这位临时组织者要求大家不要喧哗，不要大声说话，因为"车厢里有心脏病患者"，"怕大家恐慌"。

几位乘客证实，人们积极组织了自救。但并非所有的乘客都参与了"抗风抗沙"。有一些乘客，自始至终只是躺在自己的铺位上"呼呼大睡"。"我们堵了多久，他们就睡了多久。"穆晓光说。

在列车由于怕引起火灾而切断一切明火之后，一些乘客依旧抽烟，甚至有人躺在被窝里抽烟。

还有一个未经证实的说法在人群中传播：软卧车厢里有一位官员，当老人和孩子被转移到软卧车厢时，这位官员不愿打开包厢门。

许多人无法与外界联系。边疆听到穆晓光抱怨："我的手机怎么没信号？"陈安成的手机也没有信号。如果当时有信号，他说："我会先求救。"穆晓光则说，要先给妈妈打个电话，只说一句："火车晚点了，别着急。"

边疆的手机却有信号。他思量了一下，没有给父母打电话，而是拨通了在新疆的叔叔的电话，简单地告诉他"我们这儿有大风，玻璃破了"，并让叔叔不要告诉父母。叔叔在电话里斩钉截铁地说："只要风没把车吹翻，就不要下车！"

接着，他用手机给班级辅导员发了条短信。再接着，他又给同学打了个电话，请他帮忙给手机充值100元，以备急需。然后，便关机了。"我要把电留到最后一刻，"后来回忆时他笑着说，如果真到了最后一刻，"说不定我还要跟家里人说一说我的理想什么的。"他现在的理想是当一名法官。

他认为自己的行动一直是镇定的。在转移的过程中，当他行进到7号车厢时，听到列车广播中说："请各位旅客节约用水，不要洗漱。"他拐进7号车厢的洗手间，接了三瓶生水。

"我最坏的打算是三天三夜车走不了，这是我的底线。"小伙子说，"这些水足够我未来三四天的生命用水。"

穆晓光记得当时就是感到绝望。"幸好只是等了24小时，再等24小时，我想我一定会从车上跳下去，我会崩溃的。"他说。

但谁都知道，一旦离开列车，在戈壁滩上活下去的希望就会很渺茫。边疆后来听一位曾在内蒙古阿拉善盟当过兵的乘客说起一个故事：一位 16 岁的小战士，在阿拉善风口迷路了，搜救队伍在旷野里发现了他的尸体。他枪里的子弹一颗不剩，手里紧拽着断了的老鼠尾巴和断成两截的蜥蜴。

房克信的车厢里，有人写下了遗书。

车厢里很冷，穆晓光估计气温在零摄氏度以下，裹着被子还哆嗦。挨到 4 月 10 日早上，他捡起地上的一瓶白酒喝了两口。

与边疆同铺位的一位唐山大叔，据说是从 20 世纪唐山大地震的废墟中捡回了一条命。他冷得受不住，将原本带回家孝敬父母的两瓶五粮液打开。"不管了，我先喝两口。"边疆听见他说。

边疆隔壁铺位的一个漂亮女孩，用被子盖着腿脚，脸色煞白。24 小时里，边疆只听到她说了一句话："这是我第一次出新疆。"

11 号硬卧车厢里，乘客张亚东用毯子、被子裹满全身，与四五个人挤在一起互相取暖。"我在车上思考我 30 多年的人生。"他后来笑着说。

他上过一次厕所。当然，上厕所也得快点解决，因为怕万一翻车，被卡在厕所里。其余时间他还一度盯住窗外一块石头当作参照物，观察列车晃动的幅度和频率。因为一旦要翻车，好赶紧找抓手。

男人们不能显得恐慌，还得讲些笑话。张亚东对面的女孩手机打不出去，一下子哭了。

张亚东示意她看同铺位的两位老人。他俩"满头满脸的沙土"，又"吓呆了"，"一动不动"。

"像不像兵马俑？"他对那位 20 多岁的女孩说。女孩被逗笑了。

在张亚东手机的"记事本"里，2006 年 4 月 9 日，有这样一条记录：

"大风。"

他问："你看过张艺谋导演的《英雄》吗？电影里秦王的兵士要去攻打敌人的时候，他们就吼'风！风！风！'。"

当风一块一块击穿车厢的玻璃，他"一点一点地绝望"时，恐惧就这样慢慢地到来。

他还在笔记本上写下几句私密的话。"不管是死还是活，得写下点什么。"张亚东说。

"那个时候，这列车上人人平等，即使千万富翁，也不能打个电话说：'我有钱，快来救我！'有理性的人都知道，只要风不停，就不会有救援。"张亚东说，"感觉就像现在被判了死刑，等着明天上午执行。"

所幸，风在 4 月 10 日上午开始变小。

这时，边疆已经可以将脑袋探出破碎的车窗，顺着车身往前看了。"太壮观了！"他说，窗上堵的被子、被单正"像彩旗似的"飘飞。

这天上午，顾革命也往窗外看去，茫茫的戈壁滩，被子、床单、枕头，甚至铺板，撒落一地。有一些被子，在空中被风吹得"像飞毯一样，飘走了"。

但风一直没停，车体始终摇晃。

后来，顾革命的包厢来了一个拿对讲机的人，"看上去像快要冻僵了一样"。据顾革命了解，他是负责鄯善至哈密段运行的陈（音）车长，这位车长凭 20 年的工作经验估计风最大时在 15 级以上。

听车长说，车头的玻璃也被击碎，两名司机行车时用被子上下裹住，只露两只眼睛。他还听车长说，20 世纪 80 年代这里曾经有一辆没拉够吨位的货车被 12 级大风吹翻。

车长的到来使顾革命成了消息最灵通的乘客。他因此了解到，铁轨表面被三四十厘米厚的沙土掩埋，要组织人员把铁轨刨出来，但难度很大，逆风方向铲土，沙土刚铲走又被风吹回来；顺风方向铲土，沙土则会被风吹过去掩埋相邻的另一段铁轨。

他听到车长命令，今天无论如何要通车，如果天黑之前通不了车，会有更大的危险。他听到报话机里部署人员兵分两路抢修。

10日下午四五点钟，穆晓光看见一辆工程车开过来，长长地鸣笛，戈壁滩里那"呜——"的一声。"我这一辈子都不会忘，"穆晓光说，"终于有救了！"

顾革命从车长的报话机里听到的最后一个情况是："局长下了死命令，再过1小时10分钟必须开通！"

晚7时25分，T70次列车开动了。

"终于走了！"

从列车第一块玻璃被击穿开始，20多小时内，穆晓光与其他三位乘客共分到了一瓶冰红茶、一瓶冰绿茶、一袋榨菜和一小包瓜子。房克信与其他十几位乘客共分到了三瓶水、四小包榨菜、十几粒果脯和一小袋鸡肉串。

晚9时10分左右，伤痕累累的T70次列车开进了哈密站台。

惊魂未定，另一场"风波"却悄然开始。

在这里，乘客们每人都领到了纸杯，站上提供免费开水。据穆晓光和陈安成说，一层候车室里绝大部分人享受到了座位，尽管不少人是两人挤一把椅子，而二层候车室内一两百人没有座位，先是站着，后来席地而坐。一楼的人们每人分到了两个馒头、一包榨菜和一小瓶饮用水，二楼只有七八个人分到。

房克信回忆，自始至终，站上没有一位领导出面与这几百个蓬头垢面的乘客沟通，告知抢修措施和进展。"我们得不到一点信息。"

他说。

像不少乘客一样，房克信也熬不住了，看见站上穿制服的人，也分不清是不是管事的领导，就问："什么时候能修好？"

对方的答复是："很快，很快。"T70 次列车缓缓开出了哈密站台，留下了这三位欲找领导反映问题的乘客，却带走了他们的行李。

这三位乘客搭乘下一班列车赶回北京。

在他们之前，也就是 4 月 12 日晚 8 点多，左侧窗户钉满三合板的 T70 次列车，带着其他乘客，驶进了北京西客站。

听到列车广播本次列车晚点 33 个小时的消息，不知为什么，边疆突然觉得很想笑。"怎么会有一列火车晚点 33 个小时呢？"他后来说。

走出车厢时，他突然觉得自己被镁光灯包围了，等待在站台上的记者"拍了上面拍下面，拍了列车再拍人"。

而张亚东则看见，一个女孩扑向等在站台上的男友，两人抱头痛哭。

但 T70 次列车的故事到此并未结束。

早在哈密候车室休整时，一纸联名授权书便在乘客们手中传递。乘客们质疑，既然 T70 次常年通过这"百里风区"，加上列车出发前早有天气预报称将会降温变天，铁路部门为何没有完善的应急预案。

而房克信也认为，"灾难原本是可以避免的"，在现代信息传播和天气预测技术的保障下，有理由相信铁路调度人员能预知风区的天气状况。

"我并不想要什么赔偿，但希望有关部门给个说法。"张亚东说。

据报道，这次风暴无人伤亡。

几天前坐上 T70 次时"觉得侥幸"的顾革命，现在却觉得"很倒霉"。他回到兰州后即患上呼吸道感染，"病情一天比一天重"。4 月 14 日他在电话中说，他正坐在家里打着点滴，医生让他继续再打 3 天。

回到了北京的陈安成 15 日说："我的包里现在还有土。"他的脖子被风吹得不能转动，像落枕一样。而边疆回北京后，则发现鼻涕里还有土。衣服洗过了，口袋里依然是土。穆晓光则总觉得晕，"似乎周围还在晃悠"。

15 日晚，几位 T70 次乘客在北京的一个小型聚会上，乘客张亚东明显喝多了。他突然转向在座的一位并未经历此次惊险的女士，口齿不清地问："你知道火车上的玻璃是什么样吗？"

那位女士还没来得及反应，他已拿起一只玻璃杯，突然向餐厅的窗户砸过去，"砰"的一声碎裂的响动。

"别砸了，地上都是玻璃碴子！"女士惊叫道。

"玻璃碴子？"满脸涨红的他吼道，"我告诉你，火车上就是这样！"

话音刚落，第二只玻璃杯从他手中再次飞向窗户。

当晚，餐厅的这面窗户共受到了 4 只杯子的袭击，所幸，只露出两个窟窿。

诗人张枣之死

◎郭玉洁

"只要想起一生中后悔的事 / 梅花便落了下来。"写下这个句子的时候，张枣距离 22 岁生日还有两个月。他对这首名为《镜中》的诗没有太大信心。在一个深秋的黄昏，他带着钢笔写成的诗稿去找好友、诗人柏桦。柏桦看了之后，郑重地对他说，这是一首会轰动大江南北的诗。

2010 年 3 月 8 日，张枣去世之后，他的诗歌被记起。以诗歌在当代中国的边缘地位，恐怕再无"轰动大江南北"的可能，但这首《镜中》仍然传诵出了诗歌小圈子。当柏桦做出这个预言时，张枣睁大眼睛，犹豫着，半信半疑。他一直不能理解：《镜中》太浪漫，不如自己其他的一些诗歌那么成熟、技巧高超，为什么会如此受欢迎？但是就像戴望舒的《雨巷》、徐志摩的《再别康桥》一样，这种"为赋新词强说愁"的青春感伤，天然地具备流行的元素。诗中勾连起传统的意象，意境圆融，诗句清晰干净，非常现代，让读者觉得又是熟悉，又是陌生。更何况诗人如此年轻。

这首诗，是带着天才的气息被创造出来的。

22 岁的张枣，被柏桦这样形容："梦幻般漆黑的大眼睛闪烁着惊恐、警觉和极其投入的敏感，复杂的眼神流露出难以形容的复杂，因为它包含的不只是惊恐、警觉和敏感，似乎还有一种掩映着的转瞬即逝的疯狂。他的嘴和下巴是典型的大诗人才具有的——自信、雄厚、有力、骄傲而优雅，微笑洋溢着性感。"

　　在照片里，在许多人的回忆中，张枣似乎是当时诗歌界的青春偶像。他清瘦英俊，穿着不俗，眉间是少年意气风发，英文系研究生，不到 22 岁就写出了《镜中》《何人斯》这样不凡的诗作。

　　在当时的重庆，四川外语学院和西南师范大学有两个诗歌圈子，前者以张枣为首，后者以柏桦为首。柏桦回忆说，张枣在这两个圈子里欢快地游弋，最富青春活力，享受着公认的天之骄子的身份。他那时不仅是众多女性的偶像，也让每一个接触了他的男生疯狂。

　　张枣很清楚自己的魅力，才华与知识于内，自信自如的人生游戏于外，青春适得其所。一天深夜，柏桦在张枣的房间谈起他的一位女性教师朋友，张枣突然很肯定地说："你信不信，我会让她几分钟内迷上我？"柏桦颇不以为然，赌气似的，让他去一试身手，其结果令他震撼，"他就这样轻盈地送上了对我的承诺"。

　　这两个诗歌圈子，渐渐形成了自己的诗歌主张。当时的诗坛，仍然是北岛、舒婷等"朦胧派"的天下。他们的诗作在 1979 年被官方媒体刊登之后，引起冒犯性的争议，也赢得了全国范围内的声誉。但是"朦胧"并非诗人们自发的美学主张，其后要怎么发展？而他们的诗作也受到了后起诗人们的质疑。

　　1983 年，张枣和柏桦刚刚到达重庆的那一年，被张枣称为中国诗歌的间歇之年："朦胧诗"势头减弱，新的声音和浪潮即将出现。年轻的重庆诗人们把中国当代诗歌划为三代：1949 年至"文革"是第一代人；起始于"文革"的北岛们是第二代人；而他们是第三代人。

"第二代"中许多诗人来自北京，经历多元，抱负远大，这让南方的才子们感到诗歌场域的强烈不协调。1984年，张枣和好友傅维谈起，"上一代人"，也就是北岛他们的诗歌，仍然是"英雄主义"的集体写作，而正在汹涌而来的诗潮是"极端个人化写作"的现代主义诗歌。

这样的批评当然是有道理的。今天的北岛也常常反思自己早期的许多作品，在许多场合，他都拒绝朗诵众所期待的《回答》。诗歌要往前走，必定要走入个人、走入内心。但从另一个角度，这个粗糙的断代显然出自年轻的诗人们的焦虑。北岛一代的声势实在太大，他们克制不住"弑父弑兄"的冲动。

这两代人微妙的关系，在1985年早春北岛的重庆之行中体现得淋漓尽致。

那是一个雨夜，谈话在四川外语学院张枣昏暗零乱的宿舍进行。柏桦回忆道，北岛的形象让张枣感到了紧张，他说话一反常态，双手在空中夸张地比画着，突然发出一阵古怪的笑声，并词不达意地赞美起了北岛的一首诗。

而同样在场的傅维则记得，谈话在略显拘谨的氛围中展开，寒暄一阵，张枣率先打开了僵局，他对北岛说："我不太喜欢你诗中的英雄主义。"北岛听着，好一会儿没说话。听张枣说完所有的看法，北岛没有就张枣的话做出正面回答，而是十分遥远而平静地谈到了他妹妹的死，谈到他在白洋淀的写作，谈到北京整个民间诗坛与状况，最后说："我的诗里之所以有你们所指的英雄主义，那是因为我只能如此写。"

接下来，北岛也读了张枣的诗，当即表示比较喜欢《镜中》和其他几首。张枣不再紧张了。

这场"第二代"与"第三代"的见面只是开端。1991年，北岛曾邀请张枣做诗歌编辑。当时二人同病相怜，却也藏着更深的分歧。

张枣1962年生在湖南长沙，从小和外婆住在一起。外婆是从"旧社会"过来的少数读过书的老人家，她有一本《白居易诗选》，锁在装粮票和钱的柜子里，有空就拿出来读。张枣说，她读了很多年，最后都被翻烂了。

外婆还喜欢另一个诗人——杜甫。她当时在一个汽车修理厂值夜班。10岁的张枣和外婆一起睡，小孩子夜里不老实，老是踢被子。早上醒来后，外婆说："真是'娇儿恶卧踏里裂'啊！"张枣不明白这是什么意思，外婆告诉他，这是杜甫《茅屋为秋风所破歌》中的句子。张枣不能完全明白这首诗，但是他一下子就觉得"娇儿"这个词用得太好了，"一下子呈现了我和外婆的关系"。他疑惑：为什么这样一个平常的动作也会变成诗歌？好像变得不太一样了。幼小的他并没有想到要当诗人，只是觉得自己的世界被照亮了。

张枣的爸爸是一个诗人，他常常用俄语给他念普希金的诗。尽管语言不通，韵律不同，自由的形式不同，但张枣一样感到了诗意。

早年的家庭教育，使得张枣和同龄人相比，接受了较好的文学营养。即使对于1980年之后开始写作的诗人，中国古典传统和国外文学的交融往往也是成年之后的事。张枣却幸运得多。评论者常常指出，张枣的诗歌"古风很甚"，古典与现代交融了无痕迹。这和他的童年教养是分不开的。

1978年，16岁的张枣考入湖南师范大学外语系少年班。1983年考入四川外语学院研究生，他选择了英语。日后，他赴德国读书，德文相当好，还可以用俄语读原诗。他用西方诗歌的技巧，在汉文化中选择题材，视野非常开阔。谈起这个话题，张枣曾对傅维冒出一句湖南话："这下我用的武器就先进了撒，晓得不？"

在重庆度过了几年，诗歌、友情、青春，飞扬的岁月，张枣创作出了《镜中》《何人斯》这些早期的代表作。1986年，他随德国女友赴德国读书。

关于在德国的生活，张枣在给上海诗人陈东东的信里写道："我在海外是极端不幸福的，试想想孤悬在这儿有哪点好？"他说起物质上的窘困，"几乎不能动，不能旅行，甚至不能出门，因为我现在能用的钱，只相当于你们这里的人民币70多块"。那是1991年。

更难以忍受的是精神的寂寞。"住在德国，生活是枯燥的，尤其到了冬末，静雪覆路，室内映着虚白的光，人会萌生'红泥小火炉……能饮一杯无？'的怀想。但就是没有对饮的那个人……是的，在这个时代，连失眠都是枯燥的，因为没有令人心跳的愿景……于是，趁着夜深人静，再独自闲饮。这时，内心一定很空惘，身子枯坐在一个角落里，只顾早点浸染上睡意，了却这一天。"

和热闹鲜活、友朋相伴的中国相比，德国是要寂寞得太多。这里不再有诗友间的互相激发，也没有掌声随时在侧，甚至婚姻生活也不顺利。张枣烟抽得很凶，开始酗酒，每天晚上都要喝醉，才能入睡。

1996年张枣回国，他赶到北京傅维住的东城区炮局胡同，一见面就说："哎呀弟弟，找个地方我先睡一觉。"几乎是话音一落，倒在床上，呼噜就睡过去了，鼾声之大，几乎可以掀翻房顶。傅维看着床上那人，几乎都认不出来了，发胖，谢顶，鼾声如雷，哪里还是以前那个美男子张枣，顿时感觉有点黯然神伤。

与此同时，诗歌之于中国社会，也发生了巨大的变化。诗歌已逐渐被边缘化，诗人不再成为明星，而中国的物质生活却迅速丰裕起来。

傅维在张枣写出杰作《早晨的风暴》之后，认为倚天已出，无以争锋，渐渐怠惰了诗艺。后来，他开始从商——这也是许多诗人最后的选择。他写信告诉张枣自己的变化，在回信中，张枣写道："我赞同你说的生活之重要，甚至生活先于艺术……我个人亦想回国干，国外这些年，固然给了我无价之宝，但生活与艺术的最终完善，只能在祖国才能进行。它有活泼的细节，它有不可选择的无可奈何的历史过程，应该去参与，不管用哪种方式。总之，生活，有趣的生活应该是生活本身唯一的追求。"

张枣开始常常回国。他几乎是贪婪地品尝着生之滋味，似乎要补足在德国时的寂寞空间。陈东东的岳母说："张枣这个人真是滑稽，嘎滑稽，馋得不得了。我从来没见过这么馋、这么喜欢吃东西的人。"从德国每次飞抵上海，从机场并不直奔岳母家（他第二任妻子是上海人），而是让出租车停在离那儿不远的一家南货店门前，拖着箱子跨进店堂，欣喜地抚摩着每一只火腿、每一块腊肉、每一捆香肠，这儿闻闻，那儿嗅嗅，打听每样东西的价格，但是忍住不买。直到飞回德国前一天，才扑向南货店大买一气。每次帮他打行李的时候，陈东东都会很不耐烦，已经装不下了，还要多塞些鱼干、腊肉、糟鸭、熏肠、老干妈辣酱什么的。"回德国这可要吃上半年呢……"张枣总会说。

傅维记得有一次，张枣把青椒皮蛋送进嘴前，无比温柔地说："让我好好记住了这细腻丝滑还有清香，我们再说话，可好？"

张枣热爱红尘，而德国的生活却不太如意。北岛到柏林参加活动，去张枣教书的图宾根大学看他。张枣丢了工作，外加感情危机，家里乱糟糟的，儿子对着音响设备踢足球。

张枣那时已经很少写诗了。1998年，德国汉学家、作家顾彬和张枣约好，他为张枣翻译、编辑出版一本德文诗集，而张枣为他翻译出版一本汉语诗集。顾彬为此推掉了自己的工作，第二年，张枣的德文诗集《春秋来信》出版。而顾彬的诗集呢？张枣翻译了还不到一半。顾彬不无抱怨地回忆说："他总有各种各样的借口，说我的诗很难翻译，他的诗不是更难翻吗？"

张枣不停地给顾彬打电话，一边解释，一边邀请他到大连旅行。他说，一切费用都有人赞助，可是对于顾彬这样的加尔文教徒，这些物质、色欲都不值一提，唯有工作、创造，才是最重要的。他因此与张枣分道扬镳。

2004年，张枣开始在中央民族大学教书。2006年彻底搬回中国。看起来，他选择了滋味浓重的生活，但是更为严肃的北岛却不认同这个选择。

北岛曾在北欧孤独的永夜难以入眠，但是他说，他感谢寂寞，让他完成了生命的沉潜，没有淹没在虚华之中。他觉得这是诗人、作家必过的关坎。在张枣回国前，北岛曾经和张枣通过几次很长的电话，他深知张枣性格的弱点，他认为，声色犬马和浮躁气氛会毁了他。他对张枣说："你要回国，就意味着你将放弃诗歌。"张枣完全同意，他说，他实在忍受不了国外的寂寞。

张枣去世之后，诗人们评论他的诗歌成就，回忆他才华飞扬的青春——逝去的人很容易成为神话，却很少提及他最后的日子。只有在只言片语中，表达些许惋惜。张枣在纵情"生活"，也仍然热爱诗歌，谈论诗歌，但是写作需要更大的意志、更严格的纪律。无法创造，让他更觉压力，也更加投入"生活"。钟鸣说："他后期生活的紊乱，证明了他的绝望与放弃，同时，也证明了原来对他期望很高的人，也完全放弃了他。"

2010 年 3 月 8 日，48 岁的张枣因肺癌去世，留下 80 首诗。顾彬写讣闻说："他是一个天才，但他没有珍惜自己的才华。"

天才球员董方卓的残酷答案

◎王天挺

100 年来，加入过曼联[1]这样的足球豪门的中国人只有董方卓一个，当年他 19 岁。在那之后，他的人生始终只有一个简单的问题，那就是：当一个人在年轻的时候就达到了人生的顶峰，在其余的日子里，要怎样做才能维持住不掉下来？

历史上最伟大的足球教练之一亚历克斯·弗格森爵士一生中只青睐过两位中国人。第一位是宿茂臻，一名来自山东的高大前锋，要不是因为伤病，早在 20 世纪 90 年代初就代表中国人加入了曼联。另一位是董方卓，时隔 10 年，速度和弹跳出众的年轻人，恰好也是一名前锋，如同动物学家罗伯特·冯塔纳罗萨所证明的那样：前锋和熊猫均属濒危动物。

---

1 曼联：曼彻斯特联足球俱乐部（Manchester United F. C.），其前身"牛顿希斯 LYR 足球队"成立于 1878 年，1902 年正式更名为"曼彻斯特联足球俱乐部"。

这样的人是珍贵的。即便时至今日，董方卓转会曼联的 2004 年年初都是个在中国足球历史上前所未有、独一无二的时间点——它恰好在中国男足唯一一次打入世界杯之后，又赶在了中国足坛发生腐败之前。那时候一切无不预示着，我们的足球事业将持续走好，直至走向辉煌。球迷和媒体有理由欣喜若狂，100 年来从未有过中国人加入曼联这样的豪门俱乐部。签约的消息尚未公布，就有中国记者千方百计拿到消息，提前泄露。为此曼联召开的发布会，拒绝了所有中国记者入内——这在 100 年来也从未有过。

挤满记者的会场里，19 岁的董方卓扬着年轻的脸庞，咧着嘴签下了自己的名字，然后和弗格森教练一同举起了代表曼联俱乐部的红色围巾。

对于中国足球和球迷来说，这是一个关于天才和希望的故事：我们如何接近，我们如何失去，我们又有多需要它。媒体、俱乐部、经纪人和球迷共同制造了一个巨大的梦，给董方卓原来正常的成长轨迹，设置了一个有如过山车般的起落。后来人们津津乐道他摇摇欲坠、面临崩塌的人生，他在曼联梦游般的职业生涯，还有令人筋疲力尽的对他懒惰和奢侈生活的指责，让他几乎在一夜之间被球迷抛弃——当初高唱赞歌的那群人成了最猛烈的批评者。这几年，他杳无音信，关于他最后的消息是，他去了一家中国第二级别联赛的俱乐部，然后在一场失败的中医手术之后，去了南方。

更有趣的是，从他身上我们看到中国人对待天才的态度。我们推翻偶像的快感与树立偶像的快感成正比，尤其是当他愚蠢地犯下那些低级错误的时候。我们爽快地把一个小孩甩到成人世界，告诉他只要按照理性、高效和成熟的成人法则来，就能成功。一旦失败，我们就开始讲一个"伤仲永"的故事。而仲永最大的错，就是他没有按照成年人的规矩来，没有取得世俗意义上的成功。

但对董方卓自己来说，他的人生始终只有一个简单的、徘徊许久的问题，那就是：当一个人在年轻的时候就达到了人生的顶峰，在其余的日子里，要怎样做才能维持住不掉下来？

这是所有曾经被称为天才、被捧到高处和获得了自己不该获得的位置的人所共同拥有的问题。这是一个对普通人来说奢侈的和毫无意义的问题，但对某些人来说是个必要的、痛苦的和值得回答的问题。

完美

对一名 19 岁的年轻球员来说，人生的顶峰意味着什么？意味着天价年薪、豪华跑车和模特女友；意味着无所不能的生活、他人国王般的礼遇和全部社会人士的尊敬。但对当时的董方卓来说，人生的顶峰就是：他再不用自己擦球鞋了。

没有转会能比这次更完美。2003 年，经纪人高琪在一次聚会上见到了时任曼联主教练的弗格森爵士。可能是想弥补宿茂臻的遗憾，弗格森对高琪说："给你个名额，给我带个（中国）人来。""老头跟我关系挺好。"高琪说。

董方卓被高琪选中，是因为诚实。"他没有改年龄。"他的母队大连实德也很快答应。他们希望通过输送球员与海外俱乐部建立联系。曼联俱乐部很实在，答应的同时，立即在四川成都开了全中国第一家曼联主题餐厅。

董方卓本人躺在 30 平方米的家中，晚上 10 点多接到一个电话。此前他去试训，穿的球鞋破了个洞。电话那头告诉他，不用买了。并且，曼联一线队的队员会有专人擦球鞋和打油的。

　　这就是他关于人生顶峰最重要的记忆。剩下的，他都是蒙的。他坐上去英国的飞机，开始流鼻血。高琪看着他，说："你念'我叫不紧张'。"他看着高琪，念了，还流。下飞机签完约，他们一起去看曼联的比赛。进了包厢，没见过那么多大人物，但他似乎最重要。百威、耐克和沃达丰的高层跟他握手，还有一名红牛车队的车手。就因为他是曼联的人。最后他坐下，一个穿着黑西装的侍者走到他身边。"先生，"他问董方卓，"您要下注吗？"

　　经纪人跟他说，少说话，曼联有规定，球员不能私自接受采访。但"天才一般话都比较少"，一个球迷在留言板写道："因为话少显示了他在足球上的专注力。对一个19岁就进入豪门俱乐部踢球的年轻人来说，你只能是一个天才——不论谎言与否。"

　　在当时，他就是右脚的吉格斯、媲美C罗的中国未来之星以及沉默、冷静和坚定不动摇的天才少年。记者们采访不到他，但很多人想赞美他的天才，素材不够，就编了很多假新闻。最著名的是："他穿着拖鞋原地起跳抓篮筐被弗格森看见，惊为天人。"

　　人生被搞得有点骑虎难下。他给人逼上梁山，给人赶鸭子上架了。还有那球鞋，签了新赞助商，直接给了一行李箱到停机坪，里头全是鞋。试训那会儿，他瞅着想让经纪人买条球队围巾，说以后给人买100条，这事也弄得天下皆知。他能跟谁诉苦？他还背着新概念英语一、二、三册来的，就会说句"Bye bye"，酒店服务员都在欺负他。

　　但他当时最大问题是没有劳工证。这是一个英国人搞的、外国人想来这儿必须证明你是个人才的玩意儿。他需要先租借去比利时安特卫普俱乐部——曼联的一个卫星俱乐部踢球。这里面还暗藏了层意思：你不是天才吗，先去个小地方，验一下货。有趣的是，同一时期还有个冈比亚人也被曼联租借。在冈比亚，他也是个天才。

根据统计，弗格森执掌曼联 17 年内，共租借出球员 59 名、102 人次，只有 8 人在回到曼联后打上联赛，真正成为主力的只有大卫·贝克汉姆和约翰·奥谢，此外就是昙花一现的卢克·查德威克了。但中国的媒体显然没看到这条新闻。

麻烦

他一个人被甩到了安特卫普，觉得糟透了。他望着俱乐部啰里啰唆的工作人员。这些人都来搞他，洗衣机是坏的，冰箱冷冻室也不工作。现在他就想给他母亲办个签证，折腾他干什么？驾照寄过来还给寄丢了，天天蹭别人的车，有一次别人把他给忘了，他走了两个小时才找到家。说来尴尬，他也确实不知道住址的英文。或许是因为都受欺负，他跟队里的黑人球员关系更好。只有那些 30 多岁的老队员，特别老，追着他小腿踢。他不耐烦，一个加速就把人甩掉了。之后有媒体问他最喜欢哪支球队，那当然是曼联啊！不行，得是安特卫普。他最喜欢的食物是薯条，因为薯条是比利时发明的。

他觉得在国内过得挺好，他干吗要来比利时？他本来就是个按部就班的家伙。在国内吃住都是在一块儿的，教练又什么都管。他总是按时到训练场，准时离开，既不偷懒，也不加练。他在曼联试训的时候也是模范球员，"不能带任何女性进入借宿之家""晚上 9 点以后不能进入曼彻斯特市中心"这样的 13 条规定他一条也没违反，他训练完后压根不出门。

但现在呢，欧洲教练说应该自己理解比赛，只给个大致战术，就不管了。他的速度快，弹跳好，只要球给到，把后卫一蹚，那不就进了？但谁都不传球给他。他第一次出场就因为穿错球衣号码而出名，这能怪他吗？可能因为来自豪门曼联，看不惯吧，他不理解——就像数年之后他回到大连，他也不理解教练徐弘告诉他要"忘掉曼联标签"一样。

在国内的经纪人高琪坐不住了，跑到比利时来。"这人是个傻子啊。"他目瞪口呆。董方卓给自己找了个在俱乐部打杂的阿姨当翻译，二号翻译是港务局的一个员工；他不会烧菜，但认识每一家中餐馆的老板；自家的客厅里就摆个空的大书架，房间里还放了张婴儿床。最令人心酸的，董方卓正非常认真地、严肃地研读一本书，叫《男人的十大优点》。

高琪不得不认识到，他们把一个什么都不懂的小孩，扔进了最为凶险的成人世界，这里正是全世界的金钱、欲望、背叛、欺骗浓度最高的地方。

彼时正是贝克汉姆商业化最为成功的年代，每个人都在谈论他的形象、智慧、无与伦比的交流能力和让周围人开心的性格。董方卓却对他不感冒。他更崇拜在世界杯上亮相过的一位土耳其球员。那人在足球沙场上如印第安勇士出征，脸上画着彩纹。

他的一位朋友后来说，这种成人社会生活，没有人教他，他也确实不知道怎么做。在当时，他试图融入社会的努力，唯一可以凭倚的可能真的只有那本《男人的十大优点》。

快乐

父亲在董方卓8岁时就因车祸过世了。在此之前，踢球就是他最大的快乐。他一点也不聪明，两三岁才学会说话。就有一点好：听话。他5岁学球，跟在父亲的摩托车后面跑步，个子还没摩托车高。为了练反应，父亲拿羽毛球往他脸上打，躲不过去就打得满脸是血；他还把防弹衣片子拆下来绑在腿上练力量，也从没偷着少绑两片。

也有别的小孩想学，却总偷奸耍滑。说来幼稚，不要手段，那是不太聪明的小孩的尊严。他是有这个尊严的。过了一年，他就专找八九岁的小孩踢了。又过了一年，他进入了大连足球名校东北路小学。

但父亲的车祸改变了一切。房子是厂子里边的，给收回去了。没地方住，他就得住姥姥家。姥姥家是个什么情况？他舅结婚了，跟他舅老婆住一起，就是他舅妈。他妹也出生了，加上姥姥和姥爷，七口人挤在60平方米的房子。住了两三年，又不得不搬去小姨家。他妈必须睡地下。他只能睡柜子上，装衣服的柜子。

而他的母亲，一位忧心忡忡的单亲家长，开始要求他，每天要把一天中发生的所有事告诉她，一言一行、一举一动，以便她随时指出错误，方便改正。对此他毫无怨言，坦然接受了。因为在此之前，他二叔提出过要收养他。他母亲想了很久，最后拒绝了。他再也没打过架，因为母亲担心。他饿了3天没吃饭，给家里买了洗衣粉和大白兔奶糖，因为感激。

他依然喜欢踢球，但其中包含了一个秘密：他不是因为喜欢足球而踢得好，而是踢得好才喜欢足球。

他长成了一个内向腼腆的大高个儿。他不爱跟朋友出去玩，最喜欢在宿舍看武侠小说，玩《仙剑奇侠传》。很奇怪，他喜欢令狐冲和李逍遥。但他别说跟女孩子说话了，连男的都很少说。舍友讨论哪个女明星长得漂亮，有点男孩子的幻想，他也认可，但闷着，从不当众表达。所以他的外号是"闷石"。

但你从没看过他在足球场上的模样。他曾经的队友王堃说，董方卓在场上的外号是另一个，叫"阿司"，司令的昵称——一个球场统治者的称谓。

同样在8岁，董方卓模模糊糊意识到一个关键点，足球的天分是一种福利：这与你平时是个怎样的人无关，只要在场上踢得好，就能收获鲜花和掌声。

在球场上，他随心所欲地控球，而足球也信任他。你可以看到一个无礼的、显然没有谨遵他母亲教诲的少年，在喧闹的人群面前，冒天下之大不韪试图过掉对方整个球队。所有这些都是为了享受被禁闭的生活而进行的一场冒险，并在这个过程中获得身体上的愉悦。

那一刻，拥挤的房间、寄人篱下的苦痛就都不重要了。他进球时紧握双拳，仰着头最大面积地感受阳光，等待排山倒海般的欢呼声，就像在向周围的所有人索取认可。认可我。认可我。"这小子，太快了。"所有对手都会这么说，声音从四面八方传来。

他并不是那种家庭条件好，出于纯粹的热爱才踢球的小孩。在当时的环境里，有些地方，球员私下给教练塞钱才能上场。为踢上职业队，也有过花费几十万元的情况。

他只有能力够大，大到改变比赛的局势，才能继续留在场上，才能收获赞扬，改善生活："挣钱给家里买房。"他因为踢得好才喜欢足球。

可能他自己都没意识到，他代表了一群在青春期有些自卑又很有自尊的年轻人，他们渴望加入社会，渴望在众人面前证明自己。外貌和沟通方面的劣势加剧了这种渴望，然后他们接触到了足球，通过它收获了赞赏和尊重，从此无可救药地爱上它。

胜利

高琪是中国最好的足球经纪人之一。最重要的是，他了解社会，清楚足球成功的法则。他曾经是西安的一名体育老师，有一天辞职学英语，后来在中国足协组织的第一次国际经纪人考试中得了第一名。董方卓的转会，在他雄心勃勃的中国球员国际转会计划里是个重要的开始。为此在陪董方卓试训期间，他吃了一个月的面包夹辣椒酱。

高琪迅速给董方卓找了一个带伦敦腔的英国人。董方卓每周上两个半天的英语课，每月花费 600 欧元，每天能记住 5 个单词。他高叔，还给他按摩、做饭、铰头发。最重要的是，高叔从国内找来了私人教练黄庆良。

黄庆良刚从延边足球队退役，退役前是一名经验丰富、速度极快的中后卫，也踢过中锋的位置。当时还有几个教练参与竞争，他争取到了这个机会，他甚至去学了英语和烹饪。他不仅管训练，还负责做饭、打杂、激励和应付媒体，就像个父亲一样。

"董是那种球员，你帮他把其他事做好，他就能踢好球。"黄庆良说。

董方卓喜欢跑步，但他不知道怎么跑。现在黄教练告诉他，第一分钟应该出现的位置、第二分钟应该出现的位置，以及拿球 5 秒内必须打门。这对他来说不难，他是场上能力最强的人。他们半夜一起看训练录像，一秒一秒看，直到天亮。天亮了，他就"咣咣咣"进球了。黄教练命令他所有点球都要抢。他犹犹豫豫，黄教练去找队长，队长说好。他就"咣咣咣"进点球。有一次他让了，他不好意思说不，就被痛骂了几分钟。

"这是树威信，不能放掉。"黄教练说了很多遍。"中国球员，没自信，能不争就不争。但你别惹急了我，惹急了我，我搞死你。"这样不好。是这个道理。有一位叫毕达的翻译也告诉过他，要让教练知道他的努力，知道他愿意变成明星，他才能真的变成明星。毕达说他是个乖孩子，从不越界。

但董方卓本来就不是多么讨人喜欢的家伙，干什么事情总是不得体、不合时宜。小时候，长辈摸他头，他拿手挡开："你干吗？"不同于球场，他无法做反应。人们觉得尴尬，就会离开他。

但在场上表现好，人们又会接近他、容忍他，告诉他不爱说话是微不足道的小事，只要他身体继续好，能力继续强，就都能解决。速度就不用练了，他们说。练别的吧，已经很强了。这就是天才的福利。他的身边总是聚集了这样或那样热情的人。

就像小时候一样，他又一次成功了。2005—2006 年赛季他出场2030 分钟，攻入 18 球，平均每 112.78 分钟一个进球，位居比利时乙级联赛射手榜首位。他的进球洋溢着自信，被称为"董氏进球"（DONG GOAL）——一种得球后凭借连续的加速甩掉对方的进球方式。黄教练让他吃的牛尾汤，风靡一时。等他离开时牛尾的价格已经翻了一倍。

2006 年 12 月，他高叔说跟老头把事情定了。高叔去找的朱广沪——国家队主教练，朱指导专程拜访的爵爷，爵爷说希望召董方卓进国家队，他就进了国家队，朱指导的换人名额有他一个。最终他凑够了国家队上场时间。高叔搞定了劳工证，他终于可以回曼联了。全中国的媒体和球迷都在庆祝。

只有黄教练满面愁容。"半年，再待半年。"黄教练这么跟他和高琪说，希望他再用半年时间，强化身体和技术，担心他无法适应英国足球训练节奏。董方卓看着黄庆良——这怎么可能呢？他从小就被人拿着跟其他成名球星比。签了曼联，每一天都不敢松懈，无数双眼睛都在盯着他的人生进展。他们要让他证明，他有资格去曼联。现在他做到了，连印有他号码 21 的球衣都要出售了，他怎么可能再等半年？

十几年后，在北京的一家咖啡馆，黄庆良用手比画着。"从地上往桌子上迈，能上去，但很辛苦。给一个凳子，再上去，就不累。"他说道，"这一步就跨上来了，万一哪天要下来呢？那时候你就得往下蹦了。"

危机

2006 年 12 月，高琪跟弗格森把事情敲定后，他从英国去比利时看董方卓，决定亲口告诉他这个消息。"第二天早上，他送我去的机场，我说：'你早点走吧。'他说：'这三年来你对我的照顾，我很感谢。'我进去了，看见他还在机场。那一次是我觉得他最认真的一次，他发自内心地对我表达了感谢。"

"但一年之后，在曼联续合同。他看着我的表情，我心里就放弃他了。我说他没有未来了。"高琪说。

在高琪看来，正是他的女友和一些围在他身边的人，毁掉了董方卓的足球生涯。他们假借关切、体贴和照顾去谋取他身上的利益。"他的心思不在足球上了。"

在回到曼联之后，董方卓先把他的女友接到了英国，然后把母亲也接过来住在一起。他选择了住在曼城球员孙继海附近，因为"都是中国人，方便照顾"。但他没意识到自己所在的曼联，跟曼城是同城死敌。曼联的人发火了，说应该住他们这儿，让董方卓把家搬过来。

"他觉得他行了。"高琪说，"他的女友就是个演员，一见我就说：'高叔，我叔叔喝一杯茶就能挣 2000 万元。'她想当他经纪人。有一次开会，他、他妈和她三个去见弗格森，弗格森直接把那个会取消了。"还有一次，他女友和他母亲吵架，大半夜都闹到了警察局，而第二天还有比赛要踢。

董方卓向我激烈地否认了。"胡说八道，我妈从来没去过曼联基地。还有我要是去了警察局，各大媒体还不报道了啊？我不知道他为什么拿这个埋汰我。"再说了，"我恋爱很正常吧？我就谈一个，好多人谈好几个女朋友"。

"那段时间他确实很辛苦。"黄庆良说，"那女孩在荷兰上学，在比利时几乎天天来，就有一种相依为命的感觉。"但后来他母亲来住一起，矛盾和争吵就多了，他就卡在中间。

黄庆良觉得高琪是个"严父"，很认真，但不够灵活。"他让小董这也不能干那也不能干。高琪就不让他找女朋友，但人是男孩子啊，想有个伴侣。"

高琪就认定董方卓太老实，被女人给骗了。为此，"说句不好听的，我们专门带他去夜总会"，结果董方卓连门都没进。

高琪觉得董方卓周围有一群害他的人——蒙他钱的餐厅朋友、专门打探他小道消息的国内记者。"我们给他找了个会计，处理工资上的税，曼联 80% 以上的税都是他处理的。会计很尴尬地说，前两天，董方卓带着朋友来见他看过税。当时就有很多人替他做这种主。"

在高琪看来，他为董方卓做了很多事，只是别人都不知道。"他去南非那场比赛，本来没有他。我跟老头说给他报上名，两天之内，找南非足协主席给弄的签证。然后他打进了一个球。"只要他认真踢，打多少场，工资涨多少钱；打多少场球，年薪涨多少——合同谈得是非常好的。

"这些我还是很感谢他的。"董方卓对我说，"但他当时除了正常经纪人费用和工资抽成，我的比赛奖金也要抽，在新合同要加上。我踢的比赛为什么抽？我觉得他已经疯了。我就没续约。"

"很多事情，他自己决定不了。"黄庆良说他周围拿主意的人太多了。董方卓到了曼联之后也没跟黄续约。"我是比较伤心的。我投入了全部感情。"董方卓回想起来也觉得抱歉，"他就像父亲一样"，但那时候就觉得不需要了。

2007年，在一家英国酒店里，高琪问他："咱俩还续不续？""他说'高叔你就让我自生自灭吧'，大概就这意思，是吧，你就别管我了。"高琪说好。"不管怎么说，当时在德国汉堡那一场球，他踢得很好。他不是没有能力。他需要有一个人来引导他，我干了5年这个事，但我最后放弃了。"

高琪说他10多年没有联系董方卓了，想让我帮他问问："当年这个事他想明白了吗？"

黄庆良也让我问一句："你现在能自己做决定了吗？"

失败

董方卓15岁那会儿，热衷于玩一款叫作《三国志》的电子游戏。游戏里的玩家有的喜欢种地屯田，有的习惯在刚开局就武力进攻，这些他都试过。但他最喜欢的一种玩法是"单刷武将"——先在各地寻找宝物，然后慢慢地把所有的宝物都堆在一个武将的身上。这个武将就拥有了最高的天赋值，有他参加的战役，总能大胜而归。那时候，他身材高大，但沉默寡言，很少与人交往，唯独对这个游戏乐此不疲。只是有好几次，他忘记褒赏武将，忠诚度很容易就降了下来，最后武将叛逃，实力一落千丈，让他闷闷不乐了很长时间。

7 年后，5 月 10 日的晚上 7 点，在英国伦敦斯坦福桥球场的球员通道门口，董方卓走向场内的时候，就像玩起了这个游戏。现在的董方卓看上去是个身材壮实、充满干劲的年轻球员，这可能将是他最重要的一场比赛，自从 2004 年签约曼联以来他第一次在英超出场。但事实上，这时候他在队内的位置岌岌可危，他打不上主力，被预备队孤立，没有私人教练，没有朋友。他的腿肚子在转筋，脚像踩在棉花上。

4 个小时之前，他跟随队伍坐上了从曼彻斯特到伦敦的火车。他并不知道自己今天要出场。到达伦敦之后，大巴把他们送到酒店。他抓紧时间吃了鸡排、意面、沙拉，喝了碗汤。2 个小时之前，全队来到了斯坦福桥球场，进入了客队更衣室。球员们分坐在两边的长凳上，弗格森拿出了白色的战术板放在架子上。他掏出黑色马克笔，开始写首发名单，第一个字母是 D，紧接着是 ONG，排出了一个 4231 阵型。DONG 就是那个最前面的"1"。

曼联派出了几乎全替补的阵容，相反，切尔西除了有伤的迪迪埃·德罗巴坐在看台上，上的是全主力。"这场比赛对董太残酷了。"有记者说。切尔西后卫线的韦恩·布里奇、约翰·特里、迈克尔·埃辛、保罗·费雷拉都在场上，本赛季只有 23 个丢球，是英超第一防线。

他的腿还没有跑开，只有靠得足够近，他才真正感受到了特里的身体强度，他被撞得一个趔趄。这时候，他的左边视野里的埃辛传了一脚软绵绵的球，他一个提速断了下来，向禁区的右前方前进，他的面前是特里。11年后，董方卓再度回忆起这个场景，脸上写满难受："如果我有自信我就会吊门，或者一对一突破。但我做了最笨的选择，慢悠悠盘带。"球被后面赶上的米克尔断了下来。

比赛第23分钟，伊格尔斯左路下底，他的前面有两个人堵截。球漂亮地传到门前，但伊格尔斯发现董方卓没有启动，他站在门前，目送足球滑门而出。这就是后来他在场上懒惰的证据之一。

比赛第52分钟，董方卓跟伊格尔斯做了一个二过一的配合，然后他起脚打门。球高高飞起，飞过了门框。"如果黄教练在这儿，他一定会懂。"他告诉我，"当你拿到球以后，又当你极端缺乏自信时，就用射门去加强。"

这就是他整场比赛，也许是在曼联的整个生涯里最为重要的三次机会。他错过了。第73分钟，他被鲁尼换下。但比赛的画面一直在他脑海里反复，十几年间从未间断。那是很痛苦的。"第二个球，多跑一步，会不会我的命运就完全不一样了？"

崩溃

与切尔西比赛前后正是他被指责购买豪车奥迪A8的时候。

可实际上，他实实在在尽力了。他不吃猪肉，只吃牛肉和羊排，体脂一直保持在7~8；他按时训练，从未迟到；他从不抽烟，也不喝酒，不在夜总会流连；他没有找模特女友，也没有牵扯进桃色丑闻。曼联闹出所谓"酒吧强奸案"，几乎全队牵扯其中，就他没事，因为只有他提前走了。他房东的女儿，一个乐队的主唱，约他去酒吧喝酒，费迪南德跟其他几位球员都在，他也拒绝了。他甚至努力跟人交流了，队员叫他"中国男孩"。

他给姥姥买了房，写的舅舅的名字，尽到了家人的责任。训练场上，他跟朴智星对抗，他抢了大概2分钟，还没抢到，所有人都在看着他们俩，他还是继续抢了。发现阿兰·史密斯在踢后腰[1]的那天，他颤抖了。他为史密斯感到痛苦，一个前锋被发配踢后腰是怎样的羞辱，也为踢同样位置的自己感到了恐惧。

英国足球节奏更快，他擅长的加速过人不起作用。面对强壮的英超后卫，他要么被无情放倒，要么背身拿球最后不得不回传。

3年前试训时，C罗也只是刚来的葡萄牙少年。那次看见董方卓走过来，把球拨到他面前，他刚想有动作，C罗一下又把球拨回去了。国内记者说他没血性。他一直记着，好几天都在想这事。但试训很短，他很快去了比利时。3年后回来，C罗已经是单赛季各赛事攻入42球的巨星。在一次对抗中，他迅猛地断下了C罗的球，他还记得。尽管当事人已经忘了，他还是认真、在意的。

在一次队员的聚餐里，C罗说了句关于中国人的坏话。董方卓腾地站了起来："信不信我弄死你？"坐在他旁边的小将鲁尼目瞪口呆，鼓掌大笑。

他确确实实有丢了球站那儿看的不好习惯，也实实在在努力改过。他确信弗格森不会说关于"（董方卓）脑袋以下世界级"的那句话，但也隐隐约约很难受。他的的确确推了克劳琛，也反反复复感到抱歉。

央视《足球之夜》的总编王楠13年前采访过在踢荷兰世青赛的董方卓。她从未见过这么自信的中国足球运动员，"我问这回你们

1　后腰: 足球术语，指主要负责防守的中场球员，通常站在中卫与后卫之间，是一支球队中攻防转换的过渡性角色。

行吗，他说至少两胜，打乌克兰怎么样，打巴拿马怎么样"。最后还真的小组赛三战全胜出线，可惜最后输给了德国。但那场比赛直到全场结束，他都没被派上。

"真正对'董方卓'三个字失望的，是我自己。"他见识到了强大，体会了颤抖，尝试了努力，所以第一个觉得对这三个字不满意的是他自己。

"我憎恨自己的名声。"他毫不掩饰地对我说，"我从没买过A8，在比利时我开的是大宇，后来是雪铁龙。我到了英国先租了辆标致，后来买了辆高尔夫。"

他代言了耐克的大单广告，去意大利拍宣传照，却让他如鲠在喉。他认为有人把头等舱机票钱报双份，曼联报一次，耐克报一次。黄庆良说高琪是一个好的经纪人，因为他会不顾一切为你去争取最大利益。

但董方卓觉得高琪是一个好的商人，商人买卖他，要拿更高的奖金。而他出卖自己以换取更多名利的承诺。他越成功，赚的钱越多，他就越像一个囚徒。他被迫按照一个天才生活，遭受着日复一日的期待目光的灼烧。他无法信任任何人，因为所有人都看上去想从他这儿捞一笔。

有人假借他的名义，跟中国一个地方政府谈与比利时某城做友好城市的事，骗走了小 100 万元；还有人知道安特卫普的副市长管钻石贸易，又在打他的主意。

他信任的人，恰恰是高琪最不信任的。他们都信任的黄教练，从比利时回英国就没续约。因为董说找英国当地的教练更方便。他伤害了教练的感情。现在轮到高琪了。

高琪的代理协议是在英国足总注册的，不续约得通知他们。弗格森就问他怎么了。他说不跟董续约了。老头听完就说："让他走，让他回国。"

"我只是没想到这么快。"董方卓说。他收到了俱乐部的解约通知。他在一场预备队比赛里交叉韧带断裂，但为了参加8月开始的北京奥运会，他没有手术，采取了保守治疗。

令人意想不到的是，他独自一人去见了弗格森。在曼联夺冠的第二天上午，当天训练前，他敲开了弗格森办公室的门。

"Morning Boss."

"Hi, Dong."

"我知道球队不会再跟我续约了。但我想知道，有没有可能把我租借到英冠或是欧洲的其他球队。"

"很抱歉，我们跟大连之间有协议，我也无能为力。"

"董，很抱歉，确实没有办法。希望你以后能多跑动，进攻的欲望更强，更自信一些。"弗格森对他说。他没有再说话，礼貌地答应了，跟弗格森挥手告别。

"只为合格的一线队员准备，不合格的将很快被淘汰。"在曼联的擦鞋标准里，还有这一条。它意味着一个简单的事实：数量有限，每个人都将设法保住自己的位置。

他冒名顶替了一名叫作董方卓的天才球员。他一直努力保持体形——饮食节制、睡眠规律，从不放纵。这个人天赋异禀，是一位天才，正如记者们写的那样。他们极少提到天才的恶习，有的会沉溺酒色，有的在赌博里沉沦。如果这些都曝了光，神话也就不复存在了。孩子的梦想会破灭，年轻人会失去信仰，财大气粗的俱乐部也会骂骂咧咧，每个人都会怒气冲天。因此，像他这样的球员必须扮演好自己的角色，把这段神话维持下去。在此之前，没有谁比他扮演得更好了。

有段时间，他孤身一个人租住在曼彻斯特的一间公寓。他自己跟自己打斗地主，一个人打四个人的牌。他把墙当作对方后卫，每天往墙上撞，然后被弹回来，弹回来的时候还做各种动作。不仅如此，他还拿一个宽皮筋绑在腿上，不弄断，兜住了，绑着桌腿，穿过去。他一拉一放，这样他就能够训练他的内收肌和前肌了。

他 2004 年开始进入曼联，因为劳工证，直到 2007 年年初才前往曼联一线队踢球。2008 年夏天，曼联官方宣布和董方卓提前解除合同。他在曼联一共待了 18 个月。

流浪

葡萄牙华人报社社长詹亮碰到董方卓的时候已经是 2010 年。当时董方卓正在葡萄牙一家叫作"皇朝酒家"的中餐馆吃饭。餐馆的老板娘是詹亮的嫂子，她不认识董方卓，她说："这个人是不是待会儿吃了就跑了？"他一个人点了两三个人的菜，吃完剩下的打包回去。詹亮很感慨："一个应该在我眼中是天才的少年，连吃饭这个（问题）都解决不了，有好吃的就好好吃一顿，没吃的就不太正常地吃。"

在经历了 2008 年北京奥运会国人的首粒奥运进球、回大连队的颗粒无收之后，董方卓拒绝了国内所有球队的邀约，一心想回到欧洲踢球。

他知道所有人都认为他疯了。国内的薪资很高了，他原来好几个队友都挣到了钱。只要安心，以他的能力也能在国内立足。但他就是想去欧洲。他看到快速从手边滑落的人生。"我想维持住，但是维持不了。"他比了个"托住"的手势。像他这种人，最怕被别人说"不如以前"。

"但这是不受自己控制的，它是经过时间、空间的变化，要不会变好，要不就会变坏，只有这两种可能。"他的朋友在旁边笑他："你居然也能说出这种话？"

但即便这种希望是微小的、可笑的，他也想尝试。他先是认识了一名叫作克里斯蒂安的西班牙经纪人。对方声称自己隶属于一家大型足球经纪公司，总部在巴塞罗那市中心，代理了包括伊涅斯塔等 6 名巴萨主力在内的几百位球员。他专门去了一次，整栋楼都是他们的。哈维也跟他们去海边玩。他觉得，对方不是为了从他身上赚钱，而是看到了他的足球才能。

他被安排的蓝图是先在欧洲小球队踢，再以此为跳板，去五大联赛。在波兰华沙，他赛前就崴了脚，比赛因为他的长传失误让对手进球。他的速度大不如前，心肺也出现了问题，只能踢半场。他没什么怨言，又去了葡萄牙。结果赛前又伤了，胳膊错位。那球队没队医，夹板也没打，干吊着。那个酒店公寓没无线网，按分钟收费，10 分钟 15 欧元。后来他弄了一网卡，跟电脑又不搭，就放弃了。

队友知道他从曼联来的，就拿球逗他玩。他心态挺好，别人怎么逗的，他怎么逗回去。伤养了半年，教练安排他替补登场。没进球，教练指责他。"完了我上场就得进球啊？"他撂挑子了。

他在进行某种自我惩罚吗？他不清楚。但俱乐部是一家比一家逗。他大开眼界。塞尔维亚那个没法说了，俱乐部可能是土匪。他盯着那宿舍，那阁楼矮得人在里面都直不起来。队里主力 1000 美元一个月，三天上下午连续踢比赛，他想还有这么不把人当人的。

他在国外的最后一站是亚美尼亚。有一天晚上，当地正好在过节，全城都放着烟花，他站在阳台上，门牙少了两颗——前阵子被踢掉了。

他突然意识到，自己在欧洲踢球的生涯已经结束了，就好像漫长的青春期终于结束了。他终于成了某个普通的、能自己负责的成年人。他带着满身的伤病回了国。

不到30岁，他几乎已经没球可踢。他挤在两人一间的运动员宿舍，被人发现常在路边吃大排档。他自己花钱治脚伤，跟队友借车，开40分钟去市里面按摩伤处。"一次收费500元，很贵。"出国多年，回来以后他的手机通讯录里只有十几个人的名字。他想做一档体育节目，认识了一个朋友，每天畅聊到凌晨四五点，觉得碰上了知己。最后被骗了几十万元，那人到现在还在外面躲债。2014年，他为了治好脚，在广州的一家三星级酒店，让一位中医在他的脚底打了两针麻醉，拿出一把叫作"针刀"的工具，割开脚底在里边刮。整个过程持续了40分钟。这次失败的手术基本宣告了他职业生涯的结束。他再也没有回到职业赛场。

但他的新闻依旧不断。他染的非主流的蓝头发，他的肚腩，他踢业余联赛的传闻，他上的微整形节目，都成为一个引人发笑故事中的一部分。我们的社会在这些事上展示了巨大的热情。

"我现在的状态是被活埋了。"董方卓说，"我做一定的成绩出来，然后你们愿意知道我之前究竟经历了什么，我再告诉你。但现在，我说什么，人家反正都觉得我怕是个骗子，（叫我）董卓什么的。我跟你说什么都没有意义。"

他回答不了这个问题：当一个人在年轻的时候就达到了人生的顶峰，在其余的日子里，要怎样做才能维持住不掉下来？

可能所有人都无法回答，但必须承认，答案一定是残酷的。很少有人记得，董方卓之前被安特卫普租借时，有一个来自冈比亚的队友，也是曼联买来的新人，也在当地造成了轰动，在冈比亚也是个天才。但董方卓那年的优异表现，挤走了他在曼联的位置。与董方卓不同的是，他再也没有回到过曼联。

青训

在厦门的一家咖啡馆，我第一次见到董方卓。那是 2016 年年底，那时他还在犹豫是否要继续踢球。他同时还想做青少年足球培训，很俗套地提到了"前阵子做梦，梦到中国两个小球员被签到曼联了"这样的故事。我一直以为他要做的是皇马在华训练营、巴萨青训北京站之类的东西，也确实很符合他的留洋背景。

今年夏天，他说开始在厦门做青训了，我可以去看看。青训的场地在一所中学的操场。校长拎着喇叭，对家长喊："这是董方卓足球公益夏令营，公益，就是免费的！"董方卓拿着个小哨子，站在球场上。他身边都是小学生，心不在焉地拨弄着球。他喊了声："球给我。"没人理他。他又喊了声，还是没人理。最后他拿起哨子，吹了起来。那个哨子如此之响，小孩子们惊呆了，仰起脸看他。他一脸得意。

在厦门，所有的中小学都在被鼓励踢球。每所学校都有 2~3 支球队，不仅有男子足球队，还有女子足球队。在这座城市，大街小巷都在踢球。让人想起了十几年前的大连，中国足球还不是那么糟糕，人们还怀着希望的时候，每个人都在期待一个出色的小孩给中国足球带来快乐。

梁庄：归来与离去

◎梁鸿

回家

北方的冬天，一切都是土色的。刮过的风，闻到的味儿，看过去的原野，枯枝横立的树，青瓦的屋顶，都是土黄色的。万物萧条，但因其形态多样，村庄、院落、树木、河流、坡地、炊烟、人，却也不显得枯寂。乡村的房屋和炊烟仍然是一种温暖的形态，引领着远在异乡的人们回到家中。

梁庄洋溢着节日的气息。车突然多了起来，走在村里，一个随意的空地，就停着黑色的、白色的或绿色的小轿车、面包车或越野车。大众、比亚迪、奥迪、三菱，什么牌子的都有。它们屹立在那里，显示着主人公钱财的多少和在外混得如何。

平时空落落的村庄，忽然有些拥挤了。从某一家门口经过，会看到里面来回走动的很多人，听到此起彼伏的划拳声和叫嚷声。村中的各条小道上，居然出现了错不开车的现象。大家各自下车，看到了对方，惊喜地叫着，顾不得错车，点支烟，先攀谈起来。在村庄里，绝对不会出现错不开车相互大骂的情形，因为大家都知道，那车里的是自己熟识的、按辈分排还要叫什么的人。然后，就有几个乡亲凑过来，又惊喜地叫着："哟，原来是你这娃子，混阔了，不认识了，啥时候回来的？"开车的年轻人一边忙着递烟，一边回答："昨天。"人们哄的一下笑了，他旋即醒悟了过来，脸红了，换成了方言："夜儿早[1]。"

在中国各个城市、城市的角落，或在某一个乡村打工的梁庄人都陆续回到梁庄过春节。他们花钱格外大方，笑容也格外夸张，既有难得回来一趟的意思，但同时也有显摆的意味，借此奠定自己在村庄的位置。整个村庄有一种度假般的喜气洋洋的感觉，"回梁庄"是大的节日时才有的可能，不是日常的生活形态，因此，可以夸张、奢侈和快乐。

福伯的大孙子梁峰腊月初十就回来了，他和五奶奶的孙子梁安都在北京干活。梁安开着他的大面包车，载着梁峰夫妻、父亲龙叔、老婆小丽、儿子点点和新生的婴儿，一车拉了回来。福伯的二孙子，在深圳打工的梁磊回来已有月余，他把工作辞掉，带着怀孕的妻子回梁庄过年，过完年后再去找工作。福伯在西安蹬三轮的两个儿子，老大万国和老二万立，和在内蒙古乌海的老四电话里一商量，全家所有成员都回梁庄。春节大团圆。

其实每年都有很多人不打算回家，买票难、开车难、花钱多、人情淡等，但是，又总会找各种理由回家。回与不回，反复思量，最后，心一横，回。一旦决定回，心情马上轻松起来，生意也不好好做了，开始翻东找西，收拾回家的行李。

---

1 夜儿早：意指"昨天早上"。

在内蒙古的韩恒文一大家子回来了。说是给爷爷做三周年的立碑仪式，这是恒文的提议。恒武和朝侠也没多说什么，立马放弃年前的好生意，三姊妹开着三辆车，浩浩荡荡地从内蒙古开往梁庄。

在湖北校油泵的钱家兄弟回来了。黑色的大众车停在他家大铁门外面，霸气十足。他们的父亲，梁庄小学优秀的前民办教师，现王庄小学的公办教师，每天骑着小电瓶车来回十几公里去上班。他们的奶奶，瘫痪在床已经将近20年，由他们的母亲经年服侍。现在，那个强壮的女人也胖了，老了，站在门口，看着来来往往的梁庄人，开朗地和大家打招呼。

韩家小刚回来了。我们在老屋后面院子里给爷爷、三爷烧纸，他从围墙外经过，停了下来，与父亲打招呼。他胖了，白了，穿着深蓝色羽绒服，西服裤，很是整齐。他在云南曲靖校油泵，韩家有好几家人都在那边干活。他们几家各开几辆车，一天一夜，中途稍做休息，直奔梁庄。

在北京开保安公司的建升回来了，说被中央电视台忽悠了。电视台每天放着回家的节目，看着看着，他哭了，说，走，回家。开着车长途奔突回来。回来了，也不激动了，但也不后悔。

万义的孩子和侄儿清生从新疆回来了。他们两个在一家修车店里做修车师傅，管吃管住，年薪将近4万元。万义解释说，现在不能开店，形势不好，当师傅钱是稳拿，开店就不一定赚钱了。

在福建的万生也回来了。他家临着公路的老房子看起来仍然不错，透过半开的大门，可以看到院里砖砌的花坛、水井和四面的房屋。当然，还有院子里两辆鲜艳的红绿颜色的小轿车。他们一家孤僻，不爱交往。早年在村庄，我们就不敢去他家玩。现在，仍然没有人进他家的院门。

在广东中山市周边一家服装厂打工的梁清、梁时、梁傲都回来了。这些梁庄的晚辈，我都打过电话，彼此联系过，但是，至今我还没有见过他们。

做校油泵的清明从西宁回来了，在梁庄广撒英雄帖，约请大家腊月三十那天到他家喝酒。

"尽管一百次感到失望和沮丧"，尽管梁庄"像采石场上的春天一样贫穷"，但是每年他们都还是像候鸟一样，从四面八方飞回，回到梁庄，回到自己的家，享受短暂的轻松、快乐和幸福。

时序与葬婚

农历腊月二十三，小年夜，梁庄家家都吃了火烧。所不同的是，很多家是在吴镇买的，就连年龄稍长一点的人也不愿意再一个个去锅里炕了。不过也有例外。二堂嫂的儿媳妇怀孕，她不愿去街上买，怕不干净，就自己盘了一碗纯肉馅儿，发了面。晚上，二堂嫂把煤炉搬到堂屋，坐在煤炉旁，这边一个个地炕，那边一个个地吃。掰开滚烫焦黄的面饼，里面突然冒出来的肉香能让人无限陶醉。犹然记得小时候，在昏黄的煤油灯下，扒在锅台边，眼巴巴地看着姐姐炕饼时的情景。那是冬天温暖和充实的记忆。我们知道，吃到火烧，春节就正式来了。

"二十四扫房子。"即使在北京，腊月二十四那一天，我也会大动干戈，把整个家大动一次，里里外外打扫一遍。我相信，很多从农村出来的人都有这一习惯。嫂子挽着袖子，用围巾包着头，把床、家具用报纸或旧床单蒙着，指挥哥哥打扫天花板上的灰尘和蜘蛛网。他们两人在屋里院子里来回忙碌，清理出尘封一年的藏在房间各个角落的垃圾，捡出一个个已经消失一年的还有用的东西，抱出一堆堆的衣服。

傍晚时分，突然传来消息，邻村的一位大娘，走在乡间公路上，被一辆飞驰而来的小轿车撞飞。人直接死了。

人们放下手中的活计就都往邻村跑。我到的时候，大娘已被抬回到家中院子，身上蒙着白布，白布下面还有隐隐的血迹。院子里三层外三层围满了人，人们纷纷议论，不时发出"啧啧"的惋惜声。据说老人的儿子、闺女今年也要回家过年的，一是全家团聚，二是商量老寡母的赡养问题。这年还没过，老母亲却没有了。

村中的男人们很快进行了分工，有围着轿车司机谈判的、负责通知亲戚的、去镇上订棺材并订酒席的、去定做死者要穿的六套老衣的、组织妇女们去帮忙家务的等，各项事务，忙碌但有序。大娘的两个女儿正从各自的村庄迅速赶来，人未进村庄，就听到了那女性的长长的号哭声："妈啊——"大娘的大女儿，40多岁的样子，穿着很时髦，身上还围着做饭的围裙。她匍匐着瘫坐在母亲的脚边，扬着胳膊，扑打着地下的灰尘，双脚不停蹬地，头一扬一仆，开始了唱哭：

你一把屎一把尿把我们拉扯大，我的老亲娘啊——
可该你享福的时候，你走了，我可怜的老娘啊——
你叫俺们咋活啊，我的亲娘啊——
爹走得早，这你又走了，我的亲娘啊——
俺们还没让你吃上好的，穿上好的，你可走了，我的亲娘啊——
你走了，俺们可咋活啊，我的亲娘啊——
你自己不吃不喝，供我们上学啊，我的亲娘啊——

那个天杀的，他要遭雷劈啊，我的受苦受难的亲娘啊——

……

哭者灰尘满面，任眼泪在脸上滑出一道道浑浊的河流。听者，为之着迷，又为之迷惑。大家围在院子里，倾听着，仿佛被这直抒胸臆的叙事诗和巫婆一样的表演带入了一个古老而神圣的世界。年轻的孩子觉得不好意思，想笑，但又笑不出来，也被这长篇的无休无止的抒情诗弄得不知所措。

这古老的唱哭，也许平时从来没有出现在这位妇女的心中，也许平时她听到这些还会有所嘲笑，可是现在，悲伤来临，她不加思考地选择了历史的场景。她张口就会，因为她生活在这样的河流之中。唯有此，才能纾解她心中的悲伤。在这样的河流，以这样的姿态，她才能充分表达对娘的感情。

年三十的早晨，飘起了小雪，气温骤然下降为零下十来摄氏度。整个穰县都没有暖气。我这样在北京过惯有暖气日子的人，冻得腿抽筋、腰打弯，抽着头、袖着手，在屋里转圈。父亲生气地看着我，骂道："有多冷，你没冻过啊？腰给我直起来！"

嫂子搅了半锅糨糊，拿着一个大刷子，在家里的各个门上刷糨糊，里屋外屋，诊所内外，哥哥拿着对联，在后面一张张地贴。

10点左右，清明就打来电话，让去他家喝酒。清明性格活泼、毛躁、爱搞怪，总是咋咋呼呼，高声大调。年三十喝酒的事，已经嚷嚷了好多天，见人就说。

那几天在村庄来回走动，各家串门，发现这些回乡的男人每时每刻脸都红扑扑、醉醺醺的。他们也在各家串着，相互约着，东家喝完西家喝。万国大哥有严重的胃溃疡，总是在一开始嚷嚷着不喝、不喝，结果，坐到酒场上就不起来。而每次见到四哥，他总是涨红着脸。当年他在家时，和我哥哥关系很好，也曾在梁庄小学当过短暂的民办老师。四哥英俊，剑眉大眼，方脸直鼻，头发遗传了他母亲的鬈发，垂过耳边，优雅洋派。看见我，他总是一把搂过我的头，说："妹子，你说我们多少年不见了？"看见小孩，就问："这是谁家的小孩？"一说是本家的，就从口袋里掏出100元的红票子，往人家怀里塞。有时四嫂站在旁边，又不好拦，就眼斜着看他，他也只装着看不见。

清明家的院子已经站满了人。大哥、二哥、四哥都在，已处于微醉状态，还有万峰、万武和韩家一些他们同年龄段的人。清明老婆和其他一些媳妇在厨房、院子、客厅之间来回穿梭，拿菜、洗菜、摆碗具，忙个不停。这些梁庄的青年媳妇，个个穿着洋气，高跟长筒靴、黑色紧身裤、过膝羽绒服，头上扎着各种发卡、头花，进进出出，飘摇招摆。一顿饭几个小时下来，她们得不停地来回跑，让人很担心那高跟筒里面的脚是否受得住。

清明家的两层楼居然还没有装门，敞开着，门边框还露着青砖茬子。风直进直出，大家就像直接坐在野地里，比野地还要冷，因为这是一道风进来，一个方向吹人。

梁庄的男人们已经进入状态，这将是又一次不醉不归。这些长年不在家生活的男人仿佛要兴尽到底，要撒着欢儿、翻着滚儿释放自己所有的情绪。

将近12点的时候，我偷偷溜了。我要去参加清生的婚礼。

过梁庄小学，上公路，公路的右边就是清生的家。清生家门口早已搭起一个塑料花编成的拱形花门，一簇簇的粉红气球挂在门前。

院外屋里都放着宽大的圆桌，一桌能坐12个人还多，总共有十四五张桌子。后院里，一个新盘的大灶正冒着滚滚热气。万生围着围裙，周边长长的门板上放着大大小小盛满菜的盆子，以及切好摆好的一盘盘凉菜等。万生站在中间，像一个镇定自若的将军，把几个帮手指挥得团团转。在自己熟悉的领域，万生不结巴了，也不内向了，眼生精光，威严十足。

新人马上就要到了，接到电话的清生爹拿着手机跑前跑后，紧张得不知道干什么好。清生，一个白净、腼腆的小伙子，穿着一身深色西服，打着红色领带，穿锃亮的皮鞋，站在门口，笑眯眯的，手却紧紧攥着，像要捏出汗来。

12点整，一支车队从吴镇那边缓缓过来，头车是一辆挂着红绸、扎着花的白色宝马车。一阵"噼噼啪啪"的鞭炮声响起来，屋里、周边、村子里面的人都被这鞭炮声惊动，纷纷往这边来。鞭炮声停，碎屑落下，车停稳，清生急步过去，打开宝马车门，穿白色婚纱、套红色毛外套的新娘低着头，红着脸出现在大家面前。

新娘抬起头，一个大眼圆脸的姑娘，微胖，头发拢成一个高高的发髻，后面箍着长长的白纱，婚纱前面开得很低，露出胸前性感的弧度。年纪大的婶嫂们有些不太习惯，脸上的表情很不自然，一个围观的小伙子"嗷"地叫了一声，大家都哈哈大笑起来。

几个年轻人簇拥着新郎新娘，嚷着让瘦瘦的清生抱胖胖的新娘进去，清生笑着，不敢回应。他们就更大声音地叫："抱啊，抱啊。"被围在中间的清生没有办法，用探询的眼睛看了看新娘，得到了首肯。清生弯腰下蹲，却是去背新娘。新娘不易觉察地配合，踮着脚，轻轻趴在清生背上。清生脸涨得通红，背着新娘，憋着一股劲，一口气跑进了新房。大家都相跟着，去闹新房。新房里堆着新娘娘家陪送过来的高高一摞被子，还有丝绸被单、毛巾被、七件套被罩等，以及立柜、梳妆台、沙发，这都是娘家前一天送过来的。床上的四角、被子上扔着一些红枣、花生、核桃，寓意早生贵子。新娘坐在床边，清生站在旁边，激动着，不知道是坐好，还是站好。和他相好的同村年轻人把他们往一块儿拉扯，要让他们亲吻，啃苹果，喝交杯酒。

这边厢，和新娘一块儿来的五辈家人，从老到少，都被作为贵客让进了单间，清生家也派出了相应的长辈作陪。新娘新郎要拜天地、拜长辈，但客厅里都摆满了桌子，没地方拜，就把清生的爹和娘请进了新房。老两口拘谨地坐在新娘新郎的床边，接受了年轻人的跪拜。新娘给自己的婆婆端上一碗荷包鸡蛋，请她吃。清生娘点了一下，算是吃了。

不管是青屋瓦房，还是红砖楼房，这些古老的程序都在自然地延续。

年三十的下午，是给逝去的亲人上坟烧纸的时间。人间过年，阴间的亲人也要过年。鞭炮响起，惊醒亲人，让他 / 她起来捡亲人送来的钱，也好过一个丰足的年。

在老屋的后院给爷爷、三爷烧完纸，放过鞭炮，我们又朝村庄后面的公墓去。我没有再到老屋去看。老屋的院子被已有点疯傻的单身汉光虎开成一畦畦菜地，房顶两个大洞，瓦和屋梁都倒塌了大半，雨、雪直接泼到屋里，已经没法再修了。枣树也死了，夏天的时候，我回去看，只有一个枝丫长出嫩弱的叶子，并且，没有开花结果，其他枝干全部枯死了。

通向村庄公墓的路越来越窄，没人管理，大家都各自为政，拼命把自己的地往路上开垦。上坟的时候，那些开车的人也只好碾轧在绿色的麦苗上了。

许多人都朝着公墓那边走，大人、小孩，开车的、骑自行车的、走路的，大家边走边说，并没有太多的悲伤，就好像也是在回家。

烧纸、下跪、磕头、放鞭炮，四处看看，发发呆、聊聊天，拔拔坟上的杂草。有爱喝酒的，家人会带一瓶酒，把酒洒在燃烧的纸上，让火烧得更旺些，让死去的人闻到那酒的香味，把剩余的酒放在坟头上，下面垫一张黄草纸。喝吧。

我看到了福伯家的男人们，大哥、二哥和四哥，堂侄梁平、梁东、梁磊，正按照长幼依次在新坟和旧坟前磕头。梁磊、梁东、梁平走到坟园另一边矮点的一座坟上，烧纸、磕头，提着燃烧着的鞭炮，在坟边绕了两圈，大声喊着："小叔收钱啊。"

这是我第一次看到小柱的坟。小柱，我少年时代最好的朋友，离开家乡，在半路上死掉。他的坟在墓园地势较低的地方，几乎淹没在荒草之中，坟头有新添的土。小柱的女儿小娅也跟着过来给小柱磕头，她是拜她的叔父，她已是三哥的女儿。四哥10来岁的儿子，拿着打火机，点那密密的、枯黄的荒草。"轰"的一声，火苗蹿了起来，瞬间，那一排排草就倒下去，变为了灰烬。小柱。小柱。我站在坟边，在心里默叫了两声。

站在高高的河坡上，看这片平原。浅浅绿色的麦田里，一个个坟头零落在其中，三三两两的人，来到坟边，烧纸，磕头，然后，拿出长长的鞭炮，绕坟一圈，点燃，捂着耳朵飞快地往一边跑去。淡薄的青烟在广漠的原野上升。鞭炮声在原野上不断响起，这边刚落，那边又起，广大的空间不断回荡着这声音。

又一年来了。

大年初一

"初一（儿）供祭（儿）"，就是敬神。三十晚上已经把猪头或肉摆好，插上一双筷子，再放一碗饺子。初一早晨，插上香，全家拜一拜。大功告成。然后，穿着新衣服，端上碗，跑遍全村，各家相互端饭。最后，各家锅里的饭都是全村人家的饭，一碗饭也是百家饭。然后，就是全村人相互串着，各家跑着拜年。现在，饭早已不再相互端了，拜年却没有中断过。

吃过早饭，我们把父亲敬到沙发上，让他坐好，我们给他磕头拜年要压岁钱。父亲大笑着说："你们就来骗我钱吧。"哥哥、嫂嫂、我和侄儿依次给父亲磕头，张着手向父亲要压岁钱，父亲左右挡着，晃着他那花白的头发说："不行，你们都大了，不给你们了。"我们仍然张着手，父亲假装抗不过去的样子，从口袋里掏出早已准备好的红票子，一张张仔细数着，很得意地说，今年一人两张。我们一个个把钱抢过去，兴高采烈地在口袋装好，嘴里也得意地嚷嚷着"爹给的钱，一定得保存好"。父亲已然老去，大家都想着法子让他开心。他能给我们钱，我们还要他的钱。他依然在养活我们，我们依然是仰赖他成长的小孩。这种感觉，对他对我们，都是幸福又伤感的事情。

年初一的上午八九点钟，梁庄喧闹无比。昨晚下了一层薄薄的小雪，早晨太阳金光万丈，照射在村头的枯树上，房屋上，仿佛温暖普照大地。雪却丝毫未化，干的、细的雪粒随着微风贴着地往前飞卷着，一会儿，就扬起来，扑到人的面前来。气温很低，阳光遥远。我把带回来的行头，两件毛衣，一件厚毛裤，全部穿在里面，又借嫂嫂土头灰脑的厚绒靴穿上，才略微感觉到点暖意。我的侄儿兴奋地在屋里屋外跑，放了几次鞭炮之后，已经满头大汗了。

拜年开始了。父亲、我、哥哥、侄儿，这是我们一家出行的人。年长的老人一般都会等在家里，让那些晚辈先过来拜年，到中午的时候，才到事先约好的那一家，坐下喝酒。父亲为了陪我，破例出行。

村里的各条小路上都走着人。以家族为单位，中年夫妻带着年轻的儿子、儿媳，儿子、儿媳又抱着、拉着自己的孩子，都穿着崭新的衣服，喜气洋洋地走在路上。见到另外一群，就停下来，寒暄一会儿，问对方都去了哪家，如果之前没有在村庄碰过面，就会再问什么时候回来的，什么时候走，然后扬着手分别，说"一会儿在××家见啊"，各自往要去的方向走，或者就并到了一块儿，一起往那一家去。

有许多熟悉而陌生的面孔。熟悉是因为大家互相都还认识，当年的相貌轮廓还在。陌生却是岁月留下的各种痕迹。住在村后的万民一家，当年万民婶粗糙衰老，现在看上去却很年轻。她的儿子梁明比我小七八岁，当年一个瘦弱文静的小男生，现在身边却站着他的媳妇和10来岁的儿子，俨然一个成熟的男人。他看着我，微微笑着，又很矜持。他和弟弟都在浙江一带校油泵，万民婶这几年也跟过去照料他们的孩子。去年，梁明回村盖了房子，就再也没有出门。

万生一家四口，万生弟弟一家五口，昨天的新媳妇也出来了。我们在村口的坑塘边碰到。新媳妇低着头，站在旁边，不好意思面对大家好奇和盘查的眼光。万生的大儿子长得结实帅气，看起来也挺活泼青春，比清生还大，但还没有找到合适对象。他们刚走过去，就有人说，都是他妈把他的婚事耽误了。万生老婆小气，不会来事儿，得罪了村里很多人。其实还有一个根本原因：现在的农村男孩女孩根本没有机会自由恋爱。他们很小远离家乡，无法在本土本乡交往女孩，在城市又被悬置。再帅气优秀的男孩，也得等待别人给他介绍，以速配方式完成自己的婚姻。

人群里有很多年轻的、陌生的面孔。这几年的调查、访问也只认识到 30 岁左右的梁庄年轻人，20 岁以下的男孩女孩我几乎都不认识。他们平时也很少跟着父母一起出来，要么出去打工，要么在城里寄宿学校读书。

我们先从村头五奶奶家开始串。五奶奶家里已经站满了一屋子人。客厅的一个方桌上摆着四个盘子，炸麻花、凉拌藕片、牛肉和小酥肉，一把筷子、一摞小酒杯、小酒碟放在旁边。五奶奶张着嘴，笑着，迎来送往，一定让着人家："坐一会儿，坐一会儿啊，吃个菜，喝口酒再走。"大家笑着，说"一会儿再来，一会儿再来，还没有转过来圈儿呢"，然后，出院门，再往另一家去。五奶奶看见我，惊奇地拍着手迎过来："四姑娘来了啊。"她可能很意外，平时老在家就算了，年初一，这出了嫁的姑娘还在娘家村里胡跑，可就不对了。龙叔拉着父亲的手，往桌子边扯着，说："二哥，别走了，上午就在这儿，咱哥俩儿好好喝一杯。"

梁安带着媳妇和梁欢也出去转了。我们到里屋看了看梁安新生的小婴儿，粉白水嫩的一个孩子，躺在大红的被子里，黑黑的眼睛骨碌碌地转着。这是五奶奶家族特有的黑眼睛。光亮叔家那个 10 来岁的姑娘一直拉着五奶奶的衣襟，不放手。五奶奶不停地打她的手，让她过去。过一会儿，她又拉上。我看到她眼神里的孤独和可怜。在这个春节，和以前的许多个春节，她都好像是个孤儿。身在青岛的光亮叔、丽婶此刻在干什么？他们有没有想梁庄，想梁庄的这个女儿和五奶奶？

我们往村里走，到坑塘旁边又看到了钱老师夫妻站在大门口和大家打招呼说话。我总是在他家大门口看见他们。慢慢地，我有点明白，他们是要在门口完成礼仪，爱面子的钱老师不想让别人看到他母亲的凄凉形态，不想让别人尴尬。

到光明叔家的院子里，几个小女孩正在院子里跳皮筋儿，嘴里还唱着歌谣，她们跳的还是我们小时候跳过的样式。我过去跳了几下，却感觉腿脚僵硬，难看至极。进得屋来，只看见正屋两面墙上都贴着奖状，一溜过去，从这边到那边，各三排。这是光明叔孙儿的奖状。这是梁庄人的习惯，孩子的奖状一定要贴在正屋，让所有人看到。这是家庭最高的骄傲。果然，大家都在赞叹这些奖状。光明叔不断地就其中重要的奖项进行解说，然后就有人问："孩子在哪儿？"光明叔喊一声"强娃儿——"，一个白净微胖的男孩应声过来，看了爷爷一眼，知道他要干什么，又跑了。我看到另外一个高个大眼的年轻人在屋里忙碌，就悄悄问父亲那是谁，父亲说："那是傲啊，光明叔的儿子。"傲也听到我的问话，往这边看过来。我过去对他说："我是你四姐啊。"傲恍然大悟，不好意思地笑起来："四姐啊，我不知道是你。"是啊，他不知道。我和他的二姐同岁，非常要好，小时候经常在他家玩。他长大后，我就再也没有见过他。他在中山打工，我也跟他联系了好多次。他昨晚刚从中山回来。那白净的成绩优秀的男孩就是他的儿子。

又到李家朝胜那儿去，他的母亲马上就要过百岁生日，是村里名副其实的老寿星。朝胜家刚盖了一个三间平房，门前那旧屋的木梁还没拆掉，倒塌的土墙，孤零零的屋梁，和新房映衬着，有强烈的时空错位之感。朝胜的儿子刚本科毕业，在浙江一个公司上班，也回来过年。老寿星坐在门口，晒着太阳。她坐在那里，颤巍巍地听我们的问候。她的身体还不错，头脑也很清楚，能够听明白我们的话并准确地回答出来。大家都围着她，一边感叹着。这样一个老人健康地活着，这是梁庄的宝贝。

我们从梁家，转到李家、韩家，见了许多老人、熟人和陌生的年轻人，又转回到我们的老屋旁边老老支书家里。老老支书的院墙已经坍塌了一半，站在外面能看到院子里的活动。

看到我们进院子，老老支书的大眼一瞪，连声说："屋里坐，屋里坐。"屋里的摆设仍然几十年如一日，他的一个高大的孙儿坐在正屋一角看那十几英寸的闪着雪花的电视。这是他家老三的儿子。老三长期在荥阳一家工厂卖饭，去年送儿子回来到吴镇高中上学。

待转到二嫂家，12点已过。梁磊、梁平他们正围着煤炉打牌，看到我们进到院子，赶紧扔了牌，摆桌子，上茶。一会儿，二哥风风火火地进来了，嘴里叫着："二叔，咋才来，我还说跑哪儿了。中午哪儿都别去了，我已经给老大、光义叔几个说好了，都到我这儿喝酒。娇子（也就是二嫂，我才知道她还有这样一个俏的名字）早就准备好了。"我问二嫂去哪里了，二哥不屑地说："哈，和几个女的去街上拜土地庙去了，一会儿就回来。"

梁庄已经没有土地庙，但是，在梁庄通往吴镇的路上，不知道是哪个村庄什么时候建了一个小的土地庙。每年正月初一，梁庄的女人们就会去拜一拜，烧烧香。

话刚落音，二嫂回来了，笑着说："你们可来了。"二嫂端出早已备好的四个凉菜，让男人们先喝着。大哥、三哥、四哥来了。龙叔也一扭一扭过来了，他是找父亲来的，也是找酒场来的，来了当然就不走了。万民也来了，清明也来了。

正月初一的大酒开始了。

江哥

春节第一次见到江哥，他正开着一个机动大三轮车往吴镇去，风把他的头发吹成一个大背头形状，配着他紫糖色的脸和肥胖宽阔的躯体，还颇为气派。在巨大的"突突突"声中，我们打了个招呼，就分手了。江哥是我母亲的干儿子，梁庄王家人。1958年"大跃进"吃食堂期间，作为梁庄的新媳妇，我母亲在梁庄幼儿园做保育员。江哥当时三四岁，送到幼儿园时，话不会说，路不会走，严重营养不良。半年过去，江哥会说话也会走路，人又活过来了。江哥的父母认为是我母亲救了江哥，一定要让江哥认我母亲做干妈。两家就成了干亲，每年都要走动，每次都要把这个故事讲一遍。江哥结婚有孩子以后，他的孩子们每年跟他一块儿到我家走亲戚，就又会把这个故事给孩子们讲一遍。在乡村，认干亲很普遍，每家都因为这样那样结好几门干亲。母亲去世以后，江哥和我家慢慢断了走动。

记忆中的江哥是沿街叫卖豆腐的形象。上小学、中学的时候，他的叫卖声几乎是我们的起床铃，清晨5点多钟准时在梁庄上空响起：

"卖豆腐啊——豆腐——"

悠长、单调，然后，声音也越来越远，往吴镇方向去。当时，母亲还卧病在床，江哥偶尔碰到我，会问我："清啊，妈身体最近咋样？"后来我出去上学，就好多年不见了。

快走的前几天，江哥给哥哥捎信说想见我，他有事给我说。正月初七的晚上，我到江哥家去找他。江哥住在大儿子盖的新房里。大儿子一家已经好几年没回来了。二儿子没有结婚，但是因为要看机器，也没有回来。两层小楼，上三下三，江哥的大机动车停在院子里。屋子里摆设简单，家具也很少，一个二十几英寸的电视机开着，江哥夫妇在看电视。我喊了几声，江哥才从电视剧的对话中挣脱出来，扭过头看到我，高兴地叫起来："清啊，你可来了。"

"江哥，吃饭了没有？"

"吃了。你吃了没？"

"刚吃过。你现在干啥啊？豆腐也不卖了。"

"还是力气活儿，给人家拉砖。"

"能挣个多少钱？"

"百十来块吧。"

"一趟都挣百十来块？那可不错啊。"

"憨女子，那咋可能？一块砖二分钱。一天来回得多少趟，总共下来能挣个百十块。"

"我说呢，不过也不错，总比闲着强。"

"小清啊，我问你个事儿。俺们王家保生找过你没有？"

"没有，保生是谁？我不认识。他找我干啥？"

"没有？咋我听人家说，他找过你。说你在写啥东西哩，怕写住他了。"江哥语气犹豫了一下，又问我，"那咱们公路边煤厂的地那事儿你听说过没有？"

"听说过一点儿，地不是你们王家队上集体的吗？后来被煤厂租去了。"

"你不知道别的事儿？"

"不知道啊。啥事？"

"保生家在那儿盖了十二大间房，十来亩地呢。"

"哦，哦，我咋说走那儿经过时感觉不一样了？我还想着谁家房子盖哩可气派。我没想到地的事儿。那咋回事？地不是集体地吗？咋他能盖房？"

"这说来话长啊，说不清，复杂得很。"

"你慢慢说。我听着。"

"那得从头说。咱煤厂的地，原来就是俺们王家的庄稼地。九几年时国家说开煤建公司，要租王家的地。当时都想着是国家的事儿，它用之后还是咱的，另外，要是在这儿开公司，王家人可以搞点副业挣点钱，就同意了，把地毁了。我到会计那儿看过合同，煤厂交一年租金，就不交了。后来煤厂破产了，这块地就闲了。中间有一个姓何的，手里有点钱，看中了这块地，非要买下来，找到县煤厂公司，把钱给了他们，回梁庄宣布说地是他的了。咱们王家不愿意，要打官司，姓何的就找公安局，来压咱这儿的人，说：'我掏的钱，凭啥不是我的？'这个时间，保生出头了，他当时在公安局上班，外头人事也广，他说，他们弄这不行，是咱们祖宗地，不能叫别人占去。煤厂也没有权力卖咱这儿的地。可人家那儿钱也交了，交给煤厂了。保生也找了公安局、法院。后来，咱这儿群众也起来了，双方就闹起来。还打伤过人，法院的车还逮住过人，咱这儿的人还去县里游过行、示过威。二翻身，等于把他们打输了。后来没人来说这个地的事了，成咱自己的了。

"现在的情况是，保生家侄儿前两年占住这个处儿，说，他从姓何的那儿把地买过来了。盖了十几间房子，前面都是门面房，往外卖。你不知道多少钱？一套都卖到二十四五万！王家人都是好，没人敢吭气。肯定他伯在背后出过力了。保生帮过大家忙，现在都是敢怒不敢言。"

"江哥，你的意思是保生侄儿在煤厂上盖房子，说是这块地又从姓何那儿买回来了。可不是说当时那个人官司打输了吗？这块地不属于那个姓何的，是属于你们王家的。"

"是啊，谁知道这中间咋弄的？再说，当时打官司的时候，保生说他为王家出力了，还花钱了，王家每个群众又收了十几块钱，给他了。现在是等于他又把煤厂霸占了。"

"这有点不对头啊，江哥，是保生侄儿盖房，又不是保生自己盖房，与人家保生没有关系。"

"清啊，你还不清楚，这背后肯定是保生支撑，他侄儿哪儿恁大胆？"

"那当时闹恁厉害，应该是所有王家人都清楚，这煤厂地是集体的，咋保生侄儿在那儿盖房子，都没人吭？"

"是没人吭。原因是啥？人家在外面年代多，有势力。另外，当时人家也帮过王家。只要王家出事，人家都办。化肥紧张了，人家也给办。谁家有啥事，去找人家，人家都可热情。人也周到，从外地回来，你不去看人家，人家还到你这儿坐坐。名声可好。这个煤厂，当时争啊吵啊，王家人去告状，前后都是保生跑的，名誉上都是为王家了。可到最后，等于是王家替他一个人出力了。现在，大家都衡量着，谁敢给人家对抗？没钱没势。再说，保生的娃儿在县里也是个干部，谁去惹人家？"

"那你们队队长都不会去说？大队支书都不管？"

"队长说等于零。大队支书谁管这事儿啊。那大队支书算个啥呀，啥也不是。"

"江哥，我还不理解啊。这个事儿，他谁也没说，说盖就盖了？"

"那你说去！"

"农村盖房不是需要这许可那许可吗？他不经过同意，'哗啦'

就竖起一排房？"

"那你说去！人家就是恶。"

"恶就行？那我也盖去！"

"咱干不出来这事，咱没这个势力。"

"江哥，那你咋现在想起来说这事？人家都盖十来间房子了。咋想起这事了？"

"你侄儿在云南开的校油泵点，我去快一年，等回来时人家房子都盖好了。你不知道，梁庄现在没有一个盖房子的地处了。清，是没地了。路边都盖满了。现在就煤厂还有两座门面的处儿。人家保生还没来得及盖。咱两个娃儿，一个娃儿房子已经盖了，另一个娃儿还没房子，找不来地了。我就想着，他要是找你，是他求着你了，给他说说，看能不能让咱盖一处。"

江哥在村中是一个谨慎、老实的人，一心一意为生活操劳，他目光所之处，只有儿子和自己的家庭。他很少参与村中的这类议论，我猜想他肯定还有其他想法。果然，他有自己的心事。梁庄就剩那一块公路边的地了，保生家霸占那么多，他自己的儿子还没有地方盖房。于是，他想到了那片地。

"是这样啊。保生没找过我。就是他找过我，估计也不行。江哥你想，那都是钱，咋可能说给你就给你，他不会让的。江哥，你可以联合王家人去找他说啊，当初你们王家不也反过姓何那个人吗？"

"那不一样。这是自己人。现在说等于是得罪他了。全村人都没人说，咱去说，等于是没材料子，咱也没有力量告人家。确实是生气。我认为他这个事是违法的，听人说他找过你，他求着你呢。要是没找过你，咱也不好弄。你哥也是没能耐，想着你们都干起来了，看能不能帮忙。不能就算了，咱们是姊妹们，说说也算是冒冒气。"

"那王家人都没有背后议论他？可以去和他论理，这是明摆着的事，看看他的手续。"

"咋不议论？都说他弄得不像话得很。论理谁知道能论过人家不能？谁知道有没有人来给你当这个清官？这个社会都是金钱社会，人家外面也有人，咱只能硬是论理，一个地方的事儿又黑，咱论不过，就不论了。我现在要是有所房子，说个儿媳妇，我就没事了。"

"那咱们村里面也没有地方盖房了？"

"你都看见了，村里就没有个趟，走都走不出去。没有说五丈一条路，十丈一条路，规划得清清楚楚。要是到处都通，非要在路边盖房子干啥？都是各顾各。农村的规划，国家出钱，干部不好好弄，把这钱给贪了。村里为啥盖不成房？乱得很，谁都去找规划员，给他喝喝酒，送个礼，他说：'行啊，你说在哪儿盖就在哪儿盖，都行。'到最后，乱得不行。你看李营，规划多好，行是行，趟是趟，从哪儿都能出去。俺们出去跑，有些村的干部给家家户户修路修得可好。国家出的钱，为啥不修好？咱梁庄还是穷，他自己口袋没装满，哪管群众？没得到实惠的还是群众。按这个腐败劲儿，应该给他们说说。"

"那都没人管了？按说规划是国家定好的，有具体要求的。"

"唉，清啊，你还是没明白我的意思。"江哥对我执拗于"按说是什么样子的"这种语调很着急，"那根本都没人管，都是乱的。国家今儿这样，明儿那样，政策可多、可好，没人管还不是白搭？"

"这倒也是。"

"我的意思是，煤厂现在还有两个房子的处儿，他保生要是找你了，你给他说一下，看行不行？他求你了呢，应该会看你面子。你们现在在外面干大事了。人家都说你在干啥呢，在调查啥事。"

"我主要是在写一本书，写农村的事儿，也调查一些实际的事儿，可不是为告状。不是为管实际事。我不想那样写，要是因为咱这本书，让村里的谁谁出啥事了，咱心里也不美。毕竟咱出去这些年了，要这样，以后都没法回家了。"

"说的也是，我可理解你。我就是想问问你。"

"我要是管了，也成私心了。你说是不是？再说，这里面也弄不清楚，不知道牵扯住谁？"

"没事儿，我不能妨碍你的工作。你江哥还不糊涂呢。我以为他找过你，那还可以说说。"

"要不然，咱也直接在那儿挖地基盖。他都在那儿盖了，没经过谁同意。咱为啥不能盖？"

"我气急了，也想过。那非得恶打一场。咱祖祖辈辈要在这儿生活，我的意思也是不愿意把这个事儿弄到死地里去，结住死仇很麻烦。"

……

"江哥，你好好的，想开点儿。咱不能在一棵树上吊死。"

"唉，你不知道，我走到那儿，我心里就气，成心病了。娃儿没地方盖房子啊。"

"不行还先在村里盖。不能光瞅着那个地儿。"

"那咋办，还是老鳖一啊。咱得想得开阔。唉，说起来，那年你结婚，我没去，心里一直可不美。那时候，我在开食堂，正晌午呢，来了两桌客，走不开，你嫂子去了。你想，咱开食堂哩，不能把客人扔下不管了。后来，为这，爹还说过我。我现在连你家相公还没见过。"

"我都不知道这事。江哥，这些年了，你记这干啥？今年暑假我还回去，到时专门带着他到你家里去坐坐。"

"好啊，好。可别光说说不来。"

……

308

离开

冬去春来，又是出门的日子。仅十来天时间，阳光给人的感觉已经有所不同，年三十的寒冷已经远去。稀薄的暖意弥散在空气中，虽有些凄凉，但毕竟还预示着未来的希望。

梁庄的喜庆如潮水般迅速消退。院子里的小轿车后备厢都打开着，老人往里面塞各种吃的东西——春节没有吃完的炸鱼、酥肉、油条，家里收的绿豆、花生、酒，还有春节走亲戚收到的各种礼品，后备厢怎么摆也摆不下了。老人还要不断往里塞，儿子、媳妇则不耐烦地往外拿，嚷嚷着说吃不了，会坏的。老人生气了，回到屋里袖着手不说话，儿子、媳妇只好又把东西塞进去。然后，一辆辆车往村外开，上了公路，奔向那遥远的城市，城市边缘的工厂、村庄，灰尘漫天的高速公路旁，开始又一年的常态生活。

路边到处是大包小包等公共汽车的人。他们站在路边，心不在焉地和送别的家人说着话，因为等得太久，该说的都说了，也不知道如何填充这应该表达感情的离别时刻。老迈的父母站得太久，腿有些站不住了。十几岁的孩子则急着回去看电视，扭着身子不愿意和父母多说话。等到上了车，大家才突然激动起来。在车里的母亲噙着眼泪，扒着车里拥挤的人往车窗边移，往窗外张望，找自己的孩子。已初为少年的孩子手插在裤子口袋里，背对着公共汽车远去的方向。他不愿意让母亲看到他的不舍。

这个春节，万明三兄弟分别从北京、广州、云南回来过年。正月初四那天，兄弟们叫来了两个老舅舅和几个表哥，商量如何赡养老母亲的问题。结果，怨气集中爆发。万明的两个孩子都留给母亲照顾；万峰家的孩子在城里上寄宿，一个月回来一次；万安则自己带着孩子。按说万明应该多给母亲一点钱，但是，该多给多少呢，这是很重要的问题。都喝了一些酒，兄弟三个打了起来。舅舅和表哥们一气之下走了，不管这事了。正月初五清晨，万安装车，把春节所收的礼都装走了，方便面、酒什么的，大小东西全塞进车里。这让万明很不屑。三天后，万明、万峰也走了。他们的老母亲流着泪说："都走、都走吧，我还死不了，还能给你们干两天。"

在西安的万国大哥和万立二哥正月初十走了。去乌海的四哥正月十一走了，在村庄的这十几天，他一直处于醉的状态。梁安一家、梁峰夫妻和三哥夫妻又坐上梁安的车，于初九出发，走时把一直处于迷失状态的梁欢也带上了。五奶奶站在村口，对着她的大儿子、大孙子，千叮万嘱，一定要把梁欢照顾好。一直在村庄活跃的清明初六走了，到西宁他那孤零零的校油泵点。在家的十来天，他似乎要把憋了一年的话说完，忍了一年的酒喝够。梁时正月十六去中山，留下怀孕的老婆，走之前他再次交代父亲万青，不要管那么多村里的事。他回来的十来天，女儿一直不跟他们睡，她只要她的继奶奶巧玉。在云南的、贵州的、浙江的和各个城市的梁庄人，在某一天黎明时分，也都悄悄离开村庄，以便当天夜里能够赶到那边的目的地。

离别总是仓促，并且多少有些迫不及待。

犹如被突然搁浅在沙滩上的鱼，梁庄被赤裸裸地晾晒在阳光底下，疲乏、苍老而又丑陋。那短暂的欢乐、突然的热闹和生机勃勃的景象只是一种假象，一个节日般的梦，甚或只是一份怀旧。春节里的梁庄人努力为自己创造梦的情境。来，来，今天大喝一场，不醉不归，忘却现实，忘却分离，忘却悲伤。然而，终究要醒来，终究要离开，终究要回来。